食文化・郷土料理がわかる

# 世界の国旗弁当

WORLD NATIONAL FLAGS BENTO

── 世界220カ国・地域 料理の作り方や食材を通してお国柄を知る ──

220
Recipes

青木ゆり子
(e-food.jp代表)

誠文堂新光社

## 青木ゆり子さんの「国旗弁当」

「弁当～BENTO～」は日本語から発し、今や世界語になろうかという勢いです。また、多忙な日々を送っている人にとって、さらに、近くにコンビニもないところでは、こんな便利なものはありません。

3年ほど前、新聞やテレビの報道で、本書の著者・青木ゆり子さんが国旗をデザインしたお弁当を作る展示会を開いていることを知りました。70年も国旗にはまり、日本での4回のオリンピックで国旗に関わってきた私は、これは見逃せないと、早速、三軒茶屋の会場に出かけました。でも、頭にざっと各国旗を思い浮かべて、急に心配になりました。南北アメリカ、オセアニア、東欧などの国旗には青が断然多いのです。これをどうやって表現するのでしょう？　白は米やパン、大根やキャベツ、赤はトマトやニンジン、緑はホウレンソウ、小松菜、カリフラワー、黄色は鶏卵やパプリカなどというところまでは思いつくのですが、問題は青。無理すれば茄子、冷や麦に混じっている青い麺。でもそれではフランス、ギリシャ、パラオ、ミクロネシア、ボツワナなどはどうするのでしょう、などと勝手に心配してしまいました。

―― みなさんなら、どうなさいますか？

でも、会場では、素人のこんな悩みはものともしない青木さんの創意工夫に圧倒され、いささか興奮しながら帰宅したのを覚えています。

今度の本は220の国と地域の料理で、各国の国旗をぜ～んぶ調理して紹介し、レシピを公開し、解説するというのですから、ただごとではないのです。

実は、青木ゆり子さんとともに、世界の150カ国もの国歌を原語で歌えるというソプラノ歌手・新藤昌子《まさこ》さんと3人で、時々、その国の国旗を知り、国歌を聴き、大使館の人たちといっしょに、青木さんのお料理をいただくという集まりを目黒区でやっています。ギリシャとセルビアを終え、ヨルダン、ハンガリー、ジョージアなどを企画しています。目（国旗）と耳（国歌）、そして何よりも「胃袋からの国際化」って、楽しいですよ。まずは「国旗弁当」、国際理解の第一歩です。

私は、青木さんの料理を実際にいただいたことも何度かあります。色と味、香りと喉ごし、そして、栄養のバランスまで文句なし。食べてしまうのがもったいないのが「最大の欠点」。

この本を開いて、世界の国々と国旗を知り、そして何よりもお料理の勘どころを会得しましょう。そして、この「おいしい話」にのって、あなたもトライしてみてください。食卓の話題も広がるでしょう。

青木さんには、梅干しではない、別の「日の丸弁当」を作っていただき、アフリカ諸国の国旗に多い緑・黄・赤という「三色弁当」の数々で、かの地に思いを馳せたいものです。

読者の皆様は、この本から審査員にも、料理人にも、デザイナーにも、ガイドさんにも、カメラマンにもなれそうです。「食い気」専門の私が、全部いただきます。「BENTO」は日本の近代化成功の鍵だったのではないでしょうか。これが世界に普及し、各国で工夫されたら、途上国の発展は間違いなし！

吹浦 忠正

**NPO法人世界の国旗・国歌研究協会共同代表**

学生時代に1964年のオリンピック東京大会組織委国旗担当専門職員として勤務後、印パ戦争やパリ協定前後のベトナム戦争時の国際赤十字海外駐在になどを経て、様々な外交関連の仕事に従事。現在はNHK大河ドラマ「いだてん〜オリンピック噺」「青天を衝け」での国旗考証や公益財団法人東京オリンピック・パラリンピック競技大会組織委員会国際局アドバイザーなどを務める。『国旗で読む世界史』（祥伝社）、『世界の国旗ビジュアル事典』（学研）、『オリンピック101の謎』（新潮文庫）、『未来に続く日本の領土』（善本社）など、著書多数。

## はじめに

### 「国旗弁当」を作ったいきさつ

日本には日の丸弁当があるのだから、海外の国旗もお弁当になるはず。どうせなら世界中の「国旗弁当」を作ってみよう！ そんな酔狂な（？）企画を思い立ったのは、ロンドン・オリンピック／パラリンピックが開催された2012年のことでした。

本著は、その後、試行錯誤を繰り返して220ヵ国・地域（国連・IOC・FIFA加盟国・地域を含む）の国旗弁当を制作し、それぞれの郷土料理レシピや、その土地ゆかりの食材について解説等を加えてまとめたものです。各国の持続可能な開発目標（SDGs）についても折にふれて紹介しています。料理はお弁当のおかずが基本ですが、もちろん、ひと皿料理として食卓にも出せます（いくつかのドリンクも含む）。

前著『世界の郷土料理事典』と同様、ワクワクするような海外気分とともに食文化を楽しく学び、食を通じた国際交流・相互理解に役立てていただければ幸いです。

食で世界をつなぎたいと思い始めたのは、私の運営するe-food.jpで、2002年に日本でFIFAワールドカップの大会が行われたときに「ワールドカップ料理会」というイベントを開催したことがきっかけでした。

これは、世界各地からサッカーの試合観戦に来日したサポーターたちを歓迎するため、出場全32ヵ国の料理を提供し、時には彼らと一緒に食事をしながら交流するという趣旨の企画。「スポーツも料理も、音楽やアートも、言葉や習慣の違いを越えて人と人をつなげ、感動を分かち合え、お互いの理解を深められる」と心底実感し、やりがいをかみしめたことを今でも覚えています。

その思いは自分の活動のモチベーションともなり、そのため、ただ食べ物で国旗を作るのではなく、各国・地域の食文化やそれを育んできた人々へ敬意を込めて、その土地特有の食材や郷土料理をお弁当箱にぎゅっと詰め込んでみたのでした。ピンセットを片手に、1ヵ国につき最高で約6時間かかったなかなか大変な作業を続けられたのも、そんな動機に支えられていたからだと思っています。

お弁当には、その国・地域にちなんだかわいい動物や花等のキャラクターを時折加えてみました。気分が落ち込んでいる方も、くすっと笑って元気になってほしい。そして子どもたちをはじめ、多くの方々が見て楽しみながら世界の国々に興味を持つ契機になってほしい。そのため、料理は前著と重ならない、なるべくシンプルで作りやすいものを選んでいます。

本に掲載されたお弁当をそっくり真似して再現する必要はありません。できる範囲で参考にして、自分なりの新しいアイデアをどんどん取り入れてみましょう。実際に手を動かして国旗弁当を作ってみることで、いつの間にか世界の多様な食文化に親しみが生まれ、知識を身につけていただくことが本著の趣旨なのです。

## 海外に行かずに世界の食文化をリアルに学ぶ方法

そもそも、どうして私が海外と関わるようになったのか、少しお話ししましょう。私は両親のどちらかが外国人でもなければ、帰国子女でもありません。埼玉県とその周辺に長く暮らしてきた親族のうち、日本国外に出た人はほとんど皆無という非常に日本的な環境に育ったのに、なぜか一人だけ突然変異で現れたような子どもでした。幸い両親に理解があったので好きにさせてくれたのですが。

私が初めて海外に接したのは、子どもの頃から集めていた「切手」からでした。

当時は切手収集が流行っていて、私も文字こそ読めなかったけれど、外国切手に描かれているきれいな風景や果物がとても魅力的に見えました。そのうち二宮書店の「高等地図帳」を買ってもらって（これは今も手元にあります）、世界地図をながめたり、首都の名前を覚えたり、「切手の国名辞典」のような本を手に入れて、切手の国名やそこに記された言葉を調べたりするのに夢中になり、いつかその国に行ってみたいと思うようになった記憶があります。

本著でも、各国・地域のページに食材や料理の切手と解説を載せています。それは自分自身の経験から、切手の図柄にはだいたいその国家を代表するものを選ぶため、食文化学習にとても役立つと考えたからです。

インターネットが普及し始めた2000年代頃から、日本を含めて世界的に料理切手の発行が増えました。電子メールでのやりとりが多くなったため、各国の郵政局がおいしそうな自国の料理を切手にして購買力をそそり収入を維持しようとしているのかな、等と推測していますが、これは私にとってうれしいことでした。

切手は、知的好奇心や想像力を育み、世界への扉を開いてくれる小さな窓であり、博物館のようなものだと思っています。切手の絵柄や、小さな紙片の中に書いてある言葉を調べていくと、その国の文化背景が浮かび上がってくるのです。

切手収集は一例ですが、今はYouTube等で気軽に海外の情報を手に入れられる時代。外国人の先生による料理教室も増えました。たとえ海外に縁のない環境でも世界の食文化をリアルに体験する方法はいくらでもあるので、ぜひどんどん活用してみてください。

さて、そんなこんなで初めて海外に行ったのは大学時代。場所はニューヨークでした。その頃は料理ではなく演劇に夢中で、夏休みの約1か月間、マンハッタンのイーストビレッジにあるアパートから、ほぼ毎晩ブロードウェイにミュージカルを観に行く日々。そんな傍らにはプエルトリコ人街があったり、中華街があったり、ユダヤ人街があったりで、今まで経験したことのないエキゾチックでおいしそうな匂いに惹かれて、各国料理のレストラン巡りをし始めました。いわゆる「エスニックタウン（移民街）」は、その国や民族の特徴がぎゅっと凝縮された街で、人種のサラダボウルと称される世界の縮図のようなニューヨーク市内やその周辺にたくさんあります。最初は入っていくのに勇気がいりましたが、食文化について学びたいと理由を伝えるとだいたい歓迎してくださり、料理も本格的でおいしくて、いつの間にか演劇以上に料理に夢中に。しまいには2000年にe-food.jpという世界の料理の総合情報サイトを立ち上げるまでになったのでした。

ニューヨークでのエスニックタウン巡りは、その後、実際に世界各地に食取材に行く前の予習としてもかけがえのない経験になりました。また、単に料理を体験して、調理技術を会得するだけでなく、食を通して、人間の普遍性や、どんな国の人や文化も分け隔てなく敬意を払うことの大切さを学ぶことができ、私にとっては料理学校以上のようなものでした。

現在は、同じような経験を持つNHK WORLDの番組ディレクターで映画監督の比呂啓さんらと「Ethnic Neighborhoods Around the World」というYouTubeのWEBチャンネルを共同プロデュースしながら、相変わらず取材をかねてエスニックタウン巡りをしています。

日本国内の都市部等にもエスニックタウンがあり、インターネットでレストランや食材店が調べられます。海外に行けない時でも食文化学習のフィールドワークとして、興味のある方は訪ねてみてはいかがでしょうか。

### 国際交流のメリット

2020年から私は東京オリンピック／パラリンピックのその後を担う、全国の自治体の地域活性化等を目的にした国のホストタウン推進事業で食文化講師を担当させていただいているのですが、ビジネスでも草の根的にも、海外と交流する機会は今後ますます増えるように感じています。

国際交流にはどんなメリットがあるのかといえば、多様性を体験することで視野が広がる、教養が身につく、自分の持っている可能性を高められる等がありそうです。個人的には、「外から客観的にものを見る習慣がつき、ものごとの本質を判断しやすくなった」ことも利点のひとつでした。料理の仕事で人々に喜んでもらえ、社会貢献ができるまでには時間がかかりましたが、そうした習慣の積み重ねが理想を叶えるのに役立ったと思っています。

毎日の生活にさして必要もない海外にわざわざ目を向けて、自分と違う価値観を認めるのは正直、面倒です。しかし長い目で見れば、見聞を広めることが寛容さや思いやり、感謝の気持ちを育み、より豊かな人生を導いてくれるのではないでしょうか。

何か新しいことを始めるのに年齢は関係ありませんが、未来への可能性を秘めた子どもたち、特に周囲となじめずにつまずいてしまっている子どもたちには、夢を持って世界に羽ばたき、個性を伸ばしていってほしいと願っています。今までだれもやったことのないような、新しいものを生み出すことは並大抵ではありませんが、個性が強いほどチャンスは大きいと信じています。

ただし、冒険旅行のあとで幸福は実は自分たちの身近にあったと悟る「青い鳥」のチルチルとミチルのように、自分がいったい何者なのか「迷子」になっても、自分を待っていてくれる「故郷」へ戻ってこられるように。

国際交流を成功させるにはちょっとしたコツがあります。それは、相手の文化背景を理解して歩み寄ると同時に、自分のアイデンティティを積極的に示すことです。郷土愛や、自分の育ってきた国・地域らしさが端々ににじみ出ていた方が、相手から親しみを持ってもらえ、友好や歓迎の気持ちがお互いに一層深まりやすいと考えています。

今や世界に通じる言葉になった日本の「BENTO（弁当）」や「KYARABEN（キャラ弁）」文化がそのままカタチになった「国旗弁当」で、よりよい国際交流が生まれますように。

青木 ゆり子

# CONTENTS


カザフスタン 69
ウズベキスタン 68
キルギス 70
トルクメニスタン 72
タジキスタン 71
ネパール 51
パキスタン 52
ブータン 56
インド 38
バングラデシュ 53
スリランカ 44
モルディブ 64

青木ゆり子さんの「国旗弁当」…吹浦忠正 —— 2
はじめに —— 4
国旗弁当の作り方 —— 22
付録：世界の国獣・国鳥・国魚 —— 32
付録：世界の国花・国樹 —— 34
この本の使い方 —— 36
キャラクターの作り方 —— 73



CHAPTER 1
アジア
Asia 37

モンゴル 65
北朝鮮 49
中国 48
韓国 46
日本 50
ミャンマー 63
香港 60
台湾 47
マカオ 61
ラオス 66
ベトナム 59
タイ 43
フィリピン 55
カンボジア 41
ブルネイ 58
マレーシア 62
シンガポール 42
インドネシア 40
東ティモール 54
＝国連加盟国
＝IOC加盟国・地域
＝FIFA加盟国・地域

## CONTENTS


トルコ 89

シリア 88

レバノン 93

イラク 81

パレスチナ 91

イスラエル 78

ヨルダン 92

キャラクターの作り方 94


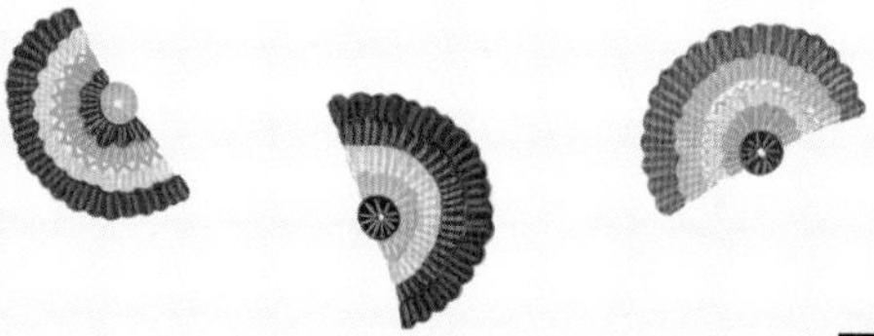


CHAPTER 2
中東
75
Middle East

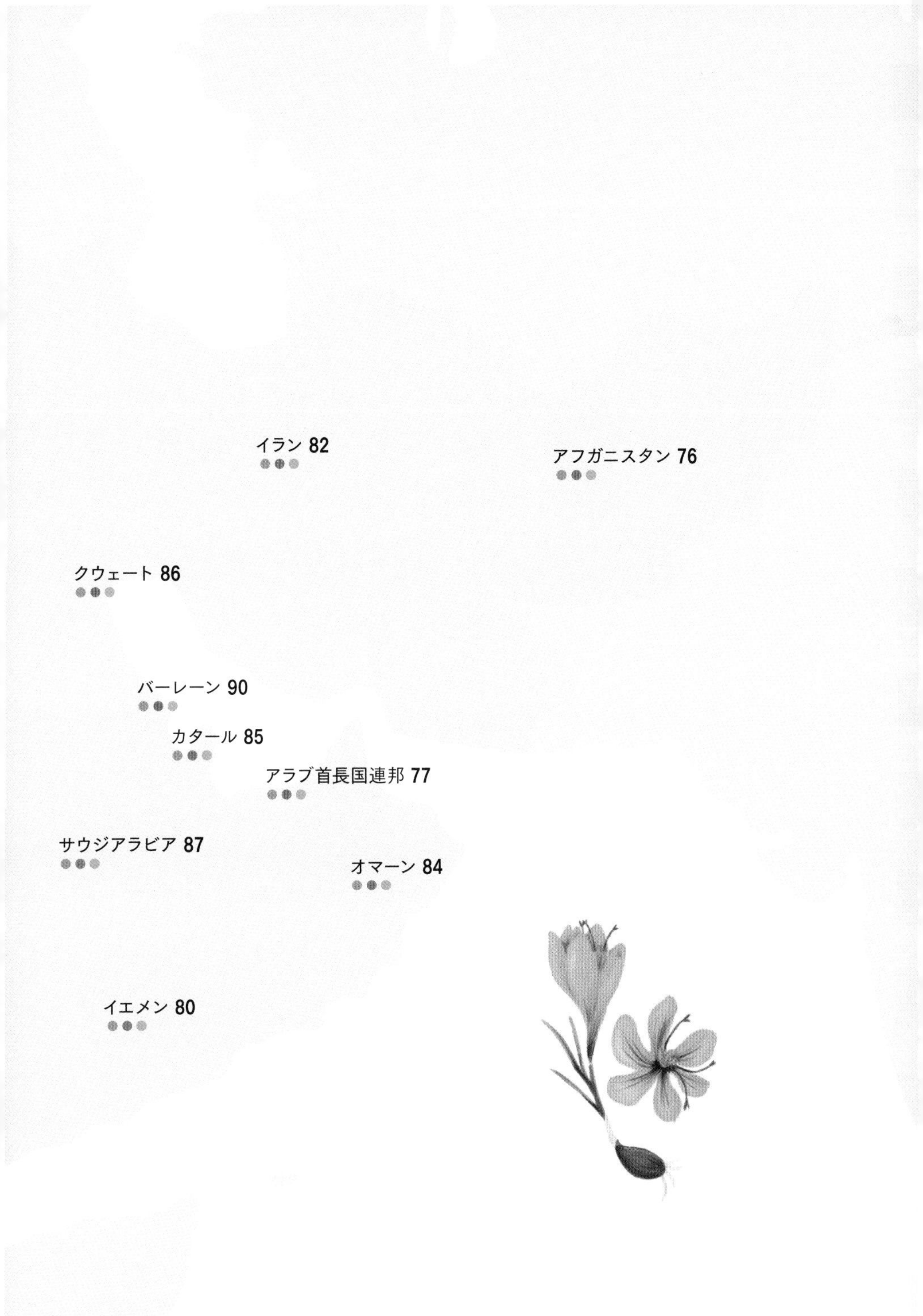


●＝国連加盟国　●＝IOC加盟国・地域　●＝FIFA加盟国・地域

CONTENTS

# CHAPTER 3 ヨーロッパ

# Europe 95


アイスランド 96

フェロー諸島 137

ノルウェー 133

スウェーデン 123

イギリス 102

スコットランド 106

デンマーク 131

北アイルランド 107

イングランド 104

アイルランド 97

ウェールズ 105

オランダ 112

ドイツ 132

ベルギー 141

チェコ 130

ルクセンブルク 153

オーストリア 111

スイス 122

リヒテンシュタイン 151

スロベニア 127

フランス 138

イタリア 108

モナコ 146

サンマリノ 119

アンドラ 101

バチカン 134

スペイン 124

ポルトガル 144

ジブラルタル 103

マルタ 145

●＝国連加盟国　●＝IOC加盟国・地域　●＝FIFA加盟国・地域

フィンランド 136
ロシア 154
エストニア 110
ラトビア 149
リトアニア 150
キャラクターの作り方 ——— 156
ベラルーシ 140
ポーランド 142
ウクライナ 109
スロバキア 126
ハンガリー 135
モルドバ 147
クロアチア 117
ルーマニア 152
セルビア 128
ボスニア・ヘルツェゴビナ 143
ブルガリア 139
コソボ 118
ジョージア 120
モンテネグロ 148
北マケドニア 114
アルメニア 100
アルバニア 99
ギリシャ 116
アゼルバイジャン 98
キプロス 115

CONTENTS

モロッコ 212 ●●●

アルジェリア 158 ●●●

モーリタニア 210 ●●●

マリ 205 ●●●

カーボベルデ 168 ●●●

セネガル 188 ●●●

ガンビア 171 ●●●

ブルキナファソ 198 ●●●

ギニア・ビサウ 173 ●●●

ギニア 172 ●●●

ベナン 200 ●●●

コートジボワール 175 ●●●

シエラレオネ 181 ●●●

トーゴ 194 ●●●

ガーナ 167 ●●●

リベリア 214 ●●●

サントメ・プリンシペ 179 ●●●

キャラクターの作り方 ———— 217

CHAPTER 4
アフリカ
Africa
157


●＝国連加盟国　●＝IOC加盟国・地域　●＝FIFA加盟国・地域

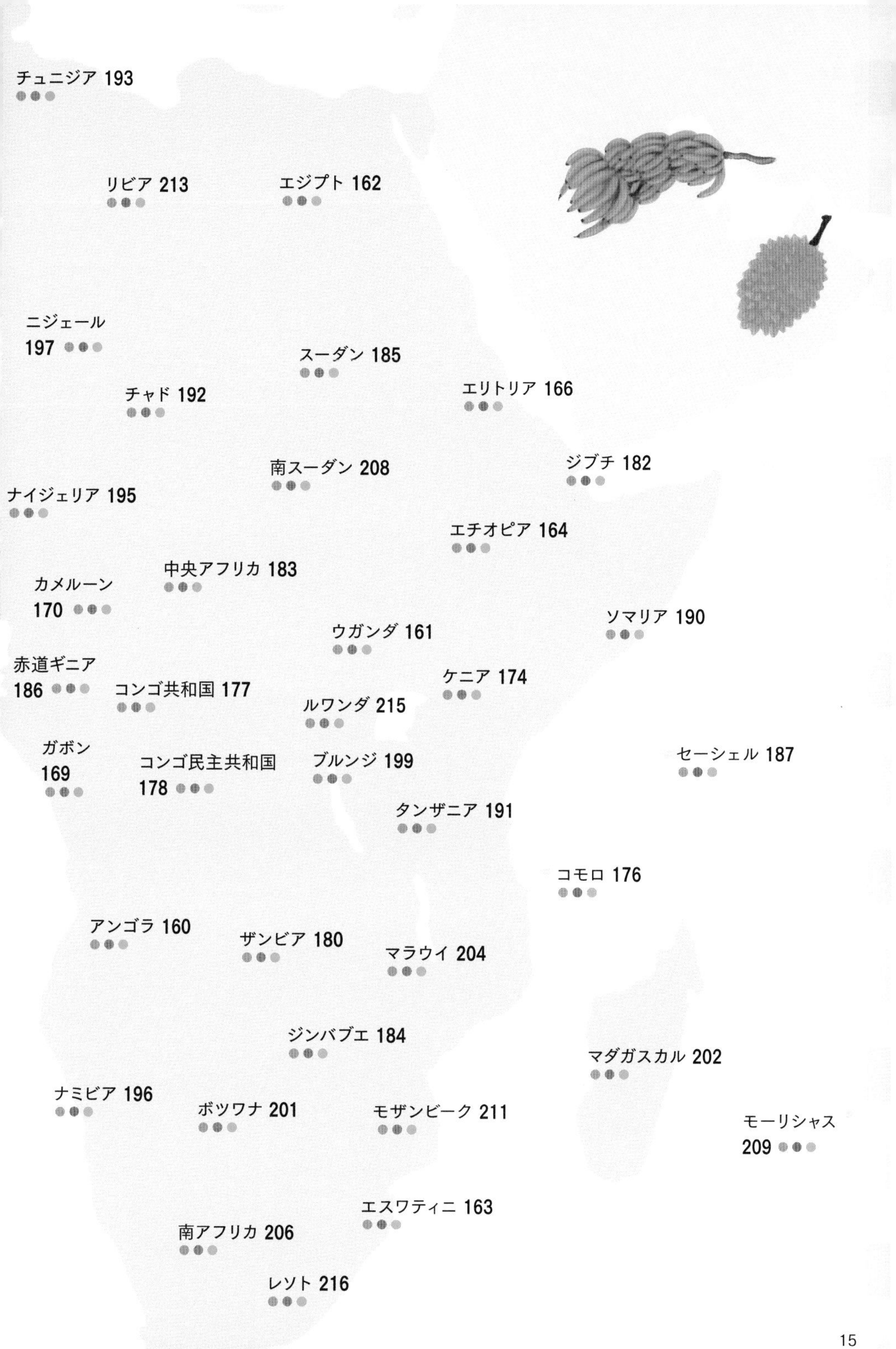
チュニジア 193
リビア 213
エジプト 162
ニジェール 197
スーダン 185
チャド 192
エリトリア 166
南スーダン 208
ジブチ 182
ナイジェリア 195
エチオピア 164
中央アフリカ 183
カメルーン 170
ソマリア 190
ウガンダ 161
赤道ギニア 186
コンゴ共和国 177
ケニア 174
ルワンダ 215
ガボン 169
コンゴ民主共和国 178
ブルンジ 199
セーシェル 187
タンザニア 191
コモロ 176
アンゴラ 160
ザンビア 180
マラウイ 204
ジンバブエ 184
マダガスカル 202
ナミビア 196
ボツワナ 201
モザンビーク 211
モーリシャス 209
エスワティニ 163
南アフリカ 206
レソト 216

# CONTENTS

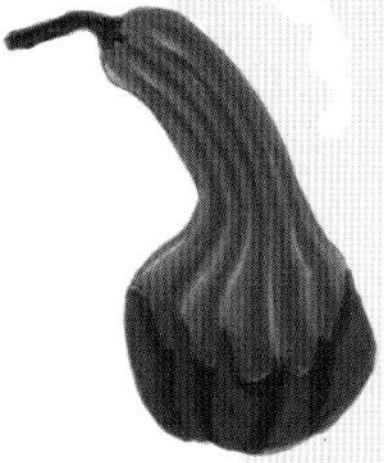


カナダ 227
●●●

アメリカ 220
●●●

キャラクターの作り方 —— 255

メキシコ 252
●●●


CHAPTER 5　北中米＆カリブ

## North and Central America & Caribbean 219

●＝国連加盟国　●＝IOC加盟国・地域　●＝FIFA加盟国・地域

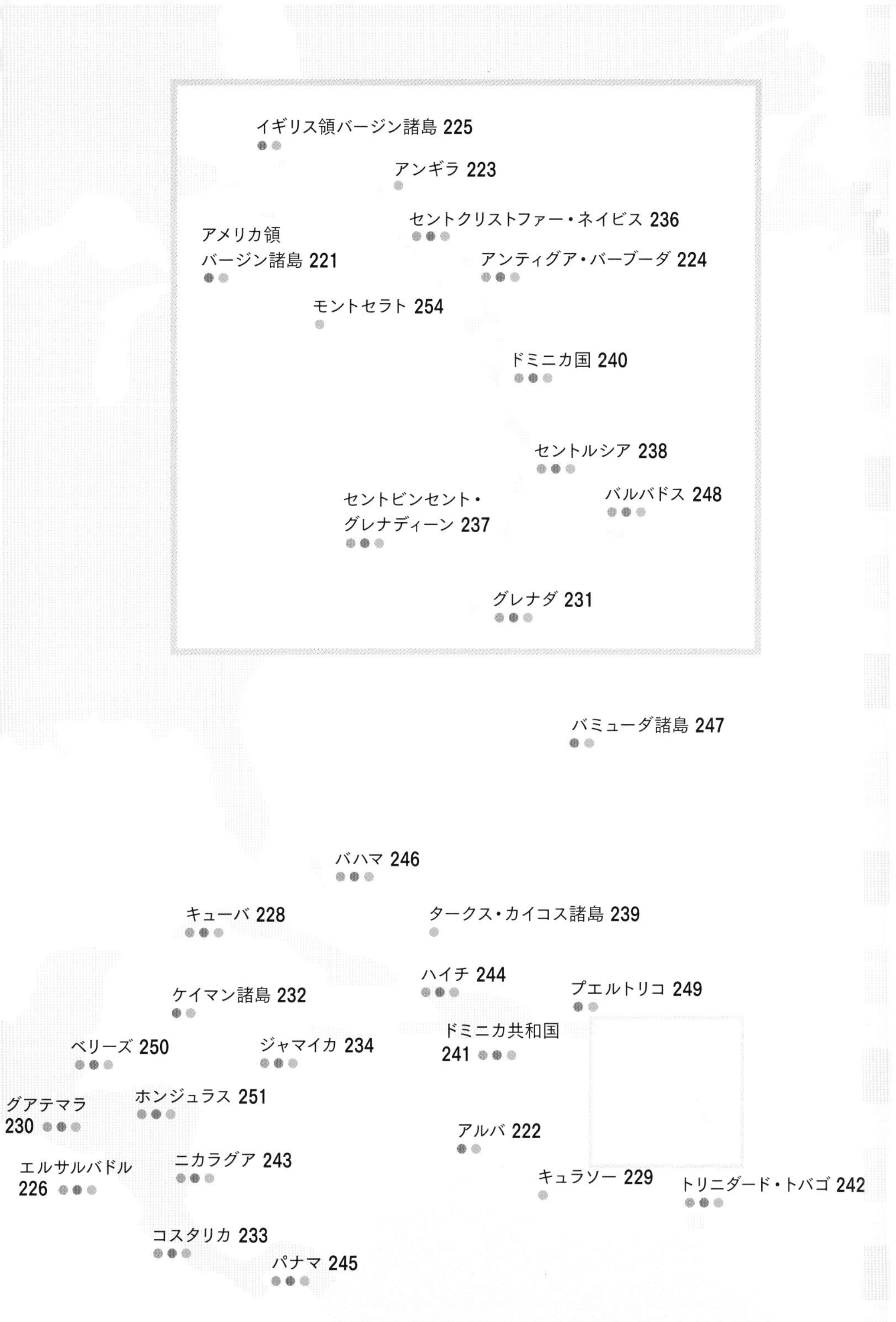
イギリス領バージン諸島 225
アンギラ 223
セントクリストファー・ネイビス 236
アメリカ領
バージン諸島 221
アンティグア・バーブーダ 224
モントセラト 254
ドミニカ国 240
セントルシア 238
バルバドス 248
セントビンセント・
グレナディーン 237
グレナダ 231
バミューダ諸島 247
バハマ 246
キューバ 228
タークス・カイコス諸島 239
ハイチ 244
プエルトリコ 249
ケイマン諸島 232
ドミニカ共和国
241
ベリーズ 250
ジャマイカ 234
グアテマラ
230
ホンジュラス 251
アルバ 222
エルサルバドル
226
ニカラグア 243
キュラソー 229
トリニダード・トバゴ 242
コスタリカ 233
パナマ 245

**CONTENTS**


ベネズエラ 268
ガイアナ 261
コロンビア 262
スリナム 263
エクアドル 260
ペルー 269
ブラジル 266
ボリビア 270
パラグアイ 265
チリ 264
ウルグアイ 259
アルゼンチン 258

# South America

CHAPTER 6

南米

257

キャラクターの作り方 ———————— 272

●＝国連加盟国　●＝IOC加盟国・地域　●＝FIFA加盟国・地域

CONTENTS


グアム 278

パラオ 292

ミクロネシア連邦 295

ナウル 285

パプアニューギニア 291

ソロモン諸島 281

バヌアツ 290

ニューカレドニア 287

オーストラリア 274

キャラクターの作り方 296

索 引 297

マーシャル諸島 294

キリバス 277

ツバル 283

サモア 280

アメリカ領サモア 276

フィジー 293

タヒチ 282

ニウエ 286

トンガ 284

クック諸島 279

# 273
## CHAPTER 7 オセアニア
# Oceania

ニュージーランド 288

●＝国連加盟国　●＝IOC加盟国・地域　●＝FIFA加盟国・地域

# 国旗弁当の作り方

国旗弁当の国旗部分やキャラクターと、いわゆる「キャラ弁（デコ弁）」は、作るときに必要な道具やノウハウが基本的には一緒です。お母さんが子どもたちのために早起きし、心を込めて作るキャラ弁の技を大いに参考にさせていただきました。お礼を申し上げたいと思います。

用意するものは、道具、お弁当箱、レシピ（本著）、食材です。順に説明していきます。

**道具について**

国旗弁当作りに便利な「七つ道具」は、下記です。

ピンセット　はさみ　カッター　ゴムシート
竹串　星形の型抜き　丸型の型抜き

星型と丸型は国旗によく登場するので、型抜きがあるときれいかつラクに仕上げることができます。特に、和菓子用の小さな星型の型抜きが便利です。

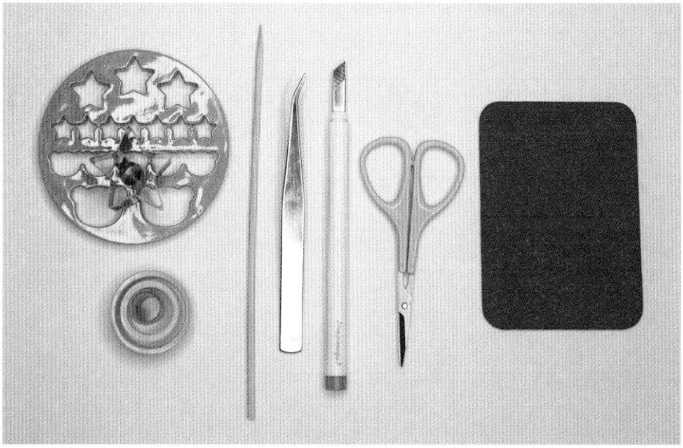

国旗弁当七つ道具

製菓用スプリンクル星

アメリカの星条旗の星のようにごく小さい星は、型抜きがないので製菓用の星型の「スプリンクル・シュガー」を使いました。

星と円以外には、楕円や菊型、六芒星（例：イスラエルのダビデの星）のような抜き型も用意しましたが、使用頻度がそれほど多くないので必須ではありません。トレーシングペーパー（またはクッキングシート）のような半透明を型紙にして、はさみで切り抜いて作ることもできます。

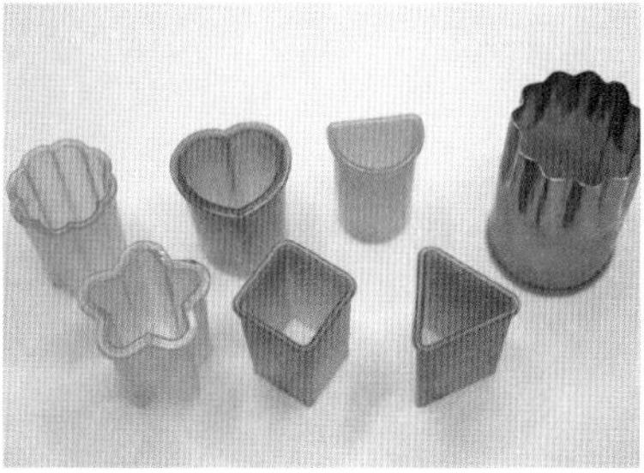

楕円や菊型の抜き型

**エンブレム（紋章）**

ヨーロッパ等、国旗に紋章を入れている国があります。よく使われるのは王冠ですが、先端には製菓用のアラザンやキャビア（ランプフィッシュのたまご）の粒等を使いました。これらをきれいに作るには、ピンセットや竹串が必要です。

セルビア

スペイン

サンマリノ

バチカン

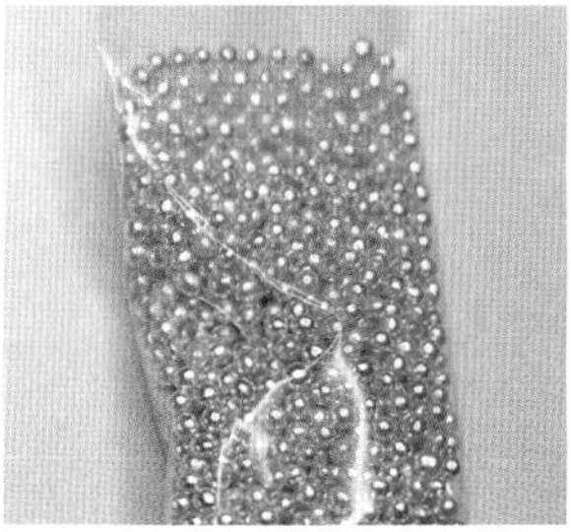

製菓用アラザン

# お弁当箱

川連漆器のお弁当箱

国旗弁当のお弁当箱は、長方形のものをおかずと仕切って使うのがしっくりくると思いますが、たとえば楕円形や円形でも、中央に国旗を置いて前後左右におかずを配置したり、おかずと別々に2段重ねにする等工夫をすれば大丈夫です。

本著では、秋田県湯沢市の「川連漆器」（遠田漆器店製造）のお弁当箱を使いました。湯沢市は古来より豊富な木材と漆に恵まれた土地で、1976年に国の伝統的工芸品に指定されています。

子どもたちが使うには色合いが地味でかわいくないですし、プラスチックのお弁当箱に比べると重く、液もれ防止のタッパー等がついているわけでもなく、毎日持ち歩く普段使いのお弁当箱としては実用的でないかもしれません。

しかしながら、質感がいいのと、漆本来の光沢がとても美しく、料理が圧倒的においしそうに見えるので、食べる楽しさが増すことは確かです。

川連漆器に限りませんが、伝統的な日本の漆器や曲げわっぱのお弁当箱は外国のお客様にことのほか喜ばれますし、子どもたちの情操教育のため、時にはあえて使ってみてはいかがでしょうか。

漆器お弁当箱

曲げわっぱお弁当箱

**参照：世界のお弁当箱**

世界にさまざまなお弁当箱（ランチボックス）があります。
特徴的な国のお弁当箱を見ていきましょう。

**インド／ダッバー**

金属製の容器を重ねたもので、カレーやごはん等を別々に入れます。

**タイ／ピントー**

インドと同様、金属の容器を重ねたお弁当箱。

**ブータン／バンチュン**

竹かご製で本体とふたに分かれています。直接ごはんやおかずを入れます。しっかりと密閉されているので水っぽいおかずも外にもれないといわれます。

**エチオピア／アゲルギル**

インジェラ（薄焼パン）とおかずを入れるかご。円錐形等のかごのふたをかぶせて、頭に乗せたりして運びます。

©Florian Felll

**シリア**

15世紀のシリアのお弁当箱（ロサンゼルス・カウンティ美術館所蔵）。青銅製。

# 国旗に使った色と食材

「料理は見た目が９割」という言葉は、あながち間違っていないと思っています。ある説によれば、見た目で「おいしそう」と感じるだけで、つまり食べる前から視覚で好ましいとインプットされた時点で、すでにその人はその料理をほとんどおいしいと認識しているのだそうです。

そのため、おいしそうに見える食材の「色」はとても大切です。赤や黄、オレンジといった暖色系はおいしそうに見える系統の色で、実際に食材の種類も多いです。逆に、寒色の青色系の食材はあまりありません。青色は人間が本能的に食べてはいけない「毒や青かび」を連想させるそうで、実際にひんやりしたデザートを除いて、青色だけの料理はあまり食欲がわきません。

国旗弁当は、合成着色料や食用にならないもの等は使わずに、市販されている食品だけで色を作るというルールを定め、それぞれの国や地域に合った食材で国旗色を表現しています。国旗には青系の色がよく使われるので、おいしそうに見えるように工夫が必要でした。

赤

イラン

**ざくろ**、トマト、トマトペースト、赤パプリカ、ラズベリー、ストロベリー、トマトライス、マグロの刺身、生ハム、赤キャビア、キムチ　◆天然の着色料として：パプリカ粉、アイバル

白

オランダ

**白チーズ**、ごはん、生クリーム、たまごの白身、スライスチーズ、大根、クスクス、ブルグル（挽き割り小麦）、スパゲッティ

黒

アルバニア

**黒米**、いかすみ、ライ麦パン、黒オリーブの実、黒いんげん豆

緑

トルクメニスタン

**ほうれん草**、ディル、オクラ、ピーマン、きゅうり、アボカド、そら豆、グリンピース

## 黄

ガーナ

## オレンジ、茶など

アイルランド

**たまごの黄身**、スライスチーズ（チェダー）、黄パプリカ、とうもろこし
◆天然の着色料として：ターメリック、サフラン（白いごはん等に混ぜて使用）

**にんじん**、りんごの皮、ようかん、赤いんげん豆

## 紺

ケイマン諸島（A）

オーストラリア（B）

**なすの皮（A）**、ブルーベリー・ゼリー（B）、ブルーベリー、紫いも等

## 青

サンマリノ

ソマリア

**バタフライピー**（白いごはん、パスタ、たまごの白身等に混ぜて使用）、または紫いもパウダーや紫キャベツ

鮮やかな青色や水色を天然の食材だけを使って出すことは、キャラ弁を作っていらっしゃる方々も苦労されてきたようです。

青色を表現するのに一般的なのは、紫の色素であるアントシアニンの科学反応を利用して、紫いもパウダーや紫キャベツにアルカリ性食品（例えばたまごの白身や重曹）を加えて青～緑に変色させる方法です。

身近な食材で青や水色を作るのはこの方法が一番だと思います。ただ時間がたつと色がにごりやすいなどやや安定性に欠けるため、ここでは、東南アジア等でブルーのごはんを作るのに使う「バタフライピー（チョウマメ）」も活用しました。

バタフライピー（乾燥品）と、水で煮出した液。青色の濃さは水の量で調整。これをたまごの白身に混ぜて油をひいたフライパンで焼く。いりたまごの方がやりやすい。白いごはんやパスタに混ぜて炊いたりゆでたりしてもよい。

# キャラクターの食材

日本のキャラ弁ではキャラクターをおにぎりで作ることが多いのですが、国旗弁当では主食が他にあるため、それはなるべく避けて他の食材で作りました。

キャラクターの目や口、頬などは、日本の食材の「海苔」「かにかま」と、ハム、スライスチーズが適しています。目は少しの位置の差で表情がぐっと変わりますので慎重に。何だか人形に魂を吹き込んでいるような気分ですが、キャラクターが生き生きとした表情になるのがうれしいものです。

目や口、鼻をきれいに切り抜くには、海苔切りスタンプが便利です。また部品の接着には、ほんのちょっとのマヨネーズがいいと思います。

またクッキー用、または野菜用の抜き型を利用すると、もっと気軽にキャラクターをお弁当に加えられます。もみじのような和風な抜き型でも、少しはさみを入れて葉の形を変え、中央に黄色の花芯（チェダーチーズ）をつければ、トロピカルな花になります。

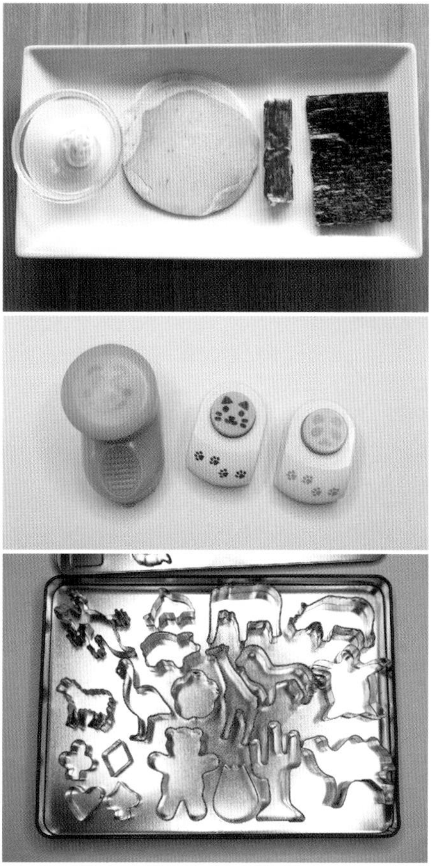

上：海苔、かにかま、ハム、スライスチーズ、マヨネーズ
中：海苔切りスタンプ
下：動物や花の抜き型写真

フィリピンの国花「サンバキータ」は、
もみじの抜き型を利用。

チャドのフェネック

メインの食材は、ソーセージ、ゆでたまご等が活躍しました。

例外として、チャドの「フェネック」は、きつねの仲間なので油揚げを使ってごはんを詰め、おいなりさんのように作りました。シンガポールの「マーライオン」は大根を彫刻、爬虫類のぷるぷる感と半透明感を再現するために、メキシコの「ウーパールーパー」には、くずまんじゅうのレシピから応用しました。

シンガポールのマーライオン

メキシコのウーパールーパー

## 時短調理の基本

きちんと手間をかけた方がおいしいのですが、時間がなかったり、面倒な時は活用してみてください。

じゃがいも等の野菜をゆでる：ふた付き容器に入れて電子レンジにかける。
シチュー等を長時間煮込む：圧力鍋を利用。
ひよこ豆やいんげん豆等を煮る：水煮缶詰を利用。
野菜のみじん切り：フードプロサッサーを使うと、瞬時にみじん切りができる。にんにくは包丁を横にしてつぶして皮をはがしてから、ガーリックプレスで。
玉ねぎのみじん切り：市販の「ドライオニオン」や「オニオンソテー（炒め玉ねぎ）」を利用。
にんにく・しょうがのすりおろし：市販の「チューブ入りにんにく、しょうが」を利用。

## 手に入りにくい食材の代替として

**バスマティ米、インディカ米**（長粒米）：日本のお米（ジャポニカ米）を固めに炊いて代用。銘柄では、さっぱりめでお米の形が残る「ササニシキ」や「ななつぼし」がおすすめ。
**プランテン**（調理用バナナ）：甘くないバナナ。アフリカやカリブ海地域等で主食または準主食として食べられている。じゃがいもで代用。
**キャッサバ**（マニオク、ユカ等とも）：アフリカやカリブ海地域等で主食または準主食として食べられている。じゃがいもで代用。
**タマリンド**（酸味と甘味のあるマメ科の植物の実）：梅干しのはちみつ漬けの種を取り出し、つぶして代用。
**ドライレモン**：炊き込みごはん等に入れて調味料として使われる。輸入されているが、あまり出回っていないのでレモン果汁で代用。
**パームオイル**（アブラヤシの油。デンデ油とも）：独特な風味を持ち、西アフリカやブラジル北部等で調味料のようにも使われる油。植物油にパプリカ粉を加えて代用。
**ブルグル**（挽き割り小麦）：クスクスで代用。
**リーキ**（ポロねぎ）：下仁田ねぎのような、太いねぎで代用。

## 世界の主食

お弁当の国旗部分の下等に利用してみて下さい。

◆**アジア　米、小麦、そば、豆（レンズ豆、ひよこ豆等）、サゴヤシ等**
中国北部や北インド等は小麦粉、中国南部や日本、東南アジア、南インド等は米が主食。インドでは豆を粉にして主食することもある。またヒマラヤ山脈地方等、山間部ではそばを主食にするほか、東インドネシアのモルッカ諸島等ではサゴヤシのでんぷんを熱湯で溶いて食べる地域もある。

◆**中東**　小麦、大麦、米等
パンの起源とされるメソポタミア地域の伝統を受け継ぎ、小麦のパン、挽き割り小麦（ブルグル）等を主食とする。米は長粒米が多く、炊き込みごはん等にして食べる。

**◆ヨーロッパ**　小麦、ライ麦、じゃがいも、米、そば、とうもろこし等
北ヨーロッパではライ麦のパンやじゃがいも、ロシアではそばの実が主食となることもあり、また南ヨーロッパ等では小麦のパンのほか、挽き割り小麦（ギリシャやキプロス）、パスタ（イタリアやマルタ）、米を食べる地域がある。イタリアやルーマニアの山間部等ではとうもろこし粉から作るおかゆ（ポレンタ、ママリーガ）も食べる。

**◆アフリカ**　とうもろこし、米、キャッサバ、ヤムいも、プランテン（調理用バナナ）、パンノキの実、ソルガム（モロコシ）、タカキビ、テフ、フォニオ、小麦（クスクス）等
北アフリカでは小麦から作るパンやクスクス、サハラ砂漠以南では米や、とうもろこし、ヤムいも、プランテン等の粉から作る固がゆ（フーフー、ウガリ、パップ等と呼ばれる）を主食とする。また雑穀テフの粉を発酵させて作る薄焼きパン（インジェラ）を主食とするエチオピアをはじめ、ソルガムやタカキビ等の雑穀を主食とする地域もある。

**◆北中米・カリブ**　とうもろこし、さつまいも、プランテン（調理用バナナ）、キャッサバ、パンノキの実、小麦、米等
アメリカやカナダでは小麦粉のパン、アメリカ南部やメキシコ、中米諸国はとうもろこしのパン（コーンブレッド、トルティーヤ）を主食とする地域が多い。カリブ海地域はアフリカ系住民が多いことからプランテン（グリーン・フィグと呼ぶ）、キャッサバ、パンノキの実等を主食にすることもある。

**◆南アメリカ**　キャッサバ、じゃがいも、とうもろこし、米、キヌア、アマランサス等
ペルーを中心としたアンデス山脈地方ではじゃがいも、とうもろこし、また雑穀のキヌアやアマランサス等が伝統的な主食。ブラジル等はキャッサバ（マニオク）を主食とする。またスペイン、ポルトガル人が持ち込んだ米や小麦のパンも食べる。

**◆オセアニア**　タロいも、ヤムイモ、さつまいも、パンノキの実、バナナ、サゴヤシ等
タロいも等のいも類、パンノキの実、バナナ等が伝統的な主食。オーストラリア等ヨーロッパ移民やキリスト教徒の多い国では小麦粉のパンのほか、米も食べる。アジアとの境にあるニューギニア等ではサゴヤシを主食にすることも。

米

プランテン

とうもろこし

キャッサバ ©David Monniaux

ソルガム ©IBS-Gh

小麦（パン）

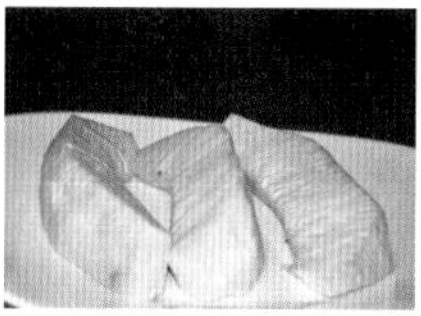
パンノキの実 ©whologwhy

タロいも

## 付録 ｜ キャラクター作りのヒントに **世界の国獣・国鳥・国魚**（架空の動物を含む）

**【アジア】**

インド ▶ ベンガルトラ、インドクジャク、キングコブラ、インドゾウ等

インドネシア ▶ コモドオオトカゲ、アジアアロワナ、ジャワクマタカ

韓国 ▶ トラ

カンボジア ▶ コープレイ、パーカーホ

北朝鮮 ▶ 千里馬

シンガポール ▶ マーライオン、キゴシタイヨウチョウ等

スリランカ ▶ セイロンヤケイ

タイ ▶ アジアゾウ

台湾 ▶ ツキノワグマ、ミカドキジ

中国 ▶ 龍、タンチョウヅル、ジャイアントパンダ

日本 ▶ キジ

ネパール ▶ ウシ

パキスタン ▶ マーコール、イワシャコ、マハシール

バングラデシュ ▶ トラ、シキチョウ、イリシュ

東ティモール ▶ クロコダイル

フィリピン ▶ カラバオ、フィリピンワシ、サバヒー

ブータン ▶ ターキン

ベトナム ▶ トラ、スイギュウ

マレーシア ▶ マレートラ、サイチョウ

ミャンマー ▶ トラ

モルディブ ▶ キハダ

ラオス ▶ インドゾウ

**【中東】**

アフガニスタン ▶ アルガリ

アラブ首長国連邦 ▶ ハヤブサ

イスラエル ▶ マウンテンガゼル、ヤツガシラ

イラン ▶ チーター、ヒョウ等

カタール ▶ アラビア・オリックス

クウェート ▶ ラクダ

サウジアラビア ▶ アラビアオオカミ等

トルコ ▶ オオカミ

ヨルダン ▶ オリックス

レバノン ▶ シマハイエナ

**【ヨーロッパ】**

アイスランド ▶ ハヤブサ

アイルランド ▶ アイリッシュウルフハウンド、アカシカ、タゲリ

アルバニア ▶ イヌワシ

アルメニア ▶ ワシ、ライオン

イタリア ▶ イタリアオオカミ

イングランド（イギリス）▶ ライオン、ヨーロッパコマドリ等

ウェールズ（イギリス）▶ ア・ドライグ・ゴッホ（ウェルシュ・ドラゴン）

スコットランド（イギリス）▶ ユニコーン、ブルドッグ

エストニア ▶ ツバメ

オーストリア ▶ カザノワシ

オランダ ▶ ライオン

北マケドニア ▶ ライオン等

キプロス ▶ ムフロン

ギリシャ ▶ イルカ、フェニックス

クロアチア ▶ ダルメシアン（犬）

スペイン ▶ イベリアカタシロワシ

スロベニア ▶ リピッツァナー等

セルビア ▶ シロワシ、ハヤブサ等

ドイツ ▶ カザノワシ

デンマーク ▶ コブハクチョウ

ノルウェー ▶ ヘラジカ

ハンガリー ▶ トゥルル

フィンランド ▶ ヒグマ、オオハクチョウ、ヨーロピアンパーチ

フェロー諸島 ▶ 羊

ベラルーシ ▶ ヨーロッパバイソン、シュバシコウ

ベルギー ▶ ライオン

ブルガリア ▶ ライオン

ポーランド ▶ オジロワシ

ポルトガル ▶ バルセロスの雄鶏、イベリアオオカミ

マルタ ▶ イソヒヨドリ、ケルタ・デル・フェネック

モナコ ▶ ナミハリネズミ、アナウサギ等

モルドバ ▶ オーロックス

ラトビア ▶ タイリクハクセキレイ

リトアニア ▶ シュバシコウ

ルーマニア ▶ オオヤマネコ

ルクセンブルク ▶ ライオン

ロシア ▶ クマ

**【アフリカ】**

アルジェリア ▶ フェネック
アンゴラ ▶ アメリカグンカンドリ
ウガンダ ▶ ホオジロカンムリヅル
エジプト ▶ ソウゲンワシ
エチオピア ▶ ロバ、ライオ
エリトリア ▶ ラクダ、ライオン
ガンビア ▶ ハイエナ
ケニア ▶ チーター、アフリカゾウ
コートジボワール ▶ アフリカゾウ
コンゴ民主共和国 ▶ オカピ
ザンビア ▶ サンショクウミワシ
ジンバブエ ▶ セーブルアンテロープ
スーダン ▶ ヘビクイワシ
セーシェル ▶ スジイルカ
ソマリア ▶ ヒョウ
タンザニア ▶ キリン
トーゴ ▶ カバ
ナイジェリア ▶ ワシ
ナミビア ▶ オリックス
ボツワナ ▶ シマウマ
マダガスカル ▶ ワオキツネザル
マラウイ ▶ シマオアフリカキヌバネドリ、トムソンガゼル
南アフリカ共和国 ▶ スプリングボック等
南スーダン ▶ サンショクウミワシ
モーリシャス ▶ ドードー
モロッコ ▶ バーバリライオン
リビア ▶ バーバリライオン
リベリア ▶ ライオン
ルワンダ ▶ ヒョウ
レソト ▶ クロサイ

**【北中米・カリブ】**

アメリカ ▶ ハクトウワシ、アメリカバイソン
アンギラ ▶ シマハジロバト
アンティグア・バーブーダ ▶ ダマジカ、グンカンドリ
エルサルバドル ▶ アオマユハチクイモドキ
カナダ ▶ ビーバー、カナディアン・ホース
コスタリカ ▶ パフムジツグミ、オジロジカ
キューバ ▶ キューバキヌバネドリ
グアテマラ ▶ ケツァール
ジャマイカ ▶ フクナガシハチドリ
セントビンセント・グレナディーン ▶ オウボウシインコ
ドミニカ共和国 ▶ ヤシドリ、ハイガオメンフクロウ
トリニダード・トバゴ ▶ ショウジョウトキ等
ニカラグア ▶ アオマユハチクイモドキ
ハイチ ▶ ヒスパニオラキヌバネドリ
パナマ ▶ オウギワシ
ベリーズ ▶ ベアードバク
バミューダ諸島 ▶ ザトウクジラ
プエルトリコ ▶ コキーコヤスガエル
ホンジュラス ▶ オジロジカ
メキシコ ▶ イヌワシ等

**【南アメリカ】**

アルゼンチン ▶ ピューマ、オキナインコ
ウルグアイ ▶ セアカカマドドリ
エクアドル ▶ コンドル
ガイアナ ▶ ツメバケイ、ジャガー
グレナダ ▶ グレナダバト
コロンビア ▶ コンドル、オウム
チリ ▶ コンドル、ゲマルジカ
パラグアイ ▶ パンパスギツネ
ボリビア ▶ アルパカ、コンドル
ブラジル ▶ コンゴウインコ、ジャガー
ベネズエラ ▶ ムクドリモドキ
ペルー ▶ ビクーニャ、アンデスイワドリ

**【オセアニア】**

オーストラリア ▶ カンガルー、エミュー
キリバス ▶ アメリカグンカンドリ
ナウル ▶ オオグンカンドリ
ニューカレドニア ▶ カグー
ニュージーランド ▶ キーウィ
パプアニューギニア ▶ ジュゴン、ゴクラクチョウ

## 付録 ‖ キャラクター作りのヒントに **世界の国花・国樹**

**【アジア】**

インド ▶ 蓮、国樹：印度菩提樹

インドネシア ▶ メラティ（マツリカ）、コチョウラン、ラフレシア等

韓国 ▶ ムクゲ

カンボジア ▶ ラムドゥアン

カザフスタン ▶ チューリップ

北朝鮮 ▶ スモモ、木蘭（オオヤマレンゲ）

キルギス ▶ ワタ、ヒヤシンス等

シンガポール ▶ バンダ・ミスジョアキム（ランの一種）

スリランカ ▶ ニル・マーネル（スイレンの一種）

タイ ▶ ナンバンサイカチ（マメ科の落葉樹）

台湾 ▶ 梅

日本 ▶ 桜、菊

ネパール ▶ ラリグラス

パキスタン ▶ ソケイ（ジャスミンの一種）

バングラデシュ ▶ シャープラ：（ネッタイスイレン）

フィリピン ▶ サンパギータ（マツリカ）

ブータン ▶ メコノプシス・ホリデュラ

ブルネイ ▶ カンボクビワモドキ

ベトナム ▶ 紅い蓮

香港 ▶ バウヒニア（マメ科の一種）

マカオ ▶ 蓮

マレーシア ▶ ブンガラヤ（ブッソウゲ）

ミャンマー ▶ サラノキ、カリン：（マメ科）等

モンゴル ▶ セイヨウマツムシソウ

ラオス ▶ インドソケイ

**【中東】**

アフガニスタン ▶ 赤いチューリップ

イエメン ▶ アラビカコーヒーノキ

イスラエル ▶ 国樹：オリーブ：シクラメン（イスラエルは園芸種シクラメンの原産地）

イラク ▶ 赤いバラ

イラン ▶ 黄色いつる性のバラ、チューリップ

オマーン ▶ 赤いバラ

カタール ▶ ナツメヤシ

クウェート ▶ アル・アルファジ（キク科の一種）

サウジアラビア ▶ バラ

シリア ▶ ダマスクローズ

トルコ ▶ チューリップ

ヨルダン ▶ ブラックアイリス

レバノン ▶ レバノンスギ

**【ヨーロッパ】**

アイスランド ▶ チョウノスケソウ

アイルランド ▶ シャムロック

アルバニア ▶ 赤と黒のケシ等

アンドラ ▶ エーデルワイス

イギリス（連合王国）▶ バラ

イングランド ▶ テューダー・ローズ

ウェールズ ▶ リーキ、ラッパスイセン

スコットランド ▶ アザミ

イタリア ▶ ヒナギク

ウクライナ ▶ セイヨウカンボク等

エストニア ▶ ヤグルマギク

オーストリア ▶ エーデルワイス

オランダ ▶ チューリップ

北アイルランド ▶ シャムロック

北マケドニア ▶ ケシ

キプロス ▶ キプロスシクラメン、オリーブ

ギリシャ ▶ オリーブ、アカンサス（葉アザミ）等

クロアチア ▶ ペルニカ（アイリスの一種）等

サンマリノ ▶ アキザキシクラメン

ジョージア ▶ ヨーロッパブドウ

スイス ▶ エーデルワイス等

スウェーデン ▶ セイヨウトネリコ等

スペイン ▶ カーネーション、オレンジ等

スロバキア ▶ ジャガイモ

スロベニア ▶ コムギ

セルビア ▶ セイヨウスモモ

チェコ ▶ 菩提樹

ドイツ ▶ ヤグルマギク、オウシュウナラ

ノルウェー ▶ ギョリュウモドキ等

バチカン ▶ マドンナリリー（ニワシロユリ）

ハンガリー ▶ ゼラニウム等

フィンランド ▶ スズラン

ブルガリア ▶ バラ

フランス ▶ アイリス等

ベラルーシ ▶ アマ等

ボスニア・ヘルツェゴビナ ▶ ボスニアゴールデンリリー

ポーランド ▶ パンジー

ポルトガル ▶ コルクガシ等

マルタ ▶ マルタヤグルマギク
モナコ ▶ カーネーション
モンテネグロ ▶ ミモザ
リヒテンシュタイン ▶ オレンジリリー
ルクセンブルク ▶ バラ
ルーマニア ▶ ドッグローズ
ロシア ▶ ヒマワリ等

**【アフリカ】**
アルジェリア ▶ バラ
エチオピア ▶ カラー（オランダカイウ）
エジプト ▶ ロータス（ヨザキスイレン）
ガーナ ▶ ナツメヤシ
ガボン ▶ カエンボク
コートジボワール ▶ ヤシ
コンゴ民主共和国 ▶ ニオイマホガニー
シエラレオネ ▶ ギニアアブラヤシ
ジンバブエ ▶ グロリオサ・ロスチャイルディアナ
スーダン ▶ ブッソウゲ
赤道ギニア ▶ パンヤ（カポック）
セネガル ▶ バオバブ
チュニジア ▶ ミモザ等
ナイジェリア ▶ コスタス・スペクタビリス
ナミビア ▶ ウェルウィッチア
ボツワナ ▶ モロコシ
マダガスカル ▶ ポインセチア
南アフリカ共和国 ▶ キングプロテア
モーリシャス ▶ トロチェティア
モロッコ ▶ バラ
リビア ▶ ザクロ
リベリア ▶ コショウ

**【北中米・カリブ】**
アメリカ合衆国 ▶ バラ
アメリカ領ヴァージン諸島 ▶ キンレイジュ
アンティグア・バーブーダ ▶ アグレイヴ・カラット
エルサルバドル ▶ メキシコチモラン等
カナダ ▶ サトウカエデ
キューバ ▶ ホワイトジンジャー
グアテマラ ▶ モンハ・ブランカ
グレナダ ▶ ブーゲンビリア
ケイマン諸島 ▶ ワイルドバナナオーキッド
コスタリカ ▶ グアリアンセ・スキネリ
セントクリストファー・ネイビス ▶ ホウオウボク等
セントビンセント・グレナディーン ▶ スーフリツリー
ジャマイカ ▶ ユソウボク
ドミニカ国 ▶ カリブウッド
ドミニカ共和国 ▶ マホガニー、バヤイベ・ローズ
トリニダード・トバゴ ▶ ヘリコニア（チャコニア）
ニカラグア ▶ サクアンホーチェ
ハイチ ▶ ダイオウヤシ
パナマ ▶ ペリステリア・エラタ
バハマ ▶ キンレイジュ
バミューダ諸島 ▶ シシリンチウム・バミューディアナ
バルバドス ▶ オオゴチョウ
プエルトリコ ▶ セスペシア・グランディフローラ
ベリーズ ▶ プロステケア・コクレアタ
ホンジュラス ▶ リンコレリア・ディグビアナ
メキシコ ▶ ダリア

**【南アメリカ】**
アルゼンチン ▶ セイボ
エクアドル ▶ バラ、アカキナノキ等
ガイアナ ▶ オオオニバス
コロンビア ▶ カトレヤ・トリアナエ等
スリナム ▶ ファヤロビ
チリ ▶ コピウエ等
パラグアイ ▶ バンマツリ等
ブラジル ▶ ブラジルボク等
ベネズエラ ▶ イエロー・トランペットツリー等
ペルー ▶ ヒマワリ、カンツータ

**【オセアニア】**
オーストラリア ▶ ゴールデン・ワトル
クック諸島 ▶ タヒチアン・ガーデニア
サモア ▶ レッドジンジャー
トンガ ▶ ヘイララ
ニュージーランド ▶ シルバー・ファーン、コーファイ（ハナミエンジュ）
パプアニューギニア ▶ ラン等
パラオ ▶ ルー
フランス領ポリネシア ▶ ティアレ
マーシャル諸島 ▶ ハテルマギリ

# この本の使い方

## 食材について

この本では、「世界220カ国・地域 料理の作り方や食材を通してお国柄を知る」という副題のとおり、各エリアごと原則として五十音順に各国・地域の国旗弁当に使ったその国らしい食材や料理のレシピを中心に、写真を見ただけではわかりにくい食材についてキャプションを加えて解説しています。

キャプションのついていないものは、お弁当としての栄養バランスや色合い等のために加えた、代替可能の一般的な食材で、季節によっては手に入らないものを含みます。これらは、お手元にある身近な食材や加工食品を使って自由にアレンジしてください。

国旗の部分についても、その国・地域にちなんだ食材にはキャプションを付しました。キャプションが付されていないものは、「国旗に使った色と食材」（P26～27）を参照して、手に入りやすい食材に代替してお使いください。

各国旗は敬意を表してなるべく忠実に再現するよう努めましたが、お弁当箱の中でその国らしい食材や子どもたちにも楽しく作ってもらえること等を優先したため、縦横比率や色味、紋章が正確でない場合があります。

## レシピについて

各国・地域のページでは、お弁当のおかずにしやすい、その国を代表する食材を使ったレシピを1品または2品ご紹介しています。それ以外の料理の作り方は、e-food.jpの「世界の料理レシピ集」(https://e-food.jp/recipe/)、または300レシピを掲載した拙著『世界の郷土料理事典』（誠文堂新光社）を参考になさってください。

各レシピの「材料」欄に示した分量は2～3人分です。お弁当だけに使う場合は、適宜、分量を減らしてください。

ほかに、下記の点にご留意ください。

❶レシピはそれぞれの国のオリジナルを尊重していますが、なるべく基本的かつシンプルであることを優先し、あとから追加できる塩や油、辛さは控えめにしている場合があります。また、お弁当用に手軽に作っていただくため、なるべく缶詰等の半調理食材を利用しています。

❷スパイスや特殊な食材は、なるべく日本で手に入り、代用できるものを挙げています。

❸1カップは200㎖、大さじは15㎖、小さじは5㎖です。カップ表記でわかりにくいものは「㎖」表記にしています。

❹電子レンジの加熱時間は500Wを基準にしています。機種によっても異なりますので、調整してください。

❺フードプロセッサー等の機器がなく固い食材を細かくしたいときは、包丁でみじん切りし、刃でたたきます。ペーストのようにしたいときは、すりこぎでするか、ビニール製のストックバッグに食材を入れて麺棒かすりこぎでロールしてつぶしてください。

CHAPTER 1　アジア

# Asia

# インド

INDIA

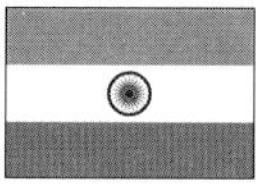

サフラン色は勇気と犠牲（またはヒンドゥー教）、白は静謐と平和（その他の宗教）、緑は公正と騎士道（またはイスラム教）を表す。中央のしるしは法輪（チャクラ）。

## 太古より農業が行われていた土地

**スパイス文化の源インダス文明を生んだインダス川、ヒンドゥー教徒が母なる川として神聖視するガンジス川という二つの大河が流れるインド。流域の肥沃な土地を中心に、熱帯気候と相まって太古より農業が行われていました。主食の米、小麦等食料自給率は100%を超えます。**

● 国名の由来：インダス川の古名シンド（大河）より。

Recipe

**パコラ**

Pakora

インドの天ぷら

**赤玉ねぎの蓮**

インドの国花

Recipe

**アルー・マサラ**

Aloo Masala

じゃがいものスパイス炒め

**チャナ・マサラ**

ひよこ豆のカレー

**なすの輪切り**

**ビンディ・マサラ**

オクラのスパイス炒め

牛を使った揚水ポンプによるインドの古典的な農業の様子。(1955)

# パコラ

## 材料

A
- ベサン粉（ひよこ豆粉。小麦粉でもよい）……50g
- 塩……小さじ¼
- にんにく……½かけ（すりおろす）
- しょうが……少々（すりおろす）
- ガラムマサラ……小さじ¼
- クミン粉……小さじ¼
- 唐辛子粉……小さじ¼
- レモン果汁……大さじ1（お好みで）

水……50mℓ
植物油……適量
玉ねぎ……½個（約100g）薄切り
にんじん……小1本（約80g）千切り
いんげん……4本（3cmくらいに切る）
※野菜は他にキャベツ、ブロッコリー、じゃがいも、なす等でも。

## 作り方

**1.** ボウルの中にAを入れて混ぜ、水をゆっくりと加えて再び混ぜ、衣を作る。
**2.** 1にカットした野菜を入れて混ぜる。
**3.** 天ぷら鍋に植物油を入れて180度くらいに熱し、2をスプーンですくってかき揚げのように揚げる。 **4.** 3がきつね色に揚がったら、キッチンペーパーに乗せて油分を吸わせる。

memo

「蓮」の作り方
❶赤玉ねぎを上から中心まで12等分に切り込む。
❷植物油をかけてアルミホイルで包む。
❸190℃のオーブンで12分程焼き、球根をむいて大きさを調整。塩をかける。

# アルー・マサラ

## 材料

じゃがいも……小1個（角切り）
玉ねぎ……大さじ1（みじん切り）
しょうが……少々（すりおろす）
ターメリック……小さじ¼
塩・唐辛子粉……少々
マスタードシード（またはクミンシード）……小さじ½
植物油……適量
コリアンダーの葉……少々（みじん切り。お好みで）

## 作り方

**1.** じゃがいもをゆでてつぶす。
**2.** フライパンに植物油をひき、マスタードシードを香り立つまで軽く炒める。 **3.** 2に玉ねぎ、しょうが、ターメリック、唐辛子粉を加えて炒める。
**4.** 3に1のじゃがいもを入れて混ぜ、3分程炒めて塩で調味する。お好みでコリアンダーの葉をちらす。

# インドネシア共和国

INDONESIA

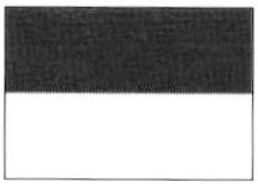

いにしえの太陽（赤）と月（白）の信仰に由来し、赤は勇気と情熱、白は潔白な心を表す。

## コーヒーやアブラヤシ、スパイスの生産が主要産業

インドネシアでは、熱帯雨林や原野を刈って野焼し、灰を肥料に陸稲やいも類を栽培する焼畑農業を伝統的に行っていました。300年以上続いたオランダ占領時代にはコーヒーやアブラヤシ、スパイスのプランテーション農園が拡大。今も主要産業である一方、森林保全が課題になっています。● 国名の由来：インドの島々。

パイナップル、パパイヤ、とかげ型のドラゴンフルーツ

ウダン・バラド

エビのサンバル和え

ナシ・ウドゥク

ココナッツ・ライス

Recipe Mi Goreng

## ミーゴレン マレー式焼きそば

### 材料

<ソース>
しょうゆ…大さじ2、オイスターソース…小さじ1、砂糖…小さじ½、こしょう…少々
<麺>
中華麺…1袋、赤玉ねぎ…¼個（薄切り）、にんにく…1かけ（みじん切り）、エビ（ブラックタイガー等。殻を取っておく）…4尾、キャベツ…50g（千切り）、もやし…80g、植物油…適量
<トッピング>
青ねぎ…1本（輪切り）、鷹の爪…½～1本（輪切り）、ライムまたはすだち（果汁を使用）…適量、目玉焼き（お弁当にはうずらのたまごで。炒りたまごにすることも）人数分

### 作り方

**1.** ソースの材料を混ぜ合わせておく。 **2.** 中華鍋またはフライパンに植物油を入れ、中火にして熱する。赤玉ねぎをカリカリになるまで揚げるように炒め、いったんキッチンペーパーの上に取り出しておく。 **3.** 2ににんにく、エビを入れて炒め、さらにキャベツを加えて炒める。 **4.** 3に麺とソースを入れ、ソースの水分で麺をほぐしながら具と混ぜて炒める。 **5.** 4にもやしを加えて全体をよく混ぜる。 **6.** 5を皿に移し、2の赤玉ねぎ、青ねぎ、鷹の爪、目玉焼きを乗せ、ライムまたはすだち果汁をかける。

インドネシアの珍味コーヒー「コピ・ルアク」。ジャコウネコのフンから集め、発酵したよい香りを楽しむ。(2018)

# カンボジア王国

CAMBODIA

国の象徴的遺跡であるアンコール・ワットを配置し、青は王権、赤は国家、白は仏教徒を表す。

## メコン川とトレンサップ湖に恵まれた淡水魚の宝庫

**南米のアマゾン川に次いで多種多様な魚が生息するメコン川と、東南アジア最大のトレンサップ湖のあるカンボジアは淡水魚の宝庫。アンコール遺跡にも魚を調理する姿が描かれています。またその国名は日本のかぼちゃの語源でもあり、かぼちゃを使ったデザートもあります。**

**● 国名の由来：クメール人の神話伝説による、インドの高僧カンブが建国したカムブの国の意味。**

材料　**トレイ・チエン・チュオン**

白身魚…250g（切り身）、小麦粉…大さじ1
<ソース> にんにく…1かけ（みじん切り）、玉ねぎ…¼個（薄切り）、魚醤（ナンプラー。カンボジアではトゥック・トレイ）・酢・砂糖…各大さじ1、片栗粉…小さじ½、水…½カップ、鷹の爪…1本（輪切り）、ねぎ…少々（みじん切り）、植物油…適量、塩…少々
<トッピング> コリアンダーの葉・ピーナッツ（砕く）…各少々

作り方

**1.** 白身魚の切り身に小麦粉をまぶし、カリッとするまで植物油で揚げる。　**2.** ソースを作る。別の鍋に植物油を熱し、にんにくと玉ねぎを色づくまで炒める。魚醤、酢、砂糖を加えて混ぜる。**3.** 片栗粉を水で溶いて2に加え、とろみをつける。鷹の爪、ねぎを加えて塩で調味する。　**4.** 1の魚をお皿に盛り、3のソースをかける。ピーナッツ、コリアンダーの葉を飾る。

材料　**サンクチャ・ラパウ**

かぼちゃ…1個（800g 前後）
<カスタード>
たまご…3個、ココナッツミルク…200mℓ、パームシュガー（きび砂糖で代用）…大さじ3～4、パンダンリーフ…2～3枚（ニオイタコノキの葉。なければ省く）、塩…小さじ½

作り方

**1.** かぼちゃのへたの周辺を包丁で3cm四方に穴をあけ、種等をスプーンで取り出してくり抜く。　**2.** カスタードを作る。ボウルにたまごを入れて溶き、ココナッツミルク、パームシュガー、塩を入れてよく混ぜ、香り付け用のパンダンリーフを入れる。ざるで濾してパンダンリーフ等を取り除く。　**3.** 1の穴の部分から2を注ぎ入れ、蒸し器で50分～1時間蒸す。　**4.** 3を1時間程冷まし、切り分ける。

Recipe Trey Chien Chuon
**トレイ・チエン・チュオン**

Recipe
**サンクチャ・ラパウ**
Sankhya Lapov

Character
ソーセージの象
作り方：P73

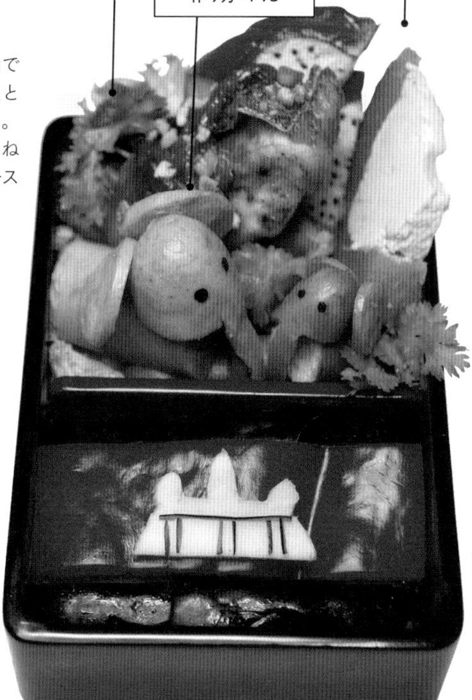

# シンガポール共和国

SINGAPORE

赤は普遍的な友愛と平等、白は純潔と高潔、三日月は若い国家と発展の象徴、5つの星は民主主義・平和・発展・正義・平等を表す。

## 多民族による多彩で豊かな食文化

1972年建立のマーライオンがランドマークの都市国家。中華系、マレー系、インド系らの人々が暮らす多民族国家でもあり、狭い国土ながら多彩で豊かな食文化が息づいています。2020年に屋台街の「ホーカー文化」がユネスコ無形文化遺産に登録されました。

● 国名の由来：獅子の街。

海南鶏飯（ゆで鶏）

カヤ・トースト
ココナッツミルク入りのカヤジャムのサンド

Character

大根のマーライオン
作り方：P73

サンバル・ウダン
エビのサンバル和え

海南鶏飯（ライス）
チキン・スープで炊いたライス

Recipe Singapore Mei Fun

### シンガポール・メイ・フン

スパイス風味の米麺の焼きそば

#### 材料

ビーフン……100g
玉ねぎ……中½個（薄切り）
もやし……80g
にんじん……中½本（千切り）
ピーマン……1個（薄切り）
カレー粉……大さじ½
しょうゆ……小さじ1
砂糖……小さじ½
ごま油……大さじ½
植物油……大さじ1と½
水……大さじ1

#### 作り方

**1.** ビーフンを水またはお湯につけて戻す。　**2.** 小さなボウルの中にカレー粉、しょうゆ、砂糖、ごま油、水を入れて混ぜておく。　**3.** 中華鍋またはフライパンに植物油をひき、玉ねぎ、にんじん、ピーマンを炒める。　**4.** 3に戻したビーフン、2の調味料類、もやしを入れてさらに3分程炒める。必要に応じてしょうゆ、砂糖で調味をする。

# タイ王国

THAILAND

赤は国民を、白象に由来する白は仏教を、青はチャクリ王朝を表している。

## スパイスやハーブを多用した辛い料理と米食

**インドと中国の影響を受け、スパイスやハーブを多用した辛い料理と米食が好まれるタイ。唐辛子の発汗や抗菌作用は、暑い気候の中で元気に暮らす理にかなっており、新鮮な野菜やフルーツとともに豊かな食文化を培ってきました。気軽に食事ができる屋台も発展しています。● 国名の由来：「タイ族の国」。タイは自由を意味し、自由を愛する14世紀のアユタヤ朝が諸民族統一のために用いた。**

### 材料

鶏肉…400g（大きめに切り分ける）

＜下味＞

にんにく…2かけ（すりおろす）、しょうゆ・砂糖…各大さじ1、黒こしょう…小さじ1、塩…小さじ½、水…大さじ1

＜ソース＞

タマリンドジュース＊…½カップ、砂糖…大さじ½、唐辛子粉…小さじ½～1（あればフレーク状のもの）、ナンプラー…適量、カオクア＊＊…小さじ½

＊梅干しのはちみつ漬けの種を取ってつぶし、½カップ分になるよう水を加える。またはりんご酢で代用。

＊＊炒ったもち米をつぶして香ばしさを出すタイ東北部の食材。なければ省略。

### 作り方

**1.** 下味の材料をボウルで混ぜ合わせ、鶏肉を漬け込む。冷蔵庫に入れて一晩（少なくとも数時間）マリネする。 **2.** ソースの材料を鍋に入れ、混ぜながら煮立たせる。その後冷ましておく。 **3.** 1の鶏肉を190℃に予熱したオーブンで20分程焼く。ソースをつけて食べる。

**Recipe** Gai Yang

## ガイ・ヤーン

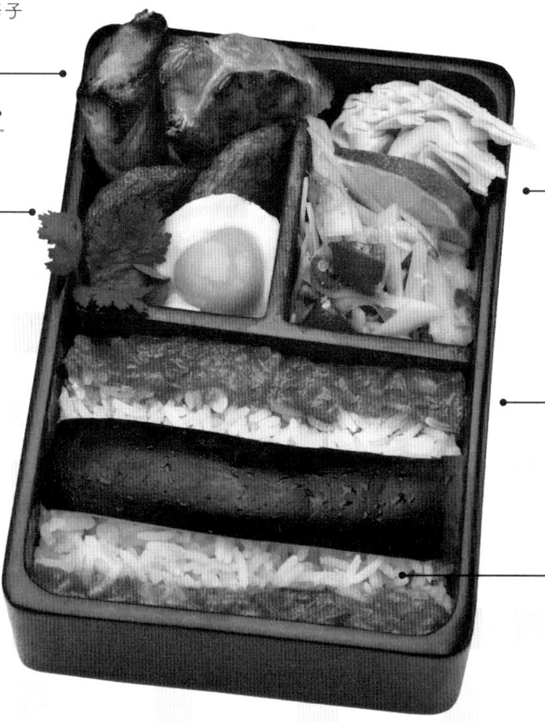

トートマンプラー

タイのさつま揚げ

ソムタム

青パパイヤのサラダ

ゲーン・ペッ

レッドカレー

タイ米

国際コメ年の記念切手。母なる大地の安全と豊穣を司るタイの女神プラ・メー・トラニーを描く。（1966）

# スリランカ民主社会主義共和国

SRI LANKA

シンハラ人のカンディ王朝の金のライオン旗をもとに、仏教を象徴する4枚の菩提樹の葉と、サフラン色（ヒンドゥー教徒のタミル人）、緑（イスラム教徒）を追加。

## 紅茶、カツオ、マグロ類を日本にも輸出

世界有数の紅茶の産地として知られる国。また、インド洋の沖合漁業によるカツオ、マグロ類が主要な漁獲品目として日本にも輸出されています。スリランカの料理には、かび付けをしないかつお節に似た「モルディブ・フィッシュ」（P64参照）がよく使われます。

● 国名の由来：聖なる光輝く島。

バダプ・マル

スパイス風味の魚フライ

Recipe

**スリランカン・フィッシュ・カレー**

Sri Lankan Fish Curry

ターメリックライス、ほうれん草、赤レンズ豆、大納言金時

世界有数の紅茶の産地として、英植民地時代の名称セイロンは高級茶の代名詞。（1964）

## 材料

カツオ（またはマグロ）……200g（角切り）
玉ねぎ……中½個（みじん切り）
カットトマト缶……100g
にんにく……1かけ（すりおろす）
しょうが……2cm（すりおろす）
青唐辛子（なければ、唐辛子粉）……1本（輪切り）
ライム（またはレモン）果汁……½個分
ココナッツミルク……150mℓ
ターメリック……小さじ¼
クミンシード……小さじ½
マスタードシード（あれば）……小さじ½
フェヌグリークシード（あれば）……小さじ½
カレーリーフ（あれば）……少々
タマリンドペースト（梅干しのはちみつ漬けの種を抜きつぶして代用可）……小さじ1
塩……少々
水……150mℓ
植物油……適量

## 作り方

**1.** ボウルにターメリック、ライム果汁、塩を混ぜ合わせ、カツオにすりこむ。冷蔵庫で約1時間マリネする。 **2.** 鍋に植物油をひき、クミンシードと、あればマスタードシード、フェヌグリークシードを香り立つまで中火で炒める。 **3.**2に玉ねぎ、しょうが、にんにく、青唐辛子、あればカレーリーフを入れ、玉ねぎが色づくまで炒める。 **4.**3にトマト、ココナッツミルク、タマリンドペースト、水、塩を加え、7～8分煮詰める。 **5.**4に1のカツオを加え、火が通るまで煮る。

memo

**ライオンの作り方**

スリランカの国旗に描かれた「ライオン」。今回はスライスチーズを切り抜いて作りましたが、素材がやわらかいため、型紙では脚の部分等が途中でちぎれてしまったりして、なかなか大変でした。

そこで、四つ足動物の型抜き（ここでは羊）を利用。まずスライスチーズを型抜きしてライオンの胴体の土台を作り、キャラ弁用のはさみで細部を調整。頭やしっぽ、剣等は別々に作り、組み立てて完成させました。動物の文様を作りたい時に他でも応用できるかと思います。

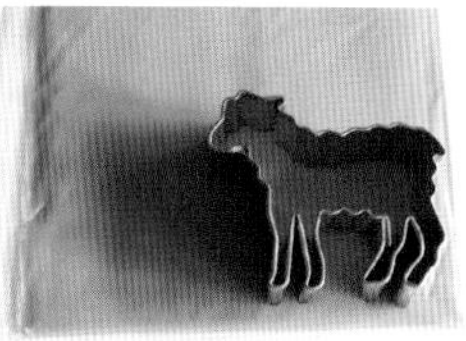

# 大韓民国（韓国）

SOUTH KOREA

中央の円は太極（宇宙）で、巴は陽（赤）と陰（青）。四隅のしるしは易学に基づき、左上が乾、左下が坤（こん）、右上が坎（かん）、右下が離と読む。東西南北等4つが併存し、調和を保つものの組み合わせ。

## 朝鮮王朝発祥の古都・全州は美食の街

**朝鮮半島の南半分に位置する国。南西部の全羅道は、肥沃な平野に育つおいしい農作物と山岳地帯の山菜、沿岸部の海産物に恵まれ、その中心地のひとつである全州は、美食の街として知られます。全州は朝鮮王朝発祥の古都であり、ビビンバの生まれ故郷でもあります。**

**● 国名の由来：韓は「偉大な、君主」の意味。**

Recipe Japchae

## チャプチェ

春雨と野菜炒め

### 材料

韓国春雨（なければ普通の春雨）…60g（パッケージのとおりに戻し、食べやすい長さにカット）、玉ねぎ…小¼個（薄切り）、しいたけ…1～2個（干ししいたけは水で戻しておく。薄切り）、赤ピーマン…½個（薄切り）、ほうれん草…60g（ゆでて、食べやすい大きさにカット）、牛肉（豚肉でもよい）…50g（薄切り）

ごま油…適量、塩・こしょう…少々、白ごま…適量

＜下味＞

A しょうゆ…大さじ1、砂糖…小さじ1、ごま油…小さじ½、にんにく…少々（すりおろす）

＜たれ＞

B しょうゆ…大さじ1、砂糖…大さじ½、ごま油…大さじ½、にんにく…少々（すりおろす）、酒…小さじ½

### 作り方

**1.** 牛肉をAに10分程漬け込み、鍋で肉の色が変わるまで少し煮る。 **2.** フライパンにごま油をひき、玉ねぎ、しいたけ、赤ピーマンを入れて炒める。いったん取り出す。 **3.** 2に春雨とBのたれを入れて和えて炒め、1の牛肉、野菜類を戻して混ぜる。塩、こしょうで味を調える。白ごまをかける。

※他ににんじんやきくらげを加えてもよい。

# 台湾

TAIWAN

白い太陽の12の光芒は午前・午後の各12時間を、赤は民族主義と自由と犠牲、青は民権主義と平等と正義、白は民生主義と友愛と正直を表す。

## パイナップルやバナナ等トロピカル・フルーツの栽培も盛ん

**亜熱帯から熱帯気候に属する東アジアの島嶼国（地域）。オーストロネシア系先住民の食べ物や、16世紀頃から中国本土より渡ってきた開拓民が伝えた中華料理をもとに独自の食文化が確立されました。パイナップルやバナナをはじめトロピカル・フルーツの栽培も盛んです。**

**● 国名の由来：先住民が外来者や客を指す「ターヤン」が訛った「タイワン」から。**

**材料（2枚分）**

カキ…約10～12個（加熱用。洗って水気を切っておく。大きなものはカット）、たまご…2個、青菜（レタスやキャベツ、ほうれん草等）…適量（ざく切り）、植物油…適量

<生地>

A［コーンスターチ…40g、片栗粉…20g、水…200mℓ、塩…少々

<ソース>

片栗粉…小さじ½、水…140～160mℓ

B［ケチャップ…大さじ1と½、しょうゆ…小さじ1、砂糖…大さじ1、白みそ…小さじ1、ホットソース…少々

**作り方**

**1.** ソースを作る。片栗粉を水に溶かして小鍋に入れる。Bを加えてとろみがつくまで熱する。 **2.** 生地を作る。ボウルの中にAを入れて混ぜる。 **3.** フライパンに植物油をひいてカキの両面を焼く。もう1枚用の半分のカキを取り出しておく。 **4.** カキを中央に置き、2の生地の半分を流し入れる。カキの上に青菜を乗せる。 **5.** 4の生地を寄せてフライパンの底に余地を作り、そこにたまごを割り入れて焼きながら軽くかき混ぜる。 **6.** 5をお皿に盛り、1のソースをかける。 **7.** もう1枚も同様に作る。

パイナップル&バナナ

Recipe O-a-Jian

**蚵仔煎**

オアチェン。カキのオムレツ

**滷肉飯**

ルーローファン。豚バラ肉の煮込み丼

**包子**

パオズ。中華まんじゅう

**乾焼明蝦**

エビチリ

台湾産のバナナは、成長がゆっくりで味・香りが芳醇。南部の旗山がバナナの里として知られる。（1964）

# 中華人民共和国

CHINA

五星紅旗と呼ばれる。赤地は共産主義革命、大きな星は中国共産党と人民の団結、4つの小星は労働者・農民・知識階級・愛国的資本家を表し、黄は光明を象徴。

## 儒教の哲学が食文化に影響を与えた稲作発祥の地。

長江・黄河流域から始まった文明と稲作発祥の地。シルクロードによって西方やインドと交流を持ち、さまざまな農作物や仏教由来の食が伝播。また孔子を始祖とする儒教の哲学が中華料理のあり方に影響を与え、広大な領土の地方色と相まって奥深い食文化を培ってきました。

● 国名の由来：中華は「世界の中央にある文明の地」の意味。

Recipe Shumai

**焼売《シウマイ》**

麻婆豆腐

**材料（15個）**

シウマイの皮……15枚
豚ひき肉（脂身を多めに）……150g
長ねぎ……10㎝くらい（みじん切り）
しょうが・塩・こしょう……各少々
ごま油……大さじ1
しょうゆ……小さじ½
片栗粉……大さじ2

**作り方**

**1.** ボウルに豚ひき肉を入れてよく練る。 **2.** 1にしょうゆ、塩、こしょう、しょうが、ごま油を入れてよく混ぜる。 **3.** 別のボウルに長ねぎと片栗粉を入れてまぶす。 **4.** 3を2のひき肉に加えて混ぜる。 **5.** 4を大さじ1くらい取り、シウマイの皮に包んでいく。パンダを作るためにシウマイの底を少しふっくらと成型する。 **6.** 蒸し器に水を入れて、5を強火で7～8分蒸す。

**シウマイのパンダ**

手足は海苔を小さく切って、水でぬらしながら丸めたごはんを包む。これを同じ大きさで4つ作る。海苔を切ってパンダの耳、目、口を作る。これらを並べたシウマイ2個の裏側に乗せて組み立てる。

# 朝鮮民主主義人民共和国（北朝鮮）

NORTH KOREA

朝鮮の伝統的な色である赤と青を基調とし、赤は国家建設、青は平和、白は光明を表す。

## 食材の持ち味を生かした淡泊な薄味が好まれる

朝鮮半島の北半分を占める国。キムチやコチュジャン等の辛味は変わりませんが、南部に比べて寒冷であること等から、食材の持ち味を生かした淡泊な薄味が好まれます。また平壌近郊の南浦の名物「ハマグリのガソリン焼き」のような独特の郷土料理もあります。

● 国名の由来：朝鮮とは、朝が鮮やかで美しい国という意味。

**材料（2枚分）**

小麦粉…100g、水…150㎖、たまご…1個（溶く）、塩・こしょう…各少々、青ねぎ…10本（4〜5㎝に切る）、ごま油…適量

＜たれ＞

しょうゆ・酢…各大さじ1、白ごま…小さじ1

**作り方**

**1.** たれの材料をボウルに入れて混ぜ合わせる。 **2.** 別のボウルに小麦粉と水を入れて溶き、塩、こしょう、たまごを入れて混ぜ、青ねぎを加えて軽く混ぜる。 **3.** フライパンにごま油をひき、1を半分おたまですくって入れ、両面を焼く。 **4.** 3をお皿に乗せ、1のたれを添える。

Recipe Pajeon

### パジョン

ねぎのお好み焼き

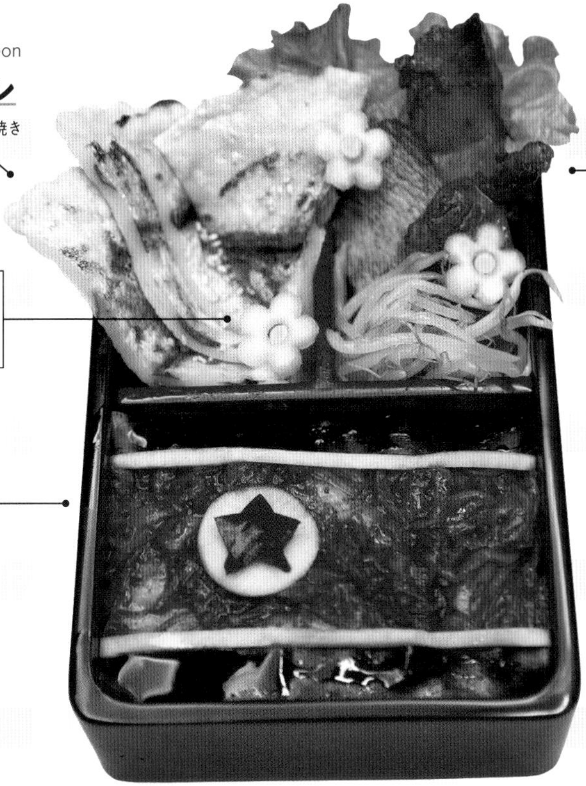

カルビ

焼肉

大根＆スライスチーズのスモモの花

北朝鮮の国花

キムチ

農業改革布告20周年の記念切手。同年はFIFA W杯で北朝鮮代表がイタリアを破りベスト8に進出した年。（1966）

# 日本国

JAPAN

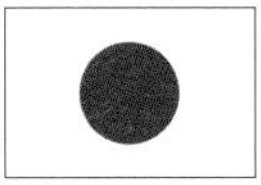

法律上は「日章旗」、一般的には古来「日の丸」と呼ばれる。日の出の太陽を象徴し、伝統色であり、めでたい色とされる紅白を使用。

## 「和食」がユネスコ無形文化遺産に登録

**亜寒帯から亜熱帯に連なる島嶼国。日本人は四季折々の気候と山海の恵みをもたらす自然を敬い、共生してきました。食材の持ち味を生かし、栄養バランスに優れて見た目も美しい「和食」は、2013年にユネスコ無形文化遺産に登録されました。● 国名の由来：中国大陸から見て東＝太陽の昇る地「日の本（ひのもと）」から。英語名ジャパンはマルコ・ポーロの『東方見聞録』に登場する黄金の国ジパングからの説も。**

**Recipe** Tempura

### エビ&レンコンの天ぷら（薄衣バージョン）

**材料**

薄力粉…100g（ふるっておく）
たまご…10mℓ（1個を割りほぐした分から計量）
水…90mℓ
植物油
エビ…2尾、れんこん…適量
その他、野菜等の具材

**作り方**

**1.** ボウルに水を入れ、割りほぐしたたまごを加えてたまご水を作る。 **2.** 別のボウルに薄力粉を入れ、1をさっくり混ぜる。 **3.** 2にエビやれんこんをひたし、すぐに180℃に熱した油で1分揚げる。キッチンペーパーに乗せて油分を吸い取る。

世界初の料理切手を発行したのは日本。大正ご婚儀を記念して、古くから婚礼の席に欠かせない三日夜餅を描く。（1900）

# ネパール連邦民主共和国

NEPAL

長くネパールの二大名家とされたシャー王家とラナ宰相家の両家の三角形の旗を合わせたもの。世界的にも例を見ない珍しい国旗。

## 南部では稲作等の農業も

**ヒマラヤ山脈にある世界最高峰のサガルマータ（エベレスト）山を頂く国。山岳地帯ばかりではなく、南部にはガンジス川の肥沃な沖積平野が広がり、稲作等の農業が行われています。周辺のインドやチベットの食文化の影響を受け、スパイスも多用します。● 国名の由来：サンスクリット語の「ニパアラヤ（山麓の住まい）」、またはチベット語の「ニアンパル（神聖な土地）」が転訛した等諸説あり。**

### 材料

米粉……1カップ
砂糖……大さじ1と½
バター……大さじ1と½（溶かす）
牛乳……¼カップ
植物油……適量

### 作り方

**1.** ボウルに米粉、砂糖、バター、牛乳を入れて生地を作る。　**2.** 天ぷら鍋に植物油を入れて180℃くらいに熱し、1をおたまに入れて、丸い輪になるように油の中に入れてきつね色になるまで揚げる。

※米粉の代わりにごはんをフードプロセッサーにかけて使用する方法もある。

**Recipe** Sel Roti

## セル・ロティ

米粉のリングパン

**トマト・アチャール**

漬物に似たネパールの副菜

**モモ**

チベットの餃子

**ダル・バート**

レンズ豆のカレーとごはん

ネパールの穀倉地帯である南部の平野で行われる稲作の様子。（1976）

# パキスタン・イスラム共和国

PAKISTAN

白と緑の地色は平和と繁栄、月は発展、星は光と知識を表すとされる。

## 香りのいい高級バスマティ米の産地

**1947年にインドから分離独立したパキスタンはイスラム教を国教とし、インダス文明の中心地だった土地を擁する国。インド北部に連なるパンジャーブ州は、さらっとして香りのいい高級バスマティ米の産地であり、日本をはじめ世界中に輸出されています。● 国名の由来：ウルドゥー語とペルシア語で「神聖（清浄）な土地」の意味。または主要な5地域パンジャーブ、カシミール、シンド、バルチスタン等を組み合わせた造語。**

**シーク・ケバブ**
ひき肉の串焼き

**Recipe** Chole Masala
### コレ・マサラ
チャナ・マサラ。ひよこ豆カレー

**パラク・マサラ**
ほうれん草カレー

パキスタンは古くから高級バスマティ米の産地で、海外に輸出もされている。
(1967)

### 材料

ひよこ豆（水煮缶詰）…1カップ、じゃがいも…1個（みじん切り）、コリアンダーの葉…大さじ1（みじん切り）、カットトマト缶…½カップ、唐辛子粉…小さじ1～½、クミン粉…小さじ1、バター…小さじ2（あればギー）、ベイリーフ…1枚、塩•黒こしょう…各少々

### 作り方

**1.** 鍋にバターの半分を入れてじゃがいもを10分程中火でかき混ぜながら炒める。じゃがいもを鍋から取り出しておく。 **2.** 1と同じ鍋に残りのバターを入れてコリアンダーの葉、クミン粉、唐辛子粉、ベイリーフ、ひよこ豆を加えて弱火で混ぜながら5分程熱する。 **3.** 2に1のじゃがいもとカットトマトを入れて3～4分煮る。塩と黒こしょうで味付けする。

# バングラデシュ人民共和国

BANGLADESH

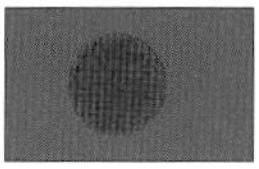

豊かな農業のさらなる発展を緑、独立闘争での多くの犠牲者を讃えしのぶ気持ちと太陽の恵みを赤で表している。

## 魚を食べ、米の消費量は世界トップクラス

インド洋、複数の大河の河口部に面し、しばしば氾濫する低地の広がる国。そのため漁業が盛んで、国民は動物性たんぱく質の大半を魚から摂るとも。主食は米で、一人あたりの消費量は世界トップクラス。最近は農業機械や灌漑農地の導入で生産効率が上がり、国の基幹産業になっています。● 国名の由来：ベンガル人の国。

### 材料

白身魚(タラ等)……2枚
ターメリック……小さじ½
小麦粉……小さじ1
塩・唐辛子粉……各少々
植物油……適量

### 作り方

**1.** ボウルにターメリック、唐辛子粉、塩、小麦粉、植物油小さじ1を入れて混ぜ、魚を入れて30分程マリネする。 **2.** 天ぷら鍋または中華鍋に植物油を入れて熱し、1をきつね色になるまで揚げる。

※にんにく風味の揚げた玉ねぎを乗せたり、コリアンダーの葉、青唐辛子をトッピングすることもある。

Recipe Bengali Fried Fish

## ベンガリ・フライド・フィッシュ

スパイス風味の魚フライ

ベグン・バジ
なすのフライ

ビリヤニ
カレー味の炊き込みごはん

パラク・マサラ
ほうれん草カレー

バングラデシュの伝統的な手網漁。
(1973)

# 東ティモール民主共和国

EAST TIMOR

星は「未来への希望の道を示す光」、黄は「同国の歴史に記録された植民地主義」、黒の三角形は「乗り越えなければならない反啓蒙主義」、赤は「国民の解放への苦闘」、白は平和を表すとされる。

## 有機栽培による高品質の薫り高いコーヒーを栽培

マレー・ポリネシア語派のテトゥン語を公用語とし、16世紀から1975年までの約460年間、ポルトガル領だった島国。19世紀にポルトガル人がブラジルから持ち込んだコーヒーを栽培し始め、今では有機栽培による高品質の薫り高いコーヒーが日本にも輸出されています。● 国名の由来：ティモール島の東部の意味だが、ティモールの由来はマレー語・インドネシア語で東を意味する「ティムール」。

### 材料

魚…200g（まるごと、または切り身）、玉ねぎ…¼個、にんにく…1かけ、ホットソース…適量、レモン果汁…½個分、バジルの葉…5枚、コリアンダーの葉…適量、塩・こしょう…各少々、植物油…大さじ2
バナナの葉（またはアルミホイル）

### 作り方

**1.** 玉ねぎ、にんにく、バジルの葉、コリアンダーの葉、ホットソースをフードプロセッサーにかけてペースト状にする。
**2.** ボウルに1と植物油とレモン果汁、塩、こしょうを混ぜ、魚を15分以上漬け込む。
**3.** 2をバナナの葉に包み、180℃に予熱したオーブンで20～30分焼く。

東ティモールでは、国で唯一の換金作物として国民の4分の1がコーヒーで生計を立てているとされる。（2002）

**Recipe** Ikan Saboko

## イカン・サボコ

切り身魚の蒸し焼き

ナシ・ゴレン

マレー式
チャーハン

# フィリピン共和国

PHILIPPINES

8本の光芒のある太陽は独立革命に立ち上がった8都市と自由、3つの星は主要な3島、赤は勇気、青は格調高い政治目的、白は純潔と平和の象徴。

## 先住民・華僑・スペイン人らの食文化がミックス

**オーストロネシア系の先住民や、華僑、16世紀から300年以上宗主国だったスペイン人らの食文化が混ざり合ったフィリピン。辛い料理はほとんどなく、南国のトロピカル・フルーツやいも類等を使ったデザートが豊富です。● 国名の由来：16世紀に宗主国だったスペイン皇太子フェリペ（後の国王フェリペ2世）にちなむ。**

### 材料

ビーフン（または春雨）…100g（パッケージのとおりに水で戻しておく）、エビ…200g、玉ねぎ…中½個（みじん切り）、にんにく…1かけ（みじん切り）、にんじん…½本（千切り）、キャベツ…100g（千切り）、いんげん…4本（3つにカット）、植物油…大さじ1、塩・こしょう・しょうゆ…各少々、ライム果汁（お好みで）

<ソース>

オイスターソース…大さじ1、しょうゆ…大さじ1と½、鶏がらスープの素…1カップ（大さじ½を温水に溶かす）、砂糖…小さじ½

### 作り方

**1.** ソースの材料をボウルに入れて混ぜ合わせておく。 **2.** 中華鍋またはフライパンに植物油を入れて中火で熱し、玉ねぎとにんにくを2分程炒める。 **3.** 2ににんじん、キャベツ、いんげんを加えてしんなりするまで炒める。1のソースを加えて沸騰させる。 **4.** 3にビーフンを加え、混ぜながらソースを和える。さらにエビを加えて火が通るまで混ぜ合わせる。 **5.** 必要に応じて水少々（分量外）を加えてビーフンをほぐし、塩、こしょう、しょうゆで味を調える。好みでライム果汁をかける。

ナタ・デ・ココ

スライスチーズ&ミントの葉のサンパギータ

フィリピンの国花

アドボ

スペインの影響を受けた豚肉の煮込み

Recipe Pancit Bihon

**パンシット・ビホン**

中国の影響を受けたフィリピン式焼きビーフン

ウベ

紫いも

キニラウ・ナ・ツナ

フィリピンのまぐろ刺身マリネ

フィリピンはパイナップルやマンゴー、パパイヤ等トロピカル・フルーツの特産地。（1972）

# ブータン王国

BHUTAN

玉を抱いた龍は中国古来から続く王の権威の象徴。黄は王の力、橙色はチベット仏教の信仰を表す。

## ヤクはブータン人にとって大切な動物

**領土の大半がヒマラヤの山岳地帯にある仏教王国。高地に生息するヤクは、使役のほか乳やチーズ、食肉、毛の利用等ブータン人にとって大切な動物です。また体を温める唐辛子や花椒、また麺食が国境を接するインド、中国から伝わりました。●国名の由来：サンスクリット語の「ボット（チベット）」と「アンタ（端）」を合成した「ボッタンタ（チベットの端）」の転訛とされる。自国での名称は「ドゥルックユル（龍の国）」。**

**ヤクのモモ**

モモ（ブータンの餃子。餃子でもよい）に、小麦粉を水で溶いた生地で作った頭と角、黒ごまの目をつけ、蒸す。

**ゴエン・ホゲー**

きゅうりとチーズのサラダ

**パクシャ・パー**

豚肉と野菜の煮込み

Recipe Kewa Datshi

### ケワ・ダツィ

じゃがいもとチーズの唐辛子和え

**赤米**

**材料**

唐辛子（鷹の爪）……1本（縦に切り種を取っておく）
じゃがいも……1個（皮をむいて輪切り）
玉ねぎ……小½個（薄切り）
にんにく……少々（薄切り）
トマト……小½個（薄切り）
スライスチーズ……1枚
クリームチーズ……20g
バター……少々
塩……小さじ¼
水……適量

**作り方**

**1.** 鍋にじゃがいも、玉ねぎ、にんにく、トマト、ひたひたの水を入れて強火で15分熱する。 **2.** 1が煮立ってじゃがいもが少しやわらかくなってきたら火を弱めて、バター、塩を加え、2種のチーズ、唐辛子をちりばめ、ふたをして熱する。 **3.** 2のふたを開け、木べらでざっくりかき混ぜて、チーズを全体にまんべんなくからめる。

ウシ科のヤク。高地に暮らすブータン人の生活と切っても切り離せない動物。
(1962)

memo

**ブータンの唐辛子**

唐辛子を多用し、しばしば「世界一辛い料理」ともいわれるブータン料理。ブータンの人々は唐辛子（エマ）を野菜のようによく食べ、1人当たりの唐辛子の消費量は世界トップクラス。ブータンの子どもたちは幼い頃から唐辛子を食べ、辛さに慣れていきます。唐辛子の成分カプサイシンに寒いヒマラヤの地で体を温める医学的効果があるだけでなく、現地の人々は、燃えるように辛い唐辛子が悪霊を追い払うと信じ、愛してきました。

唐辛子はじゃがいもやトマトとともに、16世紀にポルトガル人によって原産地の南米からインドに持ち込まれ、インド料理を変貌させました。唐辛子が根づく以前のインド料理は黒こしょうが辛味の素であり、南インド料理のマサラドーサの具はじゃがいもの代わりにバナナを使っていました。やがてインドからブータンにそれらが伝わり、特に唐辛子はブータンになくてはならない食材になったのです。

©Nagarjun

# ブルネイ・ダルサラーム国

BRUNEI DARUSSALAM

黄は王を讃える色であり、マレー人にとっての幸福の色。首相を表す白と大臣を表す黒の帯の中央にはイスラム教を表す三日月と、旗等からなるシンボルが描かれている。

## 経済の多様化をはかり、エビ養殖も

**マレーシア、インドネシアとともにボルネオ島の一角をなす裕福な立憲君主制国家。近年は、天然資源や食料の輸入依存から脱却するために経済の多様化をはかっています。エビ養殖もそのひとつ。親日国であり、高品質な「ロイヤル・ブルー・シュリンプ」は日本にも輸出されています。● 国名の由来：周辺の人々が古くからこの地域を「ブルニ」と呼んでいたことに由来。ダルサラームはアラビア語で「平和な土地」を意味する。**

ブルネイのエビ・クラッカー

ロイヤル・ブルー・シュリンプ

Recipe Nasi Katok

### ナシ・カトック

ブルネイのピリ辛ソース＝調味料

#### 材料

玉ねぎ…½個（細かいみじん切り）*、にんにく…1片（細かいみじん切り）*、しょうが…少々（細かいみじん切り）*、唐辛子粉…小さじ¼～½程度（お好みの量）、トマトピューレ…小さじ1、シュリンプペースト（カピ）…小さじ½、タマリンドペースト…小さじ1、水・砂糖・塩…各少々、植物油…適量、ごはん、ゆでたまご（カットしたもの）、きゅうり（カットしたもの）、フライドチキン

* フードプロセッサーを使用してもよい

#### 作り方

**1.** 玉ねぎ、にんにく、しょうがをボウルに混ぜ合わせ、植物油をひいた鍋に入れて香り立つまで炒める。 **2.** 1に唐辛子粉を少なめに入れ、あとで辛さを調整する。トマトピューレとシュリンプペースト（固まっていたらほぐしておく）とタマリンドペースト、水を入れて混ぜながら熱する。 **3.** 2の味を見て必要なら砂糖、塩、追加の唐辛子粉を加えて好みの味に調味する。 **4.** ごはん、ゆでたまご、きゅうり、フライドチキンに添えていただく。

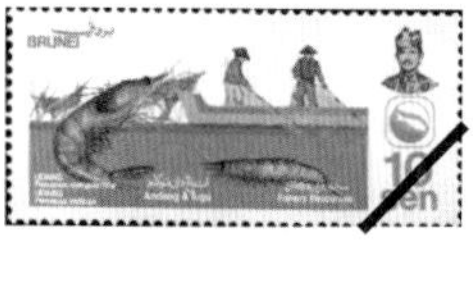

エビ漁はブルネイの伝統産業のひとつ。養殖もされており、エビを使った料理も。(1983)

# ベトナム社会主義共和国

VIET NAM

金星紅旗と呼ばれる。赤は社会主義国に共通の色で革命の血を表し、黄は国内の諸民族の団結を表している。

## 世界有数の米の生産・輸出国

**隣接する中国の影響を受けた東南アジアにおける米食の中心地。世界有数の米の生産・輸出国であり、ごはんや米麺、ライスペーパー、また米粉を使ったバイン・セオのような料理が発達。グルテンフリー食、野菜やハーブを多用した健康食としても注目されています。**

**● 国名の由来：ベトは「越」、ナムは「南」で、合わせて「越国南方の地」の意味。**

### 材料

ライスペーパー…4枚、ビーフンまたは春雨…20g（水で戻しておく）、エビ…4尾（小エビの場合は8尾、皮をむいておく）、豚肉（鶏肉でもよい）…80g（薄切り）、レタス…4枚、もやし…大さじ4、バジルの葉（シソの葉でもよい）…4枚、ミントの葉（お好みで）…大さじ2、ニラ…2～3本（ライスペーパーからはみ出すくらいにカット）

＜ソース＞

ヌクマム（魚醤）…25mℓ、砂糖…大さじ½、レモン果汁…½個分、にんにく…½かけ（すりおろす）、鷹の爪…1本（輪切り）

### 作り方

**1.** エビ、豚肉をゆで、ソースの材料を混ぜ合わせておく。　**2.** ライスペーパーを霧吹きまたは水で直接ぬらして、湿らせておく。**3.** ライスペーパーに好みの具材を乗せる。レタスを一番下にして、エビや豚肉、ビーフンまたは春雨を乗せ、バジルの葉、ニラ、もやし、ミントの葉等を乗せる。ライスペーパーの両端を折り込んで手前からきつめに巻いていく。　**4.** 巻いたライスペーパーを斜め半分にカットする。ソースをつけていただく。

バイン・セオ

ベトナム南部の米粉のお好み焼き風

カー・リー・ガー

チキン・カレー

**Recipe** Goi Cuon

## ゴイ・クォン

生春巻き

ベトナム北部のユネスコ世界遺産「チャンアン名勝・遺跡群」の、ゴドン川沿いタムコックの美しい水田。
(2015)

# 香港（中華人民共和国香港特別行政区）

HONG KONG

香港の人々に特別に親しまれているマメ科ジャケツイバラ亜科の植物バウヒニアの花をデザイン化したもの。

## 広東料理の流れを汲む国際的な美食文化が発展

19世紀のアヘン戦争勃発の頃、南京条約によりイギリスに割譲され1997年に中国に返還された特別行政区。貿易拠点として栄え、広東料理の流れを汲む国際的な美食文化が発展しました。海鮮をはじめ質のよい食材を用いる洗練された香港料理が人気を集めています。

● 地名の由来：莞香（香木）を積み出す港。

---

### 材料

青菜（白菜、空心菜、レタス、サニーレタス等）*…150g、オイスターソース…適量、ピーナッツオイル（なければ他の植物油）…大さじ2、塩…小さじ1、水…1ℓ

* 香港では菜の花に似た菜心（ツァイシン）、ブロッコリーの仲間の芥蘭（カイラン）等の青菜もよく使う。

### 作り方

**1.** フライパンに水を入れて沸騰させる。塩とピーナッツオイルを加える。 **2.** 1に青菜を入れて30秒ゆでる。 **3.** 2を湯から引き揚げ（ざるにあげて絞ったり、冷やさない）、食べやすい大きさに切る。 **4.** 3にお好みの量のオイスターソースをかける。

Recipe Youcai

## 油菜《ヤウチョイ》

ドラゴンフルーツ

春巻

蝦餃

広東式エビ蒸し餃子

乾焼明蝦（エビチリ）&ワンタン

香港芒果布甸

香港のマンゴー・プディング

memo

**油菜で作るドラゴン**

油菜にごはんを包み、ドラゴンの顔型に成型する。きゅうりとハムの耳、大根と海苔の目、にんじんと海苔の鼻、にんじんのたてがみを付ける。

# マカオ（中華人民共和国マカオ特別行政区）

MACAU

緑地に蓮の花を白で描き、上には中国の国旗にある5つの星をデザイン。

## ポルトガル植民地時代の面影を残す食文化

中国の広東省に隣接した半島地域で、16世紀の大航海時代の頃にポルトガル人の居留が始まり1999年にポルトガルから中国に返還された特別行政区。ポルトガル植民地時代の面影を残し、伝統的な広東料理にヨーロッパの要素が混ざったマカオ独特の食文化が垣間見られます。

● 地名の由来：マカオ半島にある道教の廟・媽閣廟より。

エッグ・タルト

包子

パオズ。中華まんじゅう

油菜《ヤウチョイ》＆ワンタン

**Recipe** Minchee

### ミンチー

マカオ式ひき肉＆じゃがいも

### 材料

牛豚あいびき肉…250g、じゃがいも…中½個（皮をむいて小さく角切り）、玉ねぎ…½個（みじん切り）、にんにく…1かけ（みじん切り）、しょうゆ…大さじ1＋大さじ½、黒こしょう…少々、砂糖…小さじ¼、コーンスターチ…小さじ½、植物油…適量、目玉焼き（うずらのたまご）

### 作り方

**1.** ボウルにしょうゆ大さじ1、黒こしょう、コーンスターチを入れて混ぜ、ひき肉を加えて下味をつける。 **2.** 鍋に植物油を入れ、じゃがいもをからっとするまで揚げる。 **3.** 別の鍋（フライパン）に植物油をひき、にんにくを炒める。ひき肉を加えて色づくまでそぼろ状にさらに炒める。 **4.** 3に玉ねぎを混ぜ入れてふたをし、やわらかくなるまで3分程煮込む。 **5.** 4にしょうゆ大さじ½と砂糖を加えて調味しながら混ぜ、2の揚げたじゃがいもを加えて軽く混ぜる。お皿に盛り、目玉焼きを添える。

# マレーシア

MALAYSIA

赤・白・青の3色は旧宗主国イギリス国旗の配色に由来。黄の三日月と星はイスラム教のシンボルでスルタンの権威、14条の星の光と14本の赤白のストライプは独立時の州の数を表す。

## マレー、中華、インドの文化がミックスした料理

**マレー系、中華系、インド系を中心にした多民族国家マレーシアでは、それらの文化がミックスした多彩で独特な料理が誕生しました。「フィッシュヘッド・カレー」や、中華とマレーが融合したプラナカン（ニョニャ）料理「カンクン・ブラチャン」はその代表格です。**

**● 国名の由来：マレー半島の国。**

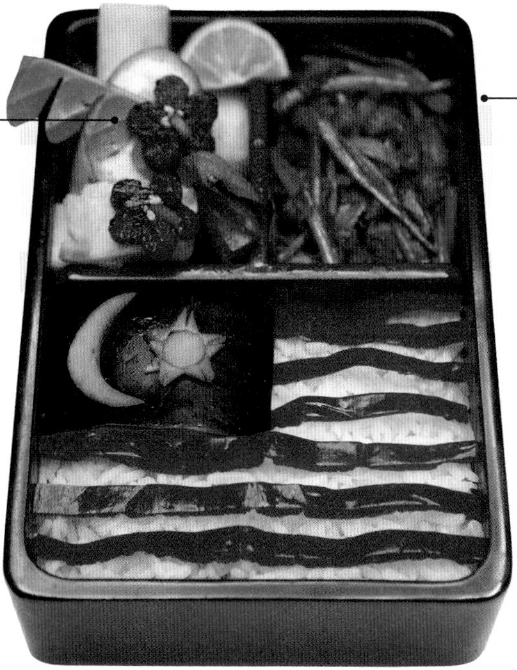

ドラゴンフルーツのハイビスカス

マレーシアの国花

赤パプリカ

Recipe

### カンクン・ブラチャン

Kangkong Belacan

マレー式空心菜炒め

#### 材料

A［空心菜（ほうれん草や小松菜等でも可）…1束（4～5㎝くらいにカット）、タマリンドペースト…小さじ1、水…少々、豆鼓（タイのタオチオでもよい。なければ省略）…小さじ1、塩…少々、水…小さじ1

＜ソース（サンバル）＞

B［玉ねぎ…¼個（みじん切り）、にんにく…1かけ（みじん切り）、鷹の爪…1本（みじん切り）、シュリンプペースト…小さじ½（固まっているときは水に溶かしておく）

植物油…少々、塩・しょうゆ…各少々、干しエビ…小さじ1（お好みで。水に入れて戻しておく）

#### 作り方

**1.** Bをボウルに入れてよく混ぜておく。 **2.** 中華鍋またはフライパンに植物油をひいて中火で熱し、Bを炒める。 **3.** 2にA、お好みで干しエビを加えて2～3分素早く炒める。必要に応じて塩、しょうゆで調味する。

# ミャンマー連邦共和国

MYANMAR

黄は国民の団結、緑は平和と豊かな自然環境、赤は勇気と決断力。白い星はミャンマーと国民が地理的・民族的に一体化することの意義を象徴。

## 北東部を中心に発酵食文化が発達

**東南アジアの国ミャンマーには、中国の雲南省と国境を接した北東部シャン州やカチン州を中心に発酵食文化が発展した一面があり、日本の納豆等と驚くほど共通点があります。「ラペソー」はミャンマー全土で屋台売りや冠婚葬祭等の際に食される後発酵茶葉のサラダです。**

**● 国名の由来：強い人。軍事政権に反対する民主勢力は今も旧名のビルマと呼ぶ。**

### 材料

A ラペソー（ミャンマーの後発酵茶葉）*…大さじ2、キャベツ…80g（千切り）、プチトマト…4個（みじん切り）、揚げ落花生（他の揚げた豆でもよい）…大さじ2、干しエビ…少々

* 日本のミャンマー食材店で販売。または日本の後発酵茶葉（徳島の「阿波番茶」等で代用。その場合は、一度たっぷりのお湯で蒸らして柔らかくし（お茶を飲んでもよい）、味を見て茶葉が苦いようなら何度かお湯を通す。水気を切って、大きな茶葉は細かく刻んで使う。無農薬のものがよい。

B 魚醤（ナンプラー）…大さじ½～1、にんにく…少々（すりおろす）、オニオンパウダー…少々、ピーナツオイル（またはごま油等他の植物油）…大さじ1、唐辛子粉…少々（お好みで）

塩…少々、レモン…¼～½個（果汁を絞る。量はお好みで）

**バーミーズ・サモサ**
ミャンマーのサモサ

**ガーペー**
ミャンマーのさつま揚げ

**Recipe** Lahpet so
## ラペソー
お茶の葉のサラダ

### 作り方

**1.** AとBをそれぞれボウルに入れて混ぜる。 **2.** AにBを加えて混ぜ、必要なら塩で調味する。食べる直前にレモンを絞る。

牛を使役した伝統的な農業の様子。(1954)

# モルディブ共和国

MALDIVES

赤は愛国心と自由のために流された血、緑は平和と繁栄を表す。白い三日月は国民のほとんどがイスラム教徒であることを示す。

## 環境に優しく、持続可能と認定された一本釣りカツオ

インド洋に浮かぶ1000以上の島々からなり、観光業と漁業を基盤とする国。一説には日本の高知と関係があるとされる同国の伝統的な一本釣りによるカツオは、持続可能な漁業として海洋管理協議会(MSC) の認証を取得。ヨーロッパを中心に高値で取引されています。

● 国名の由来：小高い島。

**Recipe** Prawns in Maldivian Style

### エビのモルディブ・スタイル

#### 材料

エビ…200g、玉ねぎ…中½個、にんにく…1かけ(すりおろす)、しょうが…少々(すりおろす)、トマト…中½個(みじん切り)、月桂樹の葉…1枚、鷹の爪…1本(輪切り) ココナッツミルク…大さじ2、カレー粉…小さじ1、ターメリック…小さじ1、パプリカ粉…少々、植物油…適量、塩…少々、水…¼カップ

#### 作り方

**1.** エビの殻をむき、ターメリック、パプリカ粉、塩を混ぜてまぶす。植物油で軽く揚げておく。　**2.** 鍋に植物油を入れ、玉ねぎを炒める。月桂樹の葉、にんにく、しょうが、鷹の爪、トマトを加えてさらに炒める。　**3.** 2にカレー粉、ココナッツミルク、水を加えて5〜6分煮込む。1のエビを加えて混ぜる。必要に応じて塩を加えて調味する。

沖合ではカツオ漁が盛ん。カツオ節に似たモルディブ・フィッシュにも加工され、スリランカに輸出される。(1973)

# モンゴル国

MONGOLIA

かつてモンゴルで使われていたソヨンボ文字が自由と主権を表し、赤は歓喜と勝利、青は不変の大陸、国民の献身と忠誠を表している。

## 羊は遊牧民にとって大切な食糧

草原の国モンゴルでは、今も昔ながらの遊牧生活を送る人々が少なくなく、羊は大切な食糧。モンゴルの成人男子たるもの、羊1頭をさばけて当然とも。「チャンスン・マハ」は、モンゴル遊牧民の原点ともいえるシンプルな料理で、本来はまるごとの羊を使います。

● 国名の由来：勇猛な人。

**材料**

ラム肉（塊）……200g
塩……大さじ1
水……700mℓ
ヨーグルト……大さじ1

**作り方**

1. 鍋に水と塩を入れ、ラム肉をゆでる。
2. 1に途中、ヨーグルトを加える。

Recipe

**チャンスン・マハ**

Chanasan Makh

羊肉の塩ゆで

Character

羊のボーズ

作り方：P74

モンゴル人と遊牧は古来より密接な関係にあり、羊が生活の中に溶け込んでいる。
(1981)

# ラオス人民民主共和国

LAOS

白い円は満月と平和と仏教、青は国の南西部国境を流れるメコン川と国土、赤は社会主義革命とそのための血を表す。

## メコン川の恵みとして育まれた稲作や漁業

アジア最後の桃源郷ともいわれ、ユネスコ世界遺産のルアン・パバーンが名高い内陸国ラオス。この古都を流れるメコン川流域では、古来より水運を利用し、稲作や漁業が営まれてきました。もち米（カオ・ニャオ）を主食とし、川魚や肉のほか昆虫食が伝統的に食べられています。

● 国名の由来：国民の過半数を占めるラオ族に由来。ラオは元来タイ語で「人間」の意味。

Recipe

### ルアン・パバーン・サラダ

Luang Prabang Salad

ユネスコの世界遺産に登録されたラオスの古都の名を冠したサラダ

**たまごの白身のプルメリア**

ラオスの国花

**ピエン・ガイ**

鶏肉のグリル

**ラオ・チキン・カレー**

ラオスのココナッツミルク入りカレー

古典的なラオスの稲作の様子。(1958)

## 材料

ゆでたまご……2個（殻をむいて縦に4等分にカット）
きゅうり……1本（輪切り）
トマト……1個（輪切り）
レタス……適量（食べやすい大きさにちぎる）
クレソン……適量（食べやすい大きさにカット）
コリアンダーの葉・ミントの葉……少々
ピーナッツ……大さじ1（砕く）
＜ドレッシング＞
魚醤（ナンプラー）……大さじ½
砂糖……大さじ1
ライム果汁……1個分
にんにく……1かけ（すりおろす）
植物油……大さじ1

## 作り方

**1.** ドレッシングの材料をボウルに入れて混ぜておく。 **2.** 別のボウルに葉野菜を入れて軽く混ぜる。 **3.** お皿にカットしたトマトときゅうり、ゆでたまごを並べ、中央に2の葉野菜を盛り、砕いたピーナッツをちりばめる。食べる直前に1のドレッシングをかける。

memo

**ラオスの主食はもち米**

ラオスは世界有数の米の消費量を誇り、うるち米ではなく、もち米（カオニャオ）を主食としている世界でも珍しい国。文化圏を共有するタイ東北部やベトナム北部等でも同様にもち米の消費量が多く、日本の「おこわ」のように蒸して食べます。カオニャオには白米と赤米があります。

カオニャオは、竹かごで蒸したあと、大小さまざまなサイズの竹かごで編んだ容器「ガティップ」に移して保存します。保温がきいて、竹のよい香りがごはんに移るとともに、ふたとひもがついているのでお弁当箱として持ち運びにも便利。現地の人々は、カオニャオをガティップに入れて職場に持って行き、おかずと一緒に手で食べることもあります。

# ウズベキスタン共和国

UZBEKISTAN

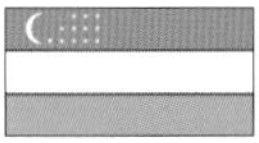

青白緑は空と国土と農業を表し、赤は国を守る決意を示す。イスラム教国であることを三日月と星が表す。

## 東西のさまざまな食文化とおいしい果物

**シルクロードのオアシス都市が栄え、インドやイラン、中国など東西のさまざまな食文化に影響を受けた国。農業地域では特産の綿花・綿実油、米や小麦をはじめ、ぶどう、メロン(ハミウリ)、あんず等おいしい果物が栽培されてきました。料理には綿実油をよく使います。**

**● 国名の由来：住民の大部分を構成するテュルク系民族ウズベク人の国。**

---

**Recipe** Uzbek Samsa

## ウズベク・サムサ

ラム肉入りサモサ

### 材料(4〜6個分)

餃子の皮（大判）…4〜6枚、牛またはラムひき肉…50g、玉ねぎ…¼個（みじん切り）、クミン粉…小さじ½、塩・黒こしょう・黒ごま…各少々、卵黄…1個分（ほぐしておく）、植物油…適量

### 作り方

**1.** 具を作る。フライパンに植物油をひき、玉ねぎとひき肉を色づくまで炒める。クミン粉、塩、黒こしょうを加えて味付けする。30分程そのまま冷ます。　**2.** 餃子の皮に1を大さじ1程度乗せ、三角形になるように皮の端をつまんで包み、水を少しつけて生地を閉じる。　**3.** 2を裏返した表面にはけで卵黄を塗り、中央に黒ごま少々を乗せる。　**4.** 190℃に予熱したオーブンにクッキングシートを敷き、3をきつね色になるまで様子を見ながら20〜30分焼く。

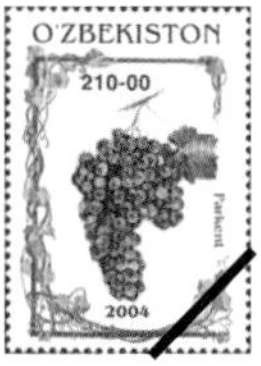


ウズベキスタンにはさまざまな地ぶどうがあり、昔からワイン生産が盛ん。(2004)

# カザフスタン共和国

KAZAKHSTAN

青はテュルク系民族に共通の色。太陽と、翼を広げて滑空するワシを描き、竿側に民族的な装飾を施している。

## 遊牧騎馬民族の伝統を受け継ぐ「馬の国」

近年は資源大国として存在感を増すカザフスタンは、古くから遊牧騎馬民族が行き交ってきた草原の国。今でも馬との関係が深く、乗馬を好むほか、馬乳酒や馬肉料理が身近な存在です。世界有数の小麦生産国ですが、カザフ人はもともと肉と乳製品を食べており、小麦粉の揚げパン等は特別食でした。● 国名の由来：この地方に住んでいたテュルク系民族カザフ人の国。

### 材料

中力粉 *…60g、ドライイースト…2g、牛乳（温めておく）…大さじ3程度、塩…少々、植物油…適量

* なければ薄力粉と強力粉を半分ずつ混ぜるか、薄力粉だけで可。

### 作り方

**1.** ボウルの中に中力粉、ドライイースト、塩を入れて混ぜ、牛乳を加えてよくこねる（必要なら牛乳の量を足す）。分量外の小麦粉をまぶしながらこねると作業しやすい。 **2.** 1を丸めて表面に植物油を薄く塗り、ラップをかけて1時間発酵させる。 **3.** 2倍程度にふくらんだ2の生地をふたたびこね、30gずつくらいに丸める。 **4.** まな板の上に3を置き、円形になるよう手で薄く伸ばす。 **5.** フライパンに多めの植物油を入れて熱し、4の両面がきつね色になるまで揚げる。ジャムやチーズを添える。

栄養豊富な「クミス（馬乳酒）」。馬はカザフ人にとって人生最高のパートナーともいわれる大切な動物。（2005）

Character

ゆでたまごの馬

作り方：P74

Recipe Shelpek

**シェルペク**

中央アジアの揚げパン

クイルダク

中央アジアの肉とじゃがいもの煮込み

# キルギス共和国

KYRGYZSTAN

40の光芒が民族の数を示す。赤はキルギスの叙事詩「マナス」に謳われて語り継がれている、民族の父祖マナス一族の旗の色とされる。

## 100%オーガニック栽培を目指す農業を促進

**遊牧騎馬民族の血を引き、「羊肉が好きな者はキルギス人となり、魚が好きな者は東に渡って日本人になった」とされるほどの親日国。山がちな土壌に牧畜や農業が主産業で、近年は、恵まれた水資源と日照時間を武器に100%オーガニック栽培を目指す農業促進に取り組んでいます。**

**● 国名の由来：住民の大部分を構成するテュルク系民族キルギス人に由来。**

### 材料

ラム肉（または牛肉）…200g（角切り）、じゃがいも…中1個（角切り）、玉ねぎ…中½個（薄切り）、にんにく…1かけ（みじん切り）、塩・黒こしょう…各少々、唐辛子粉（お好みで）…少々、植物油…適量

### 作り方

**1.** 厚底の鍋に植物油を入れて熱する。 **2.** 1に玉ねぎを入れて半透明になるまで炒める。 **3.** 2ににんにくを加えて1分程度炒める。 **4.** 3にラム肉、じゃがいも、塩、黒こしょう、お好みで唐辛子粉を入れて時々かき混ぜながらふたをせずに材料に火が通るまで煮込む。

**Recipe** Kuurdak

**クイルダク**

中央アジアの肉とじゃがいもの煮込み

スライスチーズの型抜き羊

みずみずしいざくろの実。キルギスは果物が安くて豊富。
(2020)

# タジキスタン共和国

TAJIKISTAN

イラン国旗の影響を受けた民族色である三色が「労働者、農民、知識人の不可分の団結」を表す。中央の王冠はタージと呼ばれ、タジクの語源になった。

## さまざまなドライフルーツの特産地

**中央アジアで唯一ペルシア系民族を主体とし、イランから食文化がもたらされたタジキスタン。国土の約90%を山岳地帯が占め、標高の高い北部では羊やヤギ、ヤクの牧畜が行われ、それらの肉が食べられてきました。果物が豊富でドライフルーツの特産地でもあります。**

**● 国名の由来：国民の大多数を構成するペルシア系民族タジク人に由来。**

Recipe Shashlik

### シャシリク

ケバブ

マンティ

中央アジア等の小麦粉の生地に具を包んだダンプリング

#### 材料

ラム肉……300g（角切り）
玉ねぎ……½個（薄切り）
塩・ワインビネガー・黒こしょう・コリアンダーシード……各少々

#### 作り方

**1.** ボウルの中に玉ねぎ、塩、ワインビネガー、黒こしょう、コリアンダーシードを入れて混ぜ、肉を加えて冷蔵庫で数時間置いておく。　**2.** マリネ液を捨てて肉を金属の串に刺し（串のてっぺんに肉の脂身を刺す）、グリルでこんがりと焼く。

タジキスタンの国民食。プロフ、ノンといった郷土料理のほか多彩なフルーツも。(2016)

# トルクメニスタン

TURKMENISTAN

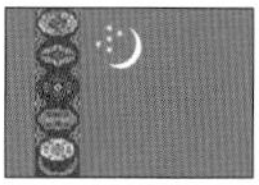

イスラムの国であることを表す緑地、三日月と星、主要民族テケ、エルサル、ヨムド、ギョクレン、サロル5族の象徴であるそれぞれの絨毯を描く。世界でもっとも複雑な国旗のひとつ。

## 砂漠が広がり、種類豊富なメロンが特産品

**天然ガス等の資源が注目されるトルクメニスタンは、砂漠が国土の80%を占める国。わずかな農耕地しかなく、伝統的に牧畜が発達してきましたが、食料自給率向上のため灌漑を利用した農耕地拡大が課題。種類豊富なメロンが特産品で「メロンの日」も制定されています。**

**● 国名の由来：この国に住むテュルク系民族トルクメン人に由来。**

メロン&あんず

シャシリク

ケバブ

Character

ソーセージの馬

作り方：P74

Recipe

### トルクメン・パロウ

Turkmen Palow

トルクメニスタン式炊き込みごはん

**材料**

ラム肉（鶏肉、牛肉でもよい）…200g（角切り）、玉ねぎ…中½個（薄切り）、にんじん…1本（千切り）、バスマティ米…200g（洗って30分水につけておく）、水…米の分量の1.5倍くらい、塩…小さじ½＋小さじ1、植物油…適量

**作り方**

**1.** ラム肉に塩小さじ½をもみこんでおく。 **2.** 厚手の鍋に植物油をひき、中火で1のラム肉を軽く焦げ目がつくまで炒める。 **3.** 2に玉ねぎを入れてやわらかくなるまで炒め、にんじんを加えて5分程炒める。 **4.** 3に水と塩小さじ1を加えて強火で沸騰させる。 **5.** 4にバスマティ米を入れ、鍋にふたをして中火で15～20分炊く（焦げないように注意。途中、水が減ったら足す）。

# CHARACTERの作り方

## P41 CAMBODIA

カンボジアのキャラクター

### ソーセージの象

**材料**

| | |
|---|---|
| 顔・からだ：ソーセージ（親子を作る場合は大小を用意）。顔はソーセージの先端を鼻の部分だけ長くのばすようにしてカッターまたははさみで切る。 |
| 耳：ソーセージ（輪切り） |
| 目：海苔 |

## P42 SINGAPORE

シンガポール共和国のキャラクター

### 大根のマーライオン

**材料**

| |
|---|
| からだ：大根（ペティナイフで彫刻する） |
| 噴水：バタフライピーで水色に染めた大根 |
| 目：海苔 |
| 耳の固定：小さく切って焼いたパスタ2本 |
| たてがみ：薄くスライスした大根 |

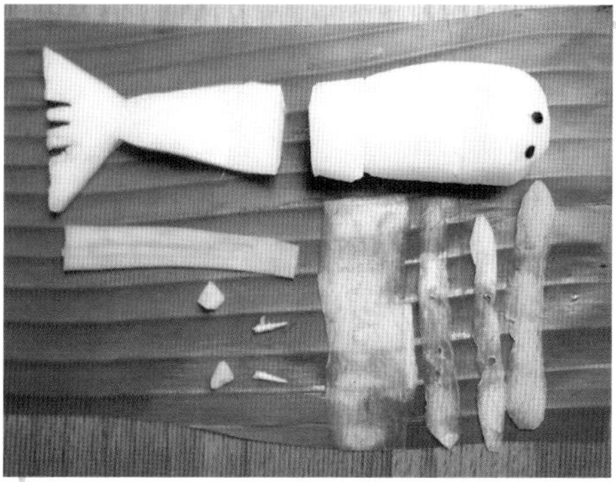

# MONGOLIA

モンゴル国のキャラクター
## 羊のボーズ

P65

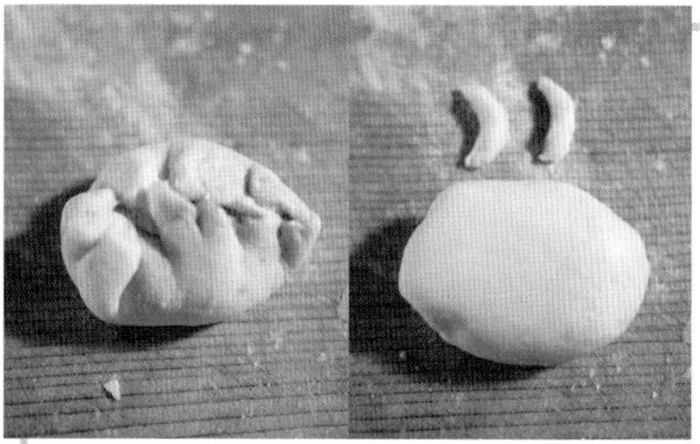

**材料**

| | |
|---|---|
| からだ：ボーズ（モンゴルの餃子、餃子の皮にひき肉とたまねぎを混ぜたものを詰める） | |
| つの：小麦粉を水少々で溶いて作る。 | |
| 顔：スライスチーズ | |
| 目・口：海苔 | |

# KAZAKHSTAN

P69

カザフスタン共和国のキャラクター
## ゆでたまごの馬

**材料**

| | |
|---|---|
| 顔：ゆでたまご（半分をめんつゆを入れたコップに入れて茶色く染め、たて半分に切る） | |
| 耳：顔の残りのゆでたまごを切る。 | |
| たてがみ・目・鼻：海苔 | |

# TURKMENISTAN

P72

トルクメニスタンのキャラクター
## ソーセージの馬

**材料**

| | |
|---|---|
| 顔：ソーセージ（縦切り） | |
| 耳：ソーセージ（輪切りを半分に） | |
| 目：海苔 | |
| 口と鼻：スライスチーズと海苔 | |
| たてがみ：スライスチーズ | |

CHAPTER 2

# 中東
# Middle East

# アフガニスタン・イスラム共和国

AFGHANISTAN

黒は外国から侵略を受けた暗黒の時代、赤は独立戦争以来、国を守るために流された血、緑は自由と平和を表す。中央は麦の穂と剣で囲むモスク、コーランの聖句等からなる。

## 隣国と影響を受け合った、農業が盛んな国

**にんじんやかぶ等の原産地であり、古来、文明の十字路として、またシルクロードの拠点として発展した国。農業が盛んであり、豊かな農作物と、隣接するイランやパキスタン、ウズベキスタン等の中央アジアと影響を受け合った多彩な食文化を今に受け継いでいます。**

● **国名の由来：アフガン（山の民）人の国。**

Recipe Shami Kebab

## シャミー・ケバブ

ひき肉のケバブ

にんじん
&かぶ

原産地

### 材料

牛ひき肉（またはラムひき肉）……400g
玉ねぎ……½個（すりおろして水気を絞っておく）
にんにく……1かけ（つぶす）
パプリカ粉……小さじ1
ターメリック……小さじ¼
黒こしょう……小さじ¼
たまご……½（溶く）
バター……大さじ2（溶かす）
塩……小さじ½

### 作り方

**1.** すべての材料をボウルに入れて指でよくこねる。
**2.** 1のひき肉を4〜5等分に分けて丸め、手をぬらしてだいたい長さ10㎝、直径2.5㎝くらいになるように串につけて成型する。指を使って肉にくぼみをつける。
**3.** 2の両面をグリルパンやフライパン、コンロの魚焼き器を使って強火で焼く。

農民の日の記念切手。アフガニスタンの農夫の仕事ぶりが伝わってくる。（1982）

# アラブ首長国連邦

UNITED ARAB EMIRATES

赤緑白黒の4色はアラブ諸国の国旗に共通するイスラム初期の4代のカリフたちの色。

## 中東各地から優れたシェフが集う

**経済発展と安定した治安を誇る連邦国家。職を求めて中東各地から優秀なシェフが集い、レバノン発祥のファットーシュも定着。農業には不向きな気候でしたが、人口増加に伴う食糧確保のため灌漑や海外に取得した土地を使った野菜・果物栽培が行われています。● 国名の由来：アブダビ、ドバイ等7つの首長国が集まってできたアラブの連邦国家。略称はUAE。**

---

**材料**

A　きゅうり…½本（乱切り）、トマト…中½個（薄切り）、玉ねぎ…中½個（みじん切り）、ピーマン…½個（細切り）、ラディッシュ…4～5個（半分に切る）、レタス…少々（ちぎる）

ミントの葉…小さじ1、パセリ…小さじ1、パン（あればピタパン）…½枚（一口大に切って軽くトーストする）

<ドレッシング>

レモン果汁…½個分、オリーブオイル…30mℓ、りんご酢…少々、塩…少々、ざくろジュース…少々（果汁100%のもの。ざくろの実でもよい。お好みで）

**作り方**

**1.** ボウルにドレッシングの材料を入れて混ぜ合わせておく。　**2.** 別のボウルにAを入れて軽く混ぜ、1のドレッシングをかける。　**3.** 2をお皿に盛り、ミントの葉、パセリ、トーストしたパンを飾る。

**Recipe** Fattoush

### ファットーシュ

ピタパン入りサラダ

# イスラエル国

ISRAEL

中央の六芒星はダビデの星。上下の青と白は、古来よりユダヤ教の男性が礼拝の際に用いる肩掛け（タッリート）の色を表している。

## 三大宗教の聖地でもある農業立国

**離散していたユダヤ人が帰還して1948年に建国。三大宗教の聖地エルサレムや、旧約聖書に「乳と蜜の流れる場所」と描写された肥沃な土地がある一方、砂漠地帯には最先端の水の有効活用技術を駆使する農業立国です。古典的な郷土料理や各地からの移住者が伝えたユダヤ教の祝祭料理等食も多彩。● 国名の由来：「神に選ばれ、祝福された民」の意味。**

Recipe Hamantaschen

**ハマンタッシェン**

ユダヤ教徒がプリムのお祭りの時に食べるクッキー。

スウィーティー

イスラエル産フルーツ

ファラフェル

ひよこ豆のコロッケ

Character

たまごのシャロウムちゃん

作り方：P94

駐日イスラエル大使館のマスコット

イスラエル・サラダ

## 材料（6〜8個分）

小麦粉（薄力粉）……120g
ベーキングパウダー……小さじ½
たまご……1個（溶く）
バター（またはマーガリン）……35g（室温で溶かす）
バニラエッセンス……2〜3滴
フルーツジュース（水でもよい）……少々
塩……ひとつまみ
レモンの皮……¼個分（削る）
ジャム（いちご、アプリコット、りんご等）またはプルーン等のドライフルーツをお湯に浸してペースト状にしたもの……適量

## 作り方

**1.** ボウルの中にジャム以外の材料を入れて混ぜ、耳たぶくらいの固さになるようにこねる。フルーツジュースで固さを調整する。 **2.** 1を台の上に置き、麺棒で厚さ4〜5㎜になるくらいにのばす。 **3.** 直径8㎝くらいの型抜き器またはお皿等で、2の生地を円形に型抜きする（お弁当用には小さめに）。 **4.** 3の中央に小さじ1〜½杯分のジャムを乗せる。 **5.** 円形の生地の端を3等分ずつになるように三角に折りたたむ。継ぎ目に少し水をつけ、焼いているときにはがれないようにぎゅっとしっかり止める。 **6.** 5を170℃に予熱したオーブンで20分焼く。

memo

**紀元前から伝わる「ひよこ豆」**

ファラフェルやフムス等に使われる「ひよこ豆」（ガルバンゾー、エジプト豆、チャナ豆等とも）は、現在のトルコ南東部を起源に、シリアやイラク等を含む「肥沃な三日月地帯」を中心に栽培されていた紀元前から伝わる食材です。豆そのものを具材にするほか、粉末にしてパコラやパパドゥ（インド）、フリッター・パネッレ（シチリア）等の料理に使うこともあります。

ファラフェルは、ファラオの時代からエジプトで食べられていたともいわれるそら豆の揚げ物「ターメイヤ」が起源。イスラエルのあるレバント地方に伝わったものの、一部の人々が遺伝子疾患によりそら豆で深刻な中毒を引き起こしたことから、ひよこ豆が使われるようになりました。

聖書に登場する7つの特別な農作物のひとつざくろは、縁起がよいとされよく食される。(1959)

# イエメン共和国

YEMEN

赤白黒の横三色旗はアラブ連合の旗に由来し、「アラブ統一」の理想を表す。

## モカ・コーヒーで名高い「幸福なアラビア」

**砂漠が占める面積の多いアラビア半島にありながら肥沃な土地を有し、古代ローマ人をして「幸福なアラビア」と言わしめた国。紅海入口の交通の要所としても発展してきました。本来は豊かな食文化を持ち、主要港モカの名を冠したコーヒーが名声を轟かせています。**

**● 国名の由来：アラビア語のアル・ヤマン(メッカ以南の地を指す「右側」の意味)。**

**Recipe** Tabeekh

## タビーク

野菜のスパイス煮込み

ムタッバル

なすのディップ

コーヒー豆のチョコレート

### 材料

玉ねぎ…中½個（みじん切り）、にんにく…2かけ（みじん切り）、青唐辛子…1本（みじん切り）、トマト…小1個（みじん切り）、じゃがいも…1個（皮をむいて輪切り）、なす…½本(みじん切り)、オクラ…4本(2～3cmにカット)、トマトピューレ…150mℓ、ハワイジ*…小さじ½、塩…少々、植物油…大さじ2、水

*イエメンのミックススパイス。クミンと黒こしょうを主体に、ターメリック、カルダモン粉、コリアンダーシード、シナモン粉、クローブ、しょうがパウダーを加えて作る。

### 作り方

**1.** フライパンに植物油をひき、玉ねぎ、にんにく、青唐辛子を中火で5分程炒める。 **2.** 1にトマト、トマトピューレを入れて熱し水気を飛ばす。じゃがいも、なす、オクラを入れてトマトソースになじませ、ハワイジとひたひたの水を加えて15分程中火で煮込む。塩で調味する。

イエメンのモカ港はコーヒーの積み出し港として有名。(1976)

# イラク共和国
IRAQ

赤は勇気、白は寛大さ、黒は過去におけるイスラムの勝利、緑はイスラム教を表す。緑の文字は「アッラーは偉大なり」というアラビア語の聖句。

## 文明の発祥地。現在はナツメヤシ栽培の再興に注視

**文明の発祥地である古代メソポタミア文明を受け継ぐ土地であり、世界で3番目に原油埋蔵量が多い国。近年は経済の原油依存を軽減するために、かつて一大産地であり、古来より続く実を収穫するためのなつめやし栽培の再興に目を向けているといわれます。**

**● 国名の由来：メソポタミアにかつて存在した古代都市ウルク(中部ペルシア語の「低地」の意味)。**

### 材料

A ラム肉…250g(牛肉でもよい。薄切り)、にんにく…1かけ(すりおろす)、オールスパイス…ひとつまみ、カルダモン粉…ひとつまみ、クローブ粉・ナツメグ粉・黒こしょう・塩…各少々、ヨーグルト…¼カップ(半分を肉のマリネに使用し、残りはヨーグルトソースとして)、レモン果汁…大さじ½

ピタパン…1個、トマト…½個(薄切り)、きゅうり…½個(薄切り)、玉ねぎ…¼個(薄切り)、レタス…1〜2枚(ちぎる)、タヒニ(白ごまペーストで代用可)…適量

### 作り方

**1.** ボウルにAを入れてよく混ぜ、ラップをかけて冷蔵庫で一晩寝かす。 **2.** 1の液を捨て、肉をオーブンまたはフライパンで焼く(本場では棒にスライスした肉を巻き付け回しながら焼いていく)。 **3.** ピタパンに野菜と2をはさみ、お好みでヨーグルトソース、タヒニをかけていただく。

イラクの農業を描く。発行年の古さを感じさせないモダンなイラスト。(1959)

**Recipe** Shawarma Sandwich

## シャワルマ・サンドウィッチ

スパイス風味の焼肉をサンド

# イラン・イスラム共和国

IRAN

緑はイスラム教、赤は愛国心、白は平和を表す。中央の紋章は1本の剣と4つの三日月。白の両端には飾り文字で「アッラーは偉大なり」と22回記されている。

## サフラン、ざくろ、ピスタチオ等の特産地

３世紀に古代オリエント世界を統一する大帝国を起こし、ゾロアスター教を国教としたササン朝時代にはすでに祝祭があった、春分の日を新年とする「ノウルーズ」の伝統を今に受け継ぐ国。またサフラン、ざくろ、ピスタチオ等質のよい農作物が特産品です。

● 国名の由来：アーリア人の国。

---

**Recipe** Joojeh Kabab

### ジュジェ・キャバーブ

鶏肉のサフラン風味ケバブ

### 材料

鶏むね肉……2枚（脂肪や皮を取り除き、一口大にカット）
玉ねぎ……中½個（薄切り）
レモン果汁……½個分
サフラン……ひとつまみ（お湯で色を出しておく）
オリーブオイル……大さじ2
塩……少々
黒こしょう……少々

### 作り方

**1.** ボウルに玉ねぎ、レモン果汁、サフラン、塩、黒こしょうを入れて混ぜ、鶏肉をもみこむ。　**2.** 1にオリーブオイルを加えてさらに混ぜ、ラップをして一晩（できれば1日）冷蔵庫に置く。　**3.** 2を冷蔵庫から取り出し30分程室温になじませ、金串に4～5個ずつ刺してグリルパンやコンロの魚焼き器で両面をこんがりと焼く。

memo

**イランは世界有数のざくろ生産国**

ざくろは現在のイランからインド北部にかけてが原産地で、紀元前5000年頃にはすでに人間の手で栽培されていたとされる植物。イランは世界有数のざくろ生産国でもあります。そのまま食べるほか、料理の調味料やカーペットの染料等にも使われます。

ざくろは、紀元前3000年頃のメソポタミアのくさび型文字にも記録され、古来よりイランをはじめ各地で繁栄や幸運の象徴とされてきました。また近年は抗酸化作用等の効果が確認されていますが、昔から薬用にも用いられてきました。

旧約聖書では小麦やぶどう、オリーブやいちじく等とともに7つの祝福（七産物）のひとつに数えられ、ユダヤ教徒は新年を祝うローシュ・ハッシャーナーで、めでたい食べ物のひとつとして実り豊かさの象徴であるざくろの実を食べます。また古代エジプト人は条虫や感染症の治療に使い、ギリシャ人は神話や芸術作品にざくろを登場させ、豊かさや豊穣、幸運の象徴と考えてきました。中国では不妊治療と子孫繁栄のシンボルともされ、日本にもその考えが伝わっています。

ノウルーズの重要な慣習「ハフトスィーン」。Sで始まる縁起のいい7つの食品や植物を飾る。
（発行年不明）

# オマーン国

OMAN

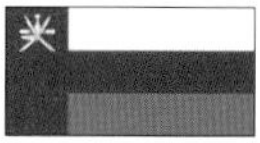

赤は外敵からの国の守り、白は平和、緑は繁栄。紋章は短剣カンジャルと2本の太刀を組み合わせたもので、王（スルタン）の権威を表す。

## 毎秋開催されるデーツのお祭り

**アラビア半島にある絶対君主制国家。砂漠が広大な面積を占める土地のため農業は活発ではありませんが、デーツ（なつめやしの実）の栽培が盛んで、毎秋お祭りが開催されています。またオマーンの海岸線には150種類以上の魚介類が生息するとされ、地元の漁民に食されています。● 国名の由来：アラビア語のアアメン（ベドウィンとは対照的な定住者）やイエメンの谷の名等語源が諸説ある。**

### 材料

魚（ブリ、カンパチ、ヒラマサ等）…400g

A
にんにく…1かけ（すりおろす）、しょうがペースト…小さじ1、レモン果汁…½個分、クミン粉、塩…各小さじ½、ターメリック・カルダモン粉・黒こしょう…各小さじ¼、ナツメグ粉…少々

### 作り方

**1.** ボウルにAを入れて混ぜ合わせる。
**2.** 魚を1でマリネし、最低3時間置く。
**3.** 2を200℃に予熱したオーブンで15～20分焼く。

※オマーンでは炭火焼きにすることも。レモンライスを添えて食べます。

同国最大級の農業イベントであるオマーン・デーツ祭の記念切手。会場で試食販売される。（2016）

**Recipe** Mashuai

## マシュアイ

魚のスパイスグリル

# カタール国

QATAR

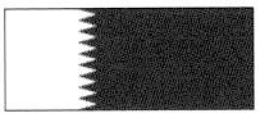

かつては赤旗だったが、強い日差しのため染料が赤茶色に変色したものの方が他と識別がしやすいと採用。

## 外国から土地を借りて食料自給率をアップ

**ペルシア湾に面した半島の国。伝統的な食材のエビや魚のほか、対岸のイランや、出稼ぎ労働者の出身地インド、地中海東部等の料理もよく食べられています。国内の農地はわずかですが、政府はケニアから土地を借りる等して食料自給率を上げる努力を行っています。● 国名の由来：西暦1世紀半ばに古代ローマの博物学者ガイウス・プリニウス・セクンドゥスがこの地の半島の住民をカサレイと呼び、その後カタラの地名で呼ばれたことから。**

### 材料

バーミセリ（短いパスタ／普通のパスタを2～3㎝に折って代用可）…1カップ、砂糖、カルダモン粉、サフラン（少量のぬるま湯で色出ししておく）またはターメリック…ひとつまみ、バター…大さじ1、水……5カップ
たまご…1個（溶く）、塩・こしょう…各少々、植物油…適量

### 作り方

**1.** フライパンでバーミセリを2～3分空煎りする。 **2.** 鍋に水を入れ、1のバーミセリを5～6分ゆでる。水を切る。 **3.** バーミセリをボウルに移し、バター、カルダモン粉、砂糖、サフランを入れて混ぜる。 **4.** 溶きたまごに塩、こしょうを加え、フライパンに植物油をひいてたまご焼きを作る。 **5.** 3のバーミセリをお皿に移し、4のたまご焼きを添える。

Character

**たまごのアラビア・オリックス**

作り方：P94

国営カタール航空のシンボルでもある国獣

エビのグリル

Recipe Balaleet

**バラリート**

バーミセリ＆たまご。カタールの朝食

ようかん

世界食糧デーの記念切手。トラクターを使ったカタールでの農業の様子が描かれている。(1974)

# クウェート国

KUWAIT

4色はイスラム教初期の4代のカリフの色。クウェートでは緑は繁栄、白は純潔と高貴さ、赤は勇気と聖戦での流血、黒は戦場とそこで同国の騎士の上げる砂煙を表す。

## ペルシア湾の魚やエビが身近な食材

石油でうるおうペルシア湾岸の国。昔は漁業や真珠の採集、交易が主な産業でしたが、1920年代頃に日本の御木本幸吉が真珠の人工養殖技術の開発に成功したことで、天然真珠産業が壊滅してしまった経緯があります。今でも魚やエビは身近な食材で、炊き込みごはんの具等によく使います。● 国名の由来：小さなお城（砦）。

---

Recipe Mulabbag Samak

### ムタバク・サマク

揚げ魚乗せ炊き込みごはん

#### 材料

白身魚（タラ、スズキ等）…200g、バスマティ米…½カップ（30分程浸水して、水気を切る）、玉ねぎ…中¼個（みじん切り）、バター…大さじ1、塩・黒こしょう…各適量、植物油・水…各適量、レモン…½個（トッピング。食べる直前に絞ってかける）

A　コリアンダーシード粉…小さじ½、ターメリック・クミン粉・ガラムマサラ…各小さじ¼

B　にんにく…1かけ（すりおろす）、しょうが…2cm（すりおろす）、青唐辛子…1本、コリアンダーの葉…¼カップ、ディル…¼カップ（なければコリアンダーの葉の分量を増やす）

#### 作り方

**1.** 鍋にお湯をわかし、塩小さじ1を加えてバスマティ米を入れ、芯がなくなるまで10～12分炊く。水は切る。　**2.** 白身魚に塩、黒こしょうをまぶして植物油できつね色になるまで揚げる。　**3.** ソースを作る。別の鍋にバターをひき、玉ねぎを色づくまで炒める。　**4.** 2にAを入れて玉ねぎとからめる。Bを加えて混ぜながら炒める。塩、黒こしょうで調味する。**5.** お皿に1のバスマティ米を盛って3のソースをかけ、混ぜる。2の揚げた魚、レモンをトッピングする。

FAOによる世界飢餓救済運動の記念切手。魚はクウェートの伝統的な食材。（1966）

# サウジアラビア王国

SAUDI ARABIA

緑地に、コーランの冒頭にある「アッラーのほかに神はなし、ムハンマドは神の使途なり」というアラビア語の聖句を記している。

## イスラム教の聖地で巡礼者との交流から根付いた料理

**世界最大級の産油国。砂漠が国土の大半を占め、ラクダやナツメヤシが生活に溶け込んでいますが、農業のための緑地化にも取り組んでいます。イスラム教最大の聖地メッカ付近等では、「ムルタバ」のような世界中から訪れる同胞の巡礼者との交流から根付いた料理も。**

**● 国名の由来：サウード家によるアラビアの王国。**

### 材料

<生地>
小麦粉…60g、塩…小さじ½、ぬるま湯…¼カップ程度、植物油…大さじ1（半分に分けて使用）
<詰め物>
牛または鶏ひき肉…100g、トマト…½個（粗みじん切り）、玉ねぎ…小½個（みじん切り）、にんにく…1片（みじん切り）、唐辛子粉…小さじ½、青ねぎ…2〜3本（輪切り）、たまご…1個、植物油…大さじ1、クミンシード…小さじ1、塩…適量、黒こしょう…適量、水…少々
スライスチーズ…2枚（お好みで）、コリアンダーの葉…適量（飾り用。お好みで）

### 作り方

**1.** 生地を作る。ボウルに小麦粉、植物油大さじ½、塩を入れ、ぬるま湯を少しずつ加えてよくこねる。表面に植物油大さじ½を塗ってラップをかけ、30分休ませる。 **2.** 詰め物を作る。フライパンに植物油をひき、クミンシードを加えて軽く炒める。 **3.** 2に玉ねぎ、にんにくを入れて炒める。 **4.** 3にひき肉を加えてさらに炒め、唐辛子粉、塩、黒こしょうを加える。水少々を加えてふたをし、10分程煮込む。 **5.** ボウルにたまごを割り入れてかき混ぜ、トマト、青ねぎ、塩、黒こしょうを入れて混ぜる。 **6.** 5に4のひき肉炒めを入れて、混ぜる。 **7.** 1の生地を30gくらい取って丸め、まな板等の上で麺棒で20㎝以上に薄く伸ばす。 **8.** 7の中央にお好みでスライスチーズと、5の詰め物を半分ずつ乗せる。 **9.** 8の詰め物を包むように、生地を四角く折りたたむ。 **10.** フライパンに植物油を薄くひき、9の両面をこんがり焼く。 **11.** 10を食べやすい大きさにカットし、お好みでコリアンダーの葉を飾る。

オレンジとデーツ

スライスチーズの型抜きラクダ

**Recipe** Murtabak
**ムルタバ**
インド起源で東南アジアにもある肉とたまごの包み焼き

世界食糧デーの記念切手。サウジアラビアでは砂漠の緑地化を進めたり、大規模なオアシスで農業が行われている。（1982）

# シリア・アラブ共和国

SYRIA

赤は国を守る剣、白は国民の善、黒は過去の戦いを表す。2つの緑の星は、美しい大地とアラブの一致、またはエジプトとの友好を示す。

## 世界でもっとも古い歴史を持つ土地

「肥沃な三日月地帯」として世界でもっとも古い歴史を持つ土地。伝統的に農業を主産業としてきました。主な農作物は小麦、オリーブ、レモンやオレンジ等の柑橘類、ピスタチオ等で、シリア紛争の影響が比較的少ない地中海沿岸地域から近隣国に輸出もされています。● 国名の由来：聖書にあるアラムの地。現在のシリアやレバノン等広範囲を含む歴史的シリア(大シリア) の名残り。

---

**Recipe** Bamieh

### バミエ

オクラと肉のトマト煮込み

#### 材料

オクラ…200g（へたを取り、お弁当用には半分に切る)、牛肉…100g（角切り)、トマト…中1個（みじん切り)、トマトピューレ…大さじ2、にんにく…1かけ（みじん切り)、バハラット*…小さじ½（またはオールスパイス)、塩・こしょう…各少々、植物油…大さじ2、水…500〜700㎖

*シリアの粉末ミックス・スパイス。オールスパイス、黒こしょうを主体に、クローブ、クミン、コリアンダーシード、ナツメグ、シナモン等を加えて作る。

#### 作り方

**1.** 鍋に植物油大さじ2を入れて強火にし、オクラを5分揚げ焼きする。取り出してキッチンペーパーの上に置く。 **2.** 1から少し油を吸い取り、牛肉を入れて色づくまで炒め、にんにくを加えてさらに炒める。 **3.** トマト、トマトピューレ、バハラット、1のオクラを入れて混ぜ、水を加えてふたをして30〜40分煮込む。塩、こしょうで調味する。

アレッポで行われた国際農業生産フェアの記念切手から、みかんの一種タンジェリン。(1977)

# トルコ共和国

TURKEY

新月旗または月星章旗と呼ばれ、意味には諸説ある。世界でもっとも古い起源を持つとされる旗のひとつ。

## 歴史的経緯から食料自給率の高さを誇る

**トルコ人は遊牧民を祖先とし、羊とともに生きてきました。最大都市イスタンブールは東西南北に通じ、人やモノ、農作物の集まる十字路である一方、外部から侵略されやすい欠点があり、防衛のために早くから完全自給体制を確立。今も農業従事者が多く食料自給率の高さを誇ります。● 国名の由来：この地に住むトルコ人に由来。**

Recipe Choban Salatasi

### チョバン・サラタシ

羊飼いのサラダ

ミディエ・ドルマ

ムール貝のドルマ

#### 材料

玉ねぎ…小½個（みじん切り）、きゅうり…½個（みじん切り）、ピーマン…½個（みじん切り）、トマト…中½個（みじん切り）、スマック（赤しそのふりかけ〔ゆかり〕で代用）…小さじ½、パセリ…少々（みじん切り）、ミントの葉…少々（みじん切り）

<ドレッシング>

オリーブオイル…大さじ1、レモン果汁…½個分、リンゴ酢…小さじ½、塩・黒こしょう…各少々

#### 作り方

**1.** ドレッシングの材料をボウルの中で混ぜておく。 **2.** 別のボウルに玉ねぎ、スマックを入れて混ぜる。 **3.** 2にきゅうり、ピーマン、トマトを加えてやさしく混ぜる。 **4.** 3にパセリ、ミントの葉を加えてやさしく混ぜる。 **5.** 4に1のドレッシングをまんべんなくかける。

# バーレーン王国

BAHRAIN

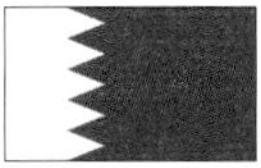

アラビア半島古来の赤旗を基調に、5つのノコギリ形はイスラム教の信徒がなすべき5つの義務（信仰告白、1日5度の礼拝、喜捨、断食、メッカ巡礼）を表す。

## デーツの高い生産率を誇る国

ペルシア湾岸に浮かぶ小さな島国。伝統的に魚やエビ等を獲る漁業が盛んで、経済的に豊かになった後は食糧を輸入に頼ってきました。しかし、一杯のコーヒーとともに古きよきアラブのおもてなしのしるしであったデーツ（なつめやしの実）だけは高い生産率を誇ります。

● 国名の由来：2つの海。この海が何を指すかについては諸説ある。

**Recipe** Mumawwash

## ムマワシュ

オレンジ

エビとレンズ豆の炊き込みごはん

### 材料

レンズ豆…½カップ（皮付きですすいでおく）、バスマティ米…1カップ（30分浸水して水切りしておく）、玉ねぎ…中½個（みじん切り）、にんにく…2かけ（みじん切り）、サフラン…ひとつまみ（お湯で色を出しておく）、唐辛子粉…少々、バター大さじ…2（溶かす）、オリーブオイル…大さじ1、タマリンドペースト（梅干しのはちみつ漬け〔種を取る〕をペースト状にして代用）…大さじ½、ドライレモン…1個（レモン果汁½個分で代用）、塩…適量、黒こしょう…少々

エビ…200g（殻をむいたもの）

A［シナモン粉・カルダモン粉…各少々、ターメリック…小さじ½

コリアンダーの葉（トッピング）…少々、トマト（付け合わせ）…少々

### 作り方

**1.** エビにAのスパイスの半分と塩少々を混ぜたものをすりこんで30分以上冷蔵庫に置いておく。 **2.** 鍋にバターとオリーブオイルをひき、玉ねぎ、にんにくを少し色づくまで炒める。 **3.** 2にレンズ豆とAのスパイスの残り半分、サフラン、唐辛子粉、ドライレモン、塩と黒こしょう少々を加えて混ぜる。 **4.** 3にバスマティ米と水（だいたい鍋の分量の2倍）を加えて混ぜ、沸騰させてから火を弱め、ふたをして15～20分炊き込む（途中、水が蒸発しそうなときは水を追加して焦がさないようにする）。 **5.** 4に1のエビ、タマリンドペーストを加えて、エビに火が通るまで混ぜながら5分程炒める。 **6.** 5をお皿に盛り、コリアンダーの葉をちらしてトマトを添える。

おもてなしのデーツとアラビアコーヒー。バーレーンはデーツの生産量世界26位（2018）。（1995）

# パレスチナ

PALESTINE

国旗の4色は1916年頃に始まったオスマン帝国に対する「アラブ反乱」の際に用いた旗に由来。現在は配色の位置を変更。

## 中東のほか東欧由来の料理も

**パレスチナの名は地中海東岸の一部の古くからの呼称。現在は狭義に、多数の国が国家承認する一方で、イスラエルやアメリカ、日本等は自治区または自治政府としています。中東料理のほか、東欧系ユダヤ人入植者がもたらしたシュニッツェル等も食べられています。**

**● 国（地）名の由来：古代パレスチナの民族であるペリシテ人とその周辺地域。**

### 材料

＜生地＞
小麦粉……100g
ドライイースト……2g
温水……½カップ
塩……小さじ½
砂糖……大さじ½
オリーブオイル……大さじ½
＜トッピング＞
ザアタル*……適量
オリーブオイル……ザアタルの½の分量

* 中東のミックスハーブ・シーズニング。いりごま、スマック（ウルシ科の実）、オレガノ、マジョラム、タイム等の乾燥葉、塩を混ぜたもの。日本でも販売されている。

### 作り方

**1.** ザアタルとオリーブオイルを混ぜておく。 **2.** 生地の材料をボウルに入れ、よくこねる。ラップをかけ生地が倍くらいにふくらむまで温かい場所で1時間程発酵させる。 **3.** 生地を再びこね、2～3等分する（お弁当箱の大きさに合わせる）。手のひらまたは麺棒で厚さ1㎝くらいになるように丸くのばす。 **4.**3の中央に1を塗る。 **5.** オーブンまたはコンロの魚焼き器を最高温度に予熱し、4を数分～10分程焼く。

**Recipe** Manakish

## マナイーシ

ザアタル乗せピザ

# ヨルダン・ハシミテ王国

JORDAN

4色はイスラム教初期の4代のカリフの色。7稜星はコーラン冒頭の重要な聖句をなす7つの単語を表している。

## トマトの栽培が盛ん

**死海をはさんだイスラエルの対岸にある王国。地域的に郷土料理の歴史も古く、レンズ豆を使った「ムジャッダラ」は旧約聖書に登場するとも。農業はヨルダン川流域等で多く営まれており、特に自然条件に適したトマトの栽培が盛ん。近隣の国々にも輸出されています。**

**● 国名の由来：「この世の荒野と約束の地を分かつ川」という意味のヨルダン川より。**

### 材料

レンズ豆（皮付きの茶色いもの）…½カップ、バスマティ米…½カップ（30分浸水させて水気を切っておく）、バーミセリ（パスタを3㎝くらいに切って代用可）…大さじ2、玉ねぎ…小1個（薄切り／市販のフライド・オニオンを利用して時短可）、シナモンスティック…2～3㎝、クミン粉…小さじ¼、ターメリック・唐辛子粉・黒こしょう・塩…各少々、植物油…適量、レモン…少々（薄切り。トッピング）、松の実…少々（お好みでトッピング）

### 作り方

**1.** 鍋にレンズ豆と水500㎖を入れて沸騰させ、豆がやわらかくなるまで20分程煮る。　**2.** フライパンでバーミセリをきつね色になるまで炒り、取り出しておく。　**3.** フライパンに植物油をひき、玉ねぎをきつね色になるまでよく炒める。　**4.** 別の鍋を用意し、レンズ豆、バスマティ米、2のバーミセリ、3の玉ねぎの半分、合わせて分量の倍くらいの水、スパイス類、塩を加え、ふたを半開きにして20～30分炊き込む。水が蒸発したら途中で水を足して、焦げないように気を付ける。　**5.** 4の火を止めて10分程蒸らし、お皿に盛る。炒めた玉ねぎの残り、レモン等をトッピングする。

オレンジ

**Recipe** Mujadara

**ムジャッダラ**

レンズ豆と玉ねぎの炊き込みごはん

ヨルダンはおいしいトマトの生産地。(2009)

# レバノン共和国

LEBANON

白はレバノン山脈と平和、赤は国のための献身と犠牲を表す。中央のレバノン杉は旧約聖書に香柏として何度も登場し、永遠の象徴ともされる。

## 中東で一番の美食の地

**肥沃な土地と温暖な気候に恵まれた東地中海の国。首都ベイルートは古くから人とモノの行き交う交通の要所であり、中東で一番の美食の地として歴史を育んできました。オリーブ、ぶどう、野菜、柑橘類等の農業が盛んで、高品質なワインの生産地でもあります。**

**● 国名の由来:レバノン山脈に由来。アラム語で「白」の意味。標高が高く雪をかぶるところから。**

### 材料

ひよこ豆(水煮缶詰)…200g(つけ汁も使用)、タヒニ(白ごまペーストで代用可)…30g、レモン果汁…¼個分、にんにく…1かけ(すりおろす)、塩…小さじ½、クミン粉…小さじ1+少々(トッピング用)、コリアンダーシード粉…小さじ½+少々(トッピング用)、オリーブオイル…大さじ1〜2

### 作り方

**1.** フードプロセッサーに、ひよこ豆、タヒニ、レモン果汁、にんにく、塩、クミン粉、コリアンダーシード粉を入れて、ひよこ豆のつけ汁を足しながら好みの固さのペースト状にする。 **2.** 1を平たいお皿に盛り、スプーンで中央にくぼみをつけ、オリーブオイルをかける。その上にクミン粉とコリアンダーシード粉を混ぜたものをかける。

世界食糧デーの記念切手。レバノンの主要な作物が描かれている。(1982)

# CHARACTER の作り方

## ISRAEL P78

イスラエルのキャラクター

### たまごのシャロウムちゃん

**材料**

- からだ；ゆでたまご
- はね（手）：うずらのゆでたまご
- 目・口：海苔
- ほほ：かにかま
- くちばし：黄色いチェダー・スライスチーズ
- 右上のダビデの星：水色のたまご焼き。和菓子用の六芒星の型抜きで作ると簡単。
- 小枝：コリアンダーの葉（他のハーブでもよい）

## QATAR P85

カタールのキャラクター

### たまごのアラビア・オリックス

**材料**

- かお：ゆでたまご（縦半分に切り少し長細くなるように左右をカット）
- 目・鼻・口：海苔
- 耳：余ったゆでたまご&海苔
- つの：パスタ（軽く焼く）

CHAPTER 3　ヨーロッパ

# Europe

# アイスランド共和国

ICELAND

十字形はキリスト教国であること、地色の青は海と空を表し、アイスランドの国民色といわれる。白は氷河と雪原、赤は火山を表す。

## タラと古代種の羊が名高い国

荒涼とした風土で、漁業や酪農が盛んな北極圏にかかる島国。暖流と寒流がぶつかり合う沖合は絶好の漁場で、特にタラが有名。また世界でも稀な古代種の羊の味が高く評価されています。近年は火山の地熱を利用した野菜の温室栽培等「自然エネルギー大国」の一面も。

● 国名の由来：氷の国。

---

Recipe Fiskibollur

## フィスキボール

タラのフィッシュケーキ

### 材料

タラ…200g（皮を取る）、玉ねぎ…中½個（適当な大きさに切る）

A 牛乳…大さじ2、パセリ…大さじ1（みじん切り）、バター…大さじ1（やわらかくしておく）＋トッピング用（分量外）、カイエンペッパー・塩・こしょう…各少々

小麦粉…大さじ2、コーンスターチ…大さじ2、植物油…適量

### 作り方

**1.** タラと玉ねぎをフードプロセッサーにかけ、ペースト状にする。 **2.** ボウルに移し、Aを入れ、木べらでよく練る。 **3.** 2に小麦粉とコーンスターチを入れて、さらに混ぜる。 **4.** 鍋に植物油を入れて中火で熱し、3をスプーン2杯分ずつ楕円形に丸めて片方ずつがきつね色になるまで揚げる。 **5.** 4をお皿に盛り、お好みで溶かしバター（分量外）をかける。

アイスランドの古代種の羊。自然そのままの肥沃な牧草地で夏の間、自由に育つ。(2014)

# アイルランド

IRELAND

緑はカトリック教徒のケルト系住民を、オレンジは新教徒であるウィリアム3世の支持を、白はその両者の協調の平和を表す。

## 牛肉やバター、じゃがいもが特産品の「緑の国」

緑豊かな風景を連想させ、聖パトリックを崇めるカトリックの色でもある緑が国民色。国土の約半分が牧場・牧草地で、特に牛肉やバターは世界有数の輸出高を誇ります。一方、穀物栽培に適さない土地でもよく育つじゃがいもが主食のひとつであり、料理にも多用されます。

●国名の由来：ケルトの豊饒の女神エリューの土地。自国での名称は「エール」。

### 材料

じゃがいも…中2個（ゆでて皮をむく）

A
- キャベツ…2枚（またはケール。ゆでてざく切り）、ねぎ…½本（みじん切り）、バター…大さじ2（溶かす）＋適量
- 牛乳…60mℓ（温める）、生クリーム（あれば）・塩・こしょう…各少々

バター…適量（溶かす）

### 作り方

**1.** ボウルにゆでたじゃがいもを入れてつぶす（フードプロセッサーを使ってもよい）。 **2.** Aを加えて和える。温かいうちに追加のバターをお好みで乗せる。

アイルランドを象徴する「シャムロック」のクッキー

アイリッシュ・シチュー

牛肉と野菜入り

Recipe Colcannon

**コルカノン**

青菜入りマッシュポテト

アイルランドの画家ジェラルド・ディロンが描いた、緑広がる同国の田園風景。(1972)

# アゼルバイジャン共和国

AZERBAIJAN

青はトルコ系民族の色で、澄みわたる空とカスピ海を、赤は独立を守る強い意思と近代化と民主化を進める決意、緑はイスラムの国であることを表し、イスラム諸国の国旗に共通する月と星を描く。

## キャビアに代表される食材の宝庫

ゾロアスター教の聖地があり、カスピ海で獲れるチョウザメの卵（キャビア）等食材に恵まれた国。歴史的に関係の深いイランやトルコ等とともに「薄焼きパン（同国ではラバシュ）の製造と共有の文化」が2016年にユネスコの無形文化遺産に登録されました。●国名の由来：アレクサンドロス大王の遠征の後、この地方に独立勢力を築いたアトロパテス（「火を護る者」の意味）より。

シェケルブラ

新年を祝うノウルーズのお菓子

キャビア

Recipe Gutabs

**クタップ**

ハーブまたは肉のパイ

カスピ海の大チョウザメ（ベルーガ）。最高級品のキャビアが採れるほか、肉はケバブにして食べる。(1995)

**材料**

餃子の皮（大判）…8枚（水をつけて2枚ずつ重ねる）、バター…適量

A
- コリアンダーの葉・ディル・セロリの葉・ほうれん草…各適量（みじん切り）、青ねぎ（あれば）、玉ねぎ…¼個（みじん切り）、塩・こしょう・唐辛子粉（お好みで）

**作り方**

**1.** Aの材料をボウルに入れて混ぜる。　**2.** 2枚重ねた餃子の皮に1を大さじ1～2程度乗せて、ふちの周り1cmくらいを残して広げ、ふちに水をつけて半円になるように生地を閉じる。　**3.** フライパンにバターを多めにひき、2の両面をフライ返しで表面を押しながらきつね色になるまで揚げ焼きする。

※具にチーズやひき肉を使ってもよい。

# アルバニア共和国

ALBANIA

双頭の鷲はヨーロッパとアジアの双方をにらむ位置にある伝説に基づく。

## 魚介類、農作物に恵まれた農業国

アドリア海の魚介類のほか、農作物に恵まれた農業国。かつての宗主国オスマン帝国の影響でトルコ風の肉料理が豊富にあり、また対岸のイタリアと歴史的に関係が深いため、パスタやオリーブ等も食生活に浸透。イスラム教徒の多い国ですがワインも生産しています。

●国名の由来：アルプ（山岳）より。自国での名称は「シュキペリア（鷲の国）」。

Recipe Peshk në Furrë

### ペシュク・ネ・フーレ

アルバニアのオーブン焼き魚

### 材料

スズキ等の白身魚（まるごと、または切り身）400g

<マリネ液>

A にんにく…1かけ（すりおろす）、レモン果汁…大さじ2、オリーブオイル…大さじ3、塩・こしょう…各少々、パセリ…少々（みじん切り）

### 作り方

**1.** ボウルにAを混ぜ合わせてマリネ液を作る。 **2.** アルミホイルを2枚用意して1枚に魚を乗せ、1を全体にかける。もう1枚のアルミホイルを上からかけてしっかりと閉じ、30分置く。 **3.** 180℃に予熱したオーブンで2を30分程焼く。焼き終えた後もそのまま20分くらいおいて蒸す。

ギリシャ国境に近い南部ドロパル地方の民族衣装。山間部にあり狩猟も行われる。(1967)

# アルメニア共和国

ARMENIA

赤は独立の時に流された血の犠牲、青は国土と大空、オレンジは国民の勇気と団結を表す。

## 小麦を主食とし、歴史に彩られた豊かな食材

メソポタミアの一角、また東西を結ぶ民族の十字路コーカサスに位置し、古来より人々が生活してきたアルメニア。豊かな食材とともに、「ドルマ（トルマ）」に代表される古典料理を受け継いできました。山地の多い国土で小麦を主食とする一方、米も食べます。

● 国名の由来：住民の大半を占めるアルメニア人より。初代王国アラムの名によるものとも。

トルマ

ドルマ。詰め物入り野菜

Recipe Pilaki

### ピラキ 豆サラダ

**材料**

白いんげん豆（水煮缶詰）…200g（他の水煮豆を加えてもよい）

A
- トマト…½個（薄切り）、セロリ…大さじ1（みじん切り）、にんじん…大さじ1（みじん切り）、赤玉ねぎ…¼個（みじん切り）、にんにく…½かけ（みじん切り）

<ドレッシング>

B
- 砂糖・パプリカ粉・塩・黒こしょう…各少々、カイエンペッパー…ひとつまみ、レモンまたはりんご酢…小さじ1、オリーブオイル…大さじ2

<トッピング>

パセリ（ミントまたはバジルの葉でもよい（みじん切り）・レモンの輪切り…各お好みで

**作り方**

**1.** Bをボウルに入れて混ぜ、ドレッシングを作る。 **2.** 白いんげん豆の水気を切り、別のボウルに入れる。 **3.** 2にAを加えて軽く混ぜる。 **4.** 3に1を加えて和える。お好みでパセリ、レモンの輪切りを飾る。

キリスト教の復活祭の時に食べるアルメニア発祥の麦のおかゆ「ハリッサ」。中東に伝わって「ハリース」とも呼ばれる。(2005)

# アンドラ公国

ANDORRA

紋章は司教の冠と錫杖、2頭の牛、赤い縦は3本がフランス、4本がスペインのカタルーニャを表す。

## スペイン・カタルーニャ州の山岳地方と食文化を共有

ピレネー山脈東部の山間にあり、スペイン・カタルーニャ州の山岳地方と食文化を共有。じゃがいもや、ベーコン、ソーセージ等の燻製肉、山のきのこ、川で獲れるマス等を使った料理が食べられています。またカトリックの伝統から聖人の日に食べる特別料理もあります。

●国名の由来：中世アラビア語の「アルダーラ」(木の繁る場所)等、諸説あり。

**材料**

じゃがいも…4個（皮をむいてゆでる)、ベーコン…3枚、ソーセージ…2本、にんにく…1かけ、オリーブオイル…適量、塩・黒こしょう…各少々

**作り方**

**1.** ベーコンとソーセージをカリカリになるまで炒める。 **2.** ゆでたじゃがいもをボウルに入れて荒くつぶす。オリーブオイル、にんにく、じゃがいものゆで汁からおたま1杯分をすくって加え、水気がなくなるまでさらにつぶす。 **3.** 2をお皿に盛り、スライスした1を乗せる。塩、黒こしょうをかける。

**Recipe** Patates Eixutes D'Andorra

### パタタス・エイシュータス・ダンドラ

アンドラ・スタイルのドライ・ポテト

きのこ

ハモン・セラーノ

スペインの生ハム

ピレネー山脈のアミガサダケ。
(1984)

# グレートブリテンおよび北アイルランド連合王国（英国）

UNITED KINGDOM

イングランド、スコットランド、アイルランドの旗が組み合わさったもの。通称「ユニオンジャック」。ウェールズの旗は入っていない。

## 「サンドウィッチ」の語源の生まれた地

ブリテン諸島を構成するグレートブリテン島やアイルランド島は、牧場や牧草地が約半分を占め、なだらかな丘で牛や羊が草を食む風景がよく見られます。海に囲まれていることから魚も豊富。パンに具をはさんだ「サンドウィッチ」の語源の生まれた地でもあります。

● 国名の由来：ブリテン諸島最大のグレートブリテン島は、ケルト系先住民ブリトン人より。

フィッシュ&チップス
揚げた白身魚とポテト

Recipe

### きゅうりとミントのティー・サンドウィッチ

Cucumber & Mint Tea Sandwiches

生クリーム

### 材料

食パン(耳なしのサンドウィッチ用)…4枚、きゅうり…1本(皮をむく)、ミントの葉…少々(みじん切り)、バター…適量(やわらかくしておく)、粗塩・黒こしょう・レモン果汁…各少々

### 作り方

**1.** 食パンの長さに合わせてきゅうりを切る。 **2.** 1を縦に薄くスライスする(スライサーが便利)。 **3.** 食パン4枚の片面にお好みの量のバターを塗る。 **4.** 食パン2枚分に2を1〜2層並べ、粗塩と黒こしょうをふりかけ、お好みでレモン果汁、ミントの葉をちらす。 **5.** 4に残りの食パンを乗せて、手のひらでしっかり押さえる。包丁で4つ切りにする(正方形、三角形等お好みで)。

memo

**英領ジブラルタル**

英国は、イングランド等4つの国が各々独立して協会を持つ等の理由により、スポーツの世界大会では別チームで参加することがあります。

2016年には、欧州内の英領ジブラルタル(Gibraltar)が、国際サッカー連盟(FIFA)に独自加盟が認められました。

イベリア半島の南東端にあり、スペインに囲まれたジブラルタルは、1713年から英領に。地中海の出入口にある海峡を望み、「地中海の鍵」と呼ばれる交通の要所です。

ジブラルタルには、「ジャポネサ(日本女性)」という、カスタードクリームを包んだドーナツのような名物お菓子があります。

ジャポネサ

# イングランド（英国）

ENGLAND

聖ジョージの十字架に由来。

## ボリュームたっぷりの朝食

連合王国の首都ロンドンがあり、世界の共通言語のひとつでもある英語（イングランド語）のお膝元。ボリュームたっぷりの朝食、18世紀からの産業革命の反動で自然回帰が根源にあった菜食主義やビーガニズム運動の発祥地としても知られます。

● 国名の由来：ドイツ北部アンゲルン半島出身のゲルマン人の一支族アングル人の土地より。

---

**Recipe** Full English Breakfast

### フル・イングリッシュ・ブレックファスト

イングランドの朝食

イングリッシュ・マフィン

#### 材料

ソーセージ…2個、ベーコン…2枚（薄切り）、マッシュルーム…2個（小さなものは4個。食べやすい大きさに切る）、トマト…小1個（半分に切る）、たまご…1～2個、ベイクドビーンズ（缶詰）…適量、食パン…1枚（トースターで焼く）、バター…大さじ1、塩・こしょう…各少々、ウスターソース（お好みで）

#### 作り方

**1.** フライパンまたはスキレット（小さめのフライパン）にバターを溶かし、中～弱火でマッシュルームを焼く。焼けたらフライパンの端に寄せる。 **2.** 1にトマトの切り口を下にして焼き、同様にソーセージ、ベーコンを焼き、ベイクドビーンズを温める。 **3.** たまごを割り入れ、目玉焼きを作る。塩、こしょう、お好みでウスターソースをかける。フライパンのまま食卓に並べ、トーストした食パン、紅茶等の飲み物と一緒に。

※ほかにハッシュド・ポテトやブラック・プディング（血のソーセージ）、玉ねぎ等を加えることがあります。

# ウェールズ（英国）

WALES

ウェールズの象徴である赤い竜と、リーキの色。

## 国家の象徴はリーキ（西洋ねぎ）

羊や牛の放牧が盛んで、その肉や乳製品をよく食べます。ウェールズ国旗の緑色はリーキ（ねぎの一種）の色で、国家の象徴として郷土料理にも使われます。「1日のりんご、医者知らず」と諺があるほどのりんごの特産地であり、またヨーロッパでは珍しく海藻を食べる文化も。

●国名の由来：古英語でアングロ・サクソン人以外を指す言葉「ウェラス」より。

**Recipe** Welsh rarebit

### ウェルシュ・ラビット

チェダーチーズ入りスプレッド

**材料**

小麦粉……25g
バター……25g
ビール……125mℓ（温める）
チェダーチーズ……125g（すりおろす）
パン……2～4枚（適量。軽くトーストする）
A ［マスタード…小さじ1、ウスターソース…大さじ1、黒こしょう…少々

**作り方**

**1.** 小鍋にバターを溶かし、小麦粉と温かいビールを少しずつ加えながらソースを作る。 **2.** チェダーチーズを加え、溶けるまでかき混ぜる。Aを加えてさらに混ぜる。 **3.** パンに2を乗せる。200℃に予熱したオーブンやトースターに入れて、表面に少し焦げ目がつくまで焼く。

※リーキを刻んで入れることもあります。

# スコットランド（英国）

SCOTLAND

守護聖人・聖アンドリューのクロス。

## アンガス牛に代表される牛肉の特産地

寒冷地のため小麦の栽培が難しい反面、スコットランド民謡「ライ麦畑で出会ったら」（邦題「故郷の空」）で歌われるライ麦や、スコッチ・ウィスキーの原料になる大麦を栽培してきました。またやわらかい赤身肉で世界的に名高いアバディーン・アンガスに代表される牛肉の特産地でもあります。

●国名の由来：この地を統一したスコット人の土地。

スコッチテリア型のショートブレッド

**Recipe** Stovies

### ストービーズ

牛ひき肉と野菜の煮込み

**材料**

ラード（バターでもよい）…15g、玉ねぎ…½個（みじん切り）、牛ひき肉（またはこま切れ）…200g

パン

A ［セロリの茎…½本（みじん切り）、じゃがいも…大1個（皮をむいて1.5cmに角切り）、にんじん…1本（皮をむいて1.5cmに角切り）

B ［ビーフコンソメの素…小さじ1、水…250mℓ、塩…少々

**作り方**

**1.** 鍋にラードを入れて玉ねぎを炒める。 **2.** 牛ひき肉を加えて色づくまで炒め、Aを加えてさらに炒める。 **3.** Bを加えて沸騰させる。火を弱めてふたをし、30分以上煮込む。途中、水分がなくなったら水を少し足し、味を見て塩で調味する。パンを添える。

# 北アイルランド（英国）

NORTHERN IRELAND

アルスター・バナー。他に聖パトリックの斜め十字旗も。

## 酵母を使わないパンが普及

北アイルランドは、アイルランドと同様ポテトブレッドやソーダブレッド等酵母を使わないパンが普及しています。昔はパンに適さない薄力小麦しかなかったことや酵母が手に入りにくかったこと、オーブンの設備がない貧しい家庭でも作れること等が理由とされます。

● 国名の由来：アイルランド島の北部。

### 材料

＜生地＞
小麦粉…100g、じゃがいも…中1個（皮をむいてゆでる）、バター…大さじ1＋大さじ1（溶かす）、塩…少々（無塩バターの場合）

＜具材＞
りんご…1個、シナモン粉…小さじ¼、砂糖…適量（りんごの甘さによって加減）、塩…少々、水…大さじ1、サワークリーム…適量

Recipe Potato Apple Bread

## ポテト・アップル・ブレッド

りんご入りじゃがいもパン

### 作り方

**1.** ゆでたじゃがいもをつぶす（フードプロセッサーを使ってもよい）。バター（大さじ1）、小麦粉、必要あれば塩、水少々（分量外）を加えてよく混ぜる。 **2.** 具材を作る。りんごの皮をむいてみじん切りし、鍋に入れる。シナモン粉、砂糖、塩、水を加え、中火で煮る。冷ましておく。 **3.** 生地を2〜3等分して丸める。手のひらまたは麺棒で平らに丸くのばす。 **4.** 生地の半分に、内側に1cmくらいの余白を残して2の具材を乗せる。半分に折りたたみ、フォークの裏側で模様をつけながら生地をしっかり閉じる。 **5.** フライパンにバター（大さじ1）をひき、4の両面をフライ返しで押しつけながらきつね色になるまで焼く。サワークリームを添える。

# イタリア共和国

ITALY

自由・平等・友愛、また美しい国土、アルプスの雪、統一国家実現のために流した血を表す。

## 食材や美食の追求に熱心な国民性

ローマ帝国滅亡後、小国に分裂していたイタリアが統一されたのは19世紀半ば。今も州ごとの独自性が強い一方、四季折々の豊かな食材に恵まれ、美食追求の熱心さは共通しています。全国的に人気のパスタのほか、2017年には「ナポリピッツァの職人技」がユネスコ無形文化遺産に登録されました。●国名の由来：仔牛の国。

Recipe

### パデラータ・ディ・マーレ

Padellata di Mare

魚介のフライパン焼き

左からジェノベーゼ、オリーブオイル&塩、トマト

**材料**

魚介（エビ、白身魚、ムール貝、イカ、タコ等）…400g、にんにく…1かけ（みじん切り）、鷹の爪…少々（輪切り）、白ワイン（辛口）…¼カップ、EVオリーブオイル…大さじ2、塩・こしょう…各少々、パセリ…少々（みじん切り）

A［プチトマト…4個（大きめのものは半分に切る）、玉ねぎ…¼個（薄切り）

**作り方**

**1.** 魚介の下処理をする。エビは殻をむき、貝類は洗う。 **2.** フライパンにオリーブオイルをひき、にんにくと鷹の爪を1分程軽く炒める。 **3.** 1とAを入れてふたをし、強火で沸騰させる。火を弱めて数分煮込む。 **4.** 3にパセリのみじん切りを加え、塩、こしょうで調味して3分程さらに煮込む。

# ウクライナ

UKRAINE

青はウクライナの色で、どこまでも続く青空、黄は小麦で、世界有数の穀倉地帯であることを表す。

## 「ヨーロッパのパンかご」と呼ばれた肥沃な穀倉地帯

国旗に描かれた小麦の黄金色に象徴されるように、「ヨーロッパのパンかご」と呼ばれてきた世界有数の肥沃な穀倉地帯。ソ連時代にウクライナ発祥の「ボルシチ」や「コトレータ・ポ・キエフスキー」といったおいしい郷土料理がロシアにも広まりました。パンの種類も豊富です。

●国名の由来：辺境または国境。

### 材料

鶏むね肉（皮なし。3枚におろす）、パン粉…適量（フードプロセッサーにかけてきめ細かくする）、小麦粉…適量、たまご…1個（溶く）、パルメザンチーズ…20g、塩・こしょう…各少々、植物油…適量

<ガーリックバター>

A バター…60g（やわらかくする）、にんにく…1かけ（つぶす）、パセリ…大さじ1（みじん切り）、レモン果汁…小さじ½

### 作り方

**1.** ガーリックバターを作る。Aをボウルに入れてフォークでよく混ぜ、塊をラップに包んでソーセージのような細長い円柱状に成型し、冷凍庫に入れて固める。 **2.** 鶏肉にラップを乗せ、上から麺棒や包丁の柄等で軽くたたいてのばす。軽く塩、こしょうをまぶす。 **3.** 2にガーリックバターを乗せて巻く。 **4.** 3に小麦粉をまぶしてはたき、溶きたまごにくぐらせ、パルメザンチーズを混ぜたパン粉をまぶす。ラップに包んで冷蔵庫に入れ、30分～1時間休ませる。 **5.** フライパンに植物油を多めに入れ、4の両面をきつね色になるまで揚げ焼きする。

Recipe Kotleta po Kievsky

**コトレータ・ポ・キエフスキー**

チキン・キエフ

きゅうりのピクルス

ソーセージ & たまごの ひまわり

ウクライナを代表する花

ピロギース

具入りダンプリング

クリスマスイブの晩餐にも欠かせないパン「カラチ」。幸運と繁栄、円形が永遠を象徴している。（2013）

# エストニア共和国

ESTONIA

青は空、黒は大地、白は冬の雪。また黒は国の悲しい歴史、青は希望、友情、団結、白は明るい未来と真面目さを表す。

## 国魚はニシンの一種「バルチック・ヘリング」

中世の面影が残る首都タリンは、ハンザ同盟都市としてビールや豚肉料理等ドイツの影響が見られます。一方で、バルト海の恵みであり、古くからエストニア人の伝統食材として重要な役割を果たしてきた「バルチック・ヘリング」（タイセイヨウニシンの亜種）が国民投票をもとに国魚に選ばれています。●国名の由来：人口の大半を占めるエストニア人より。

**Recipe** Rosolje

### ロソリエ　ニシンとビーツのサラダ

**材料**

A
じゃがいも…中2個（ゆでて皮をむき、角切り）、ビーツ…100～150g（生はゆでて皮をむく。レトルトや缶詰でもよい。角切り）、きゅうりのピクルス…40g（あればディル入り。みじん切り）、りんご…½個（皮をむき、みじん切り）、赤玉ねぎ…¼カップ（みじん切り）、酢または塩漬けニシン…30g（みじん切り）

<ドレッシング>

B
サワークリーム…90g、マスタード…小さじ1、塩・こしょう…各少々

<トッピング>

ゆでたまご…1個（皮をむいて輪切り）、青ねぎまたはディル…少々（みじん切り）

**作り方**

**1.** AとBのドレッシングをそれぞれボウルに入れて混ぜる。　**2.** AにBを加えて混ぜる。　**3.** 2をお皿に盛り、トッピングのゆでたまごと青ねぎ（またはディル）を飾る。

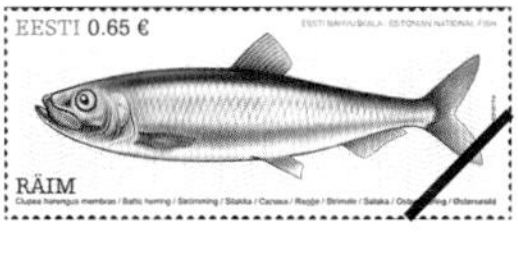


何世紀にもわたってエストニアで食べられてきた国魚バルチック・ヘリング。
(2017)

# オーストリア共和国

AUSTRIA

第3回十字遠征軍でレオポルド5世がイスラム教徒と戦い、敵の返り血で白の軍装がベルト以外赤くなった故事から。

## 洗練された美食の伝統が培われてきた首都ウィーン

ハプスブルク帝国時代に領土各地から食材や調理技術が集結した首都ウィーンは、オーストリア食文化の中心地。洗練された美食の伝統が培われてきました。「バックヘンデル」は、「ウィンナー・シュニッツェル」よりも古い18世紀から当地で愛されてきた名物料理です。

●国名の由来：東方の国。神聖ローマ帝国の東方の要塞。

Recipe Backhendl

### バックヘンデル

オーストリアのフライドチキン

シンケン

ハム

#### 材料

鶏肉…400g（皮は取り除く。食べやすい大きさに切る）、小麦粉…適量、パン粉…適量（フードプロセッサーできめ細かくする）、たまご…1個（溶く）、塩・こしょう…各少々、植物油（またはラード）…適量

＜トッピング＞

レモン…½個（輪切りまたはくし形切り）、パセリ…適量（みじん切り）

#### 作り方

**1.** 鶏肉に塩、こしょうをまぶす。 **2.** 1に小麦粉を薄くまぶしてはたき、溶きたまごにつけて余分な水気を落とし、パン粉にまぶす。 **3.** フライパンに植物油またはラードを多めに入れ、2の両面をきつね色になるまで中火でそれぞれ7～8分ずつゆっくり焼く。 **4.** キッチンペーパーに乗せて油分を切り、お皿に盛ってレモン、パセリを添える。

# オランダ王国

NETHERLANDS

オラニエ家の紋章である「青地に、オレンジ色の房紐で飾られた白い角笛」に由来。後にオレンジ色は赤に。

## オラニエ王家の象徴オレンジがナショナル・カラー

低地の干拓や粉挽きに古くから風車が活用され、ゴーダ・チーズを生産する等酪農が盛ん。質素倹約の思想が色濃いプロテスタントと王室オラニエ家の色であるオレンジが国民色。一説にはオレンジのにんじんはオランダ人が広めたとされ、「ヒュッツポット」は国を象徴する料理でもあります。

●国名の由来：低地の国。自国での名称は「ネーデルラント」。

# ヒュッツポット

**材料**

A［ じゃがいも…中2個、にんじん…中1本、玉ねぎ（皮をむく）…¼個

B［ バター…10g（溶かす）、牛乳…20ml、塩・こしょう…各少々

水・塩…適量

**作り方**

**1.** Aと水、塩を鍋に入れ、やわらかくなるまでゆでる。 **2.** じゃがいも、にんじんは皮をむいてつぶす。玉ねぎはみじん切りする。 **3.** 2をボウルに入れ、Bを加えて混ぜる。なめらかにするために野菜のゆで汁を少し足す。

# ヘハクトバレン

**材料**

A［ 牛豚あいびき肉…250g、玉ねぎ…½個（みじん切り）、たまご…½個分（溶く）パン粉…20g、塩・こしょう・ナツメグ…各少々

＜ソース＞

B［ トマトピューレ…大さじ2、ウスターソース…大さじ1、バター…大さじ1、水

植物油…適量

**作り方**

**1.** 鍋にBを入れて温め、ソースを作る。 **2.** ボウルにAを入れてよく混ぜる。 **3.** 2を50gくらいずつ取ってだんご状に丸める。 **4.** フライパンに多めの植物油を入れて、3を揚げ焼きする。 **5.** 4をお皿に盛り、1のソースをかける。

※ヒュッツポットの表面をくぼませてヘハクトバレンを置き、ソースをかけてもよい。

memo

**オレンジ色のにんじん**

にんじんは現在のイランからアフガニスタン周辺が原産地とされ、白や淡い黄色の野生にんじんが長い年月をかけて栽培されていくうちに紫や黄色等さまざまな色ができたといわれます。

現在、世界中で定番のオレンジ色のにんじんは、15～16世紀頃にオランダ人農夫がオランダの王家であるオラニエ（Orange）＝ナッサウ家を称えるために品種開発したものが世界に広まったという説がまことしやかに伝えられてきました。

残念ながら、これは真実ではないという見方が今では強いようですが、少なくとも当時、ヨーロッパ随一の農業力を誇っていたオランダ人が、オレンジ色のにんじんを大量生産し、オランダ商人が世界に広めたのは確かなようです。日本にも長崎の出島から、オランダ人によってオレンジ色の西洋にんじんが伝えられました。

# 北マケドニア共和国

NORTH MACEDONIA

赤地に、8本の光を放つ太陽を描く。

## 旧ユーゴスラビア最南端にあるパプリカの特産地

旧ユーゴスラビア最南端にあり、野菜や豆、米、ぶどう等を栽培する農業国。チーズの生産も盛ん。パプリカの特産地で、そのペースト「アイバル」は食卓に欠かせない食品です。またヨーロッパ最古のオフリド湖にはマス等多数の固有種が生息し、食用にもされます。●国名の由来：紀元前7世紀頃に王国を築いたギリシャ系マケドニア（高地の人）人より。ギリシャの反発により2019年に国名変更。

**Recipe** Burek sa Sirom

### ブレク・サ・シロム

チーズパイ

白いんげん豆

**材料**

春巻きの皮…4～5枚、植物油…適量

A［フェタチーズ…100g、クリームチーズ…100g、たまご…½個（溶く）

**作り方**

**1.** ボウルにAを入れフォークでほぐしながら混ぜる。 **2.** 20～22㎝のパイ皿に植物油を塗り、春巻きの皮の半分を敷いて1を広げ、残り半分の春巻きの皮を乗せて油で生地をくっつけて閉じる。足りない場合は皮を切って油を塗って貼り合わせる。表面に植物油を塗る。 **3.** オーブンを200℃に予熱し、2を時々様子を見ながらきつね色になるまで20～30分焼く。パイ皿から取り出して切り分ける。

白いんげん豆。北マケドニアの国民食「タフチェ・グラフチェ」等に使う。原産地はアメリカ大陸。（2014）

# キプロス共和国

CYPRUS

島の形とオリーブの葉を描き、この国の平和を祈る気持ちを表現。

## 十字軍にゆかりのあるワイン「コマンダリア」の産地

かつて十字軍国家でもあったキプロスは、十字軍にゆかりのあるデザート・ワイン「コマンダリア」で知られる地中海東部の歴史ある島国。この地域で不可欠な食材として何千年も食べられてきた挽き割り小麦「ブルグル」のピラフは、キプロスの郷土料理「アフェリア」にもぴったりです。

●国名の由来：銅。古来より銅の産地であることから。

### 材料

ブルグル*（きめ細かいもの）…200g、バーミセリ**…大さじ1、野菜スープの素…小さじ1、お湯…2カップ、オリーブオイル…大さじ3、塩・こしょう…各少々

* 挽き割り小麦。なければクスクスで代用。

** 細く短いパスタ。なければパスタを2cmくらいに細かくカット。

### 作り方

**1.** フライパンにオリーブオイルをひき、バーミセリを少し色づくまで炒める。　**2.** ブルグルを加えて混ぜ、塩、こしょうで調味する。**3.** お湯に野菜スープの素を溶かして2に混ぜ入れ沸騰させる。**4.** 3の火を止めてふたをし、ブルグルがスープを吸うまで10分置いて蒸す。

Recipe Pilafi Pourgouri

## ピラフィ・プルグリ

挽き割り小麦のピラフ

十字軍に由来するキプロス特産の甘いデザート・ワイン「コマンダリア」。(1964)

# ギリシャ共和国
GREECE

トルコからの独立の際に白地に青十字を掲げたことから。9本の縞はギリシャ独立戦争時に叫ばれた「自由か死か」の9音節を表す。

## 国樹オリーブの実や油を料理に多用

健康食として2013年にユネスコ無形文化遺産に登録された「地中海食」の中心地のひとつクレタ島を擁するギリシャは、良質なオリーブや、チーズ等の乳製品、豊富な魚介類等に恵まれた歴史ある国。特に古代ギリシャ神話にも登場する国樹オリーブは、実や油が料理に多用されます。

●国名の由来：ギリシャ人の土地。自国での名称は「ヘラス」。

Recipe

**ムサカ**

Moussaka

なすとミートソースの重ね焼き

**材料**

＜ミートソース＞

牛ひき肉…120g、玉ねぎ…½個（みじん切り）、なす…3本（皮つきのまま1㎝の厚さに薄切り）、じゃがいも…中2個（皮をむき5㎜の厚さに薄切り）、パルメザンチーズ、オリーブオイル…各適量、ベシャメルソース*（ホワイトソース。市販品）…300g、塩・黒こしょう…各少々

A ［にんにく…1かけ（みじん切り）、トマトピューレ…200㎖、赤ワイン…大さじ2、月桂樹の葉…1枚、シナモン粉…少々

パセリ…大さじ1（みじん切り。トッピング）

* 鍋でバターを熱しながら小麦粉を溶かし入れ、牛乳を加えても作れる。

**作り方**

**1.** 180℃に予熱したオーブンになすとじゃがいもを並べ、オリーブオイルをハケ等で塗って15分焼く。軽く塩を振っておく。 **2.** ミートソースを作る。フライパンにオリーブオイルをひき、玉ねぎを透き通るまで炒める。牛ひき肉を加えさらに炒める。Aを加えて水分がなくなるまで15分煮込み、塩とこしょうで調味する。 **3.** ムサカを組み立てる。耐熱皿の底に植物油を塗り、じゃがいもを並べる。ミートソースをへらで全体に広げ、なすを並べる。最後にベシャメルソースをへらで全体に広げる。 **4.** パルメザンチーズをまんべんなくふりかけ、180℃に予熱したオーブンで45〜60分、時々様子を見ながら焼く。パセリをトッピングする。

# クロアチア共和国

CROATIA

赤白青の3色はスラブ国家の国旗に共通する色。クロアチア伝統の紅白チェックの市松模様の紋章（サホブニツァ）ほか伝説に由来する歴史的な国章を描く。

## イタリア、ドイツ、オーストリアに影響された食文化

旧ユーゴスラビアを構成していたスラブ系民族を主体とした国ですが、歴史的な経緯からアドリア海沿岸部はイタリア、内陸部はドイツやオーストリアに影響された食文化をも受け継ぎます。また古代よりぶどう畑が多く、今も品質の高いワインを生産しています。

● 国名の由来：南スラブ系民族クロアチア人より。

Recipe Buzara

### ブザラ

エビのトマト炒め

**材料**

エビ（あれば手長エビ）…200g（殻つき）、にんにく…1かけ（みじん切り）、トマトピューレ…大さじ1、白ワイン…50mℓ、ブランデー…大さじ½（省略可）、オリーブオイル…大さじ2～3、パン粉…大さじ½、塩・こしょう…各少々、パセリ…大さじ1（みじん切り）

**作り方**

**1.** フライパンにオリーブオイルをひき、エビを軽く炒める。にんにくとトマトピューレを加えて和える。塩、こしょうで調味する。 **2.** 1に白ワインとブランデーを加えて10分程ゆっくりと沸騰させ、アルコールを飛ばす。 **3.** 2にパン粉を加えてソースにとろみをつけ、パセリを入れて軽く混ぜる。

ぶどう

オリーブの実

サルマ

ロールキャベツ

2010年にユネスコ無形文化遺産に登録された、北部の街オシイエク発祥のかわいいリツィタル（ジンジャー・ブレッド）。(2012)

# コソボ共和国

KOSOVO

青地に黄色のコソボの地形と
6つの白い星で6民族を表す。

## オスマン帝国の影響を受けた食文化

セルビア等独立未承認国も多い旧ユーゴスラビアの一地域。オスマン帝国の影響を受けた食文化を受け継ぎます。コソボの「サムサ」は、インド等の同名料理と違い、小麦粉の生地を焼いてにんにく入りヨーグルトをかけた軽食。隣接するセルビア南西部でも食べられています。

● 国(地)名の由来: アルバニア系住民が多い一方で、もともとは中世セルビアの中心地だった。

**材料**

春巻きの皮……1袋
ヨーグルト……150g
にんにく……1かけ(すりおろす)
バター……適量(溶かす)

**作り方**

**1.** 春巻きの皮を半分に切り、バターを塗って重ねていく。 **2.** 1を200℃に予熱したオーブンで20分焼く。 **3.** ボウルにヨーグルトとにんにくを入れてソースを作る。 **4.** 2に3のソースをかけ、10分置く。

**チェバピ**

チェバプチチ。
ひき肉のグリル

**Recipe** Samsa

### サムサ

ペイストリー&ヨーグルト

# サンマリノ共和国

SAN MARINO

青は空とアドリア海、白はチタノ山と雪と純粋さを表す。王冠は王権のシンボル。紋章はチタノ山の3つの峰に立つペネと呼ばれる塔。

## ワインを生産して日本にも輸出

イタリア中北部の山岳部にあるミニ国家。カトリック信徒が大多数でありながら神社本庁公認の神社があり、お神酒用ワインが日本に輸出されています。「ブストレンゴ」は、余ったパンを再利用しつつ、クリスマスにも食べられるパン。伝統的には銅鍋を暖炉にかけて調理します。

● 国名の由来：ローマ帝国のキリスト教迫害を逃れてチタノ山に住みついた聖マリヌスより。

Recipe

**ブストレンゴ**

Bustrengo

ドライフルーツ入りパン

パスタ&バジル

プロシュート

生ハム

サンマリノで育つ小麦。傍らに国旗にも描かれているチタノ山の3つの塔が見える。(1958)

### 材料

パン（固くなった残り物。菓子パン以外のどんなパンでも可）…150～200g、牛乳…150～200mℓ

A ［ たまご…1個（溶く）、はちみつ…大さじ2、レーズン…大さじ3、レモンの皮…½個分（すりおろす）、バター…大さじ1（溶かす）

アーモンド等のナッツ、いちじく等のドライフルーツ…適量（みじん切り。お好みで）

### 作り方

**1.** ボウルにパンをちぎって入れ、牛乳を加えてやわらかくする。 **2.** Aを加えて混ぜる。お好みでナッツやドライフルーツを加える。 **3.** 耐熱皿にクッキングシートをしき（または表面に油を塗り）、2を流し入れて表面を平らにならす。 **4.** 190℃に予熱したオーブンで3を、時々様子を見ながら30～35分程焼く。冷まして四角く切り分ける。

# ジョージア
GEORGIA

中世ジョージアの国旗。中央の赤い十字はキリスト教・聖ゲルギウスの象徴。通称「ファイブ・クロス・フラッグ」。

## 古代からクベブリ(甕)造りのワインを生産

アジアとヨーロッパを隔てる大コーカサス山脈等山岳が連なり、山の恵みとともに酪農が盛ん。発酵食マツォニ(ヨーグルト)やチーズを常食する長寿国です。古代からワインを造り、「伝統的なクベブリ・ワインの醸造方法」が2013年にユネスコ無形文化遺産に登録されました。

● 国名の由来：守護聖人ゲオルギオス(聖ジョージ)より。

ハチャプリ

ジョージアのチーズパン

Recipe Pkhali

**プハリ**

ほうれん草等の野菜&くるみ

Recipe Nigvziani Badrijani

**ニグブジアニ・バドリジャニ**

なす&くるみ

ぶどう

ワインの特産地ジョージアでもっとも普及している地ぶどうのひとつ「ツォリカウリ」。(2008)

## プハリ

**材料**

ほうれん草…1束(約200g。塩ゆでしておく)

A
- くるみ…60g、玉ねぎ…¼個、にんにく…1かけ、コリアンダーの葉・パセリ…各大さじ2、白ワインビネガー…大さじ1、塩・唐辛子粉…各少々

ざくろ(トッピング用)…少々

**作り方**

**1.** ほうれん草を冷まし、水気を絞る。根を取り除き適当な大きさに切る。　**2.** フードプロセッサーに1とAを入れてペースト状にする。冷蔵庫で冷やす。　**3.** 2を30gくらいずつ取って、手で丸めてお皿に乗せる。手で少し押しておまんじゅうのように成型する。表面の中央に少しくぼみを作り、ざくろを飾る。

## ニグブジアニ・バドリジャニ

**材料**

なす…4本(へたを取り、皮付きのまま5㎜に縦切り。塩水に漬けてアク抜きする)、植物油…適量、水…適量(必要あれば)

<くるみペースト>

A
- くるみ…150g、にんにく…1かけ、白ワインビネガー…小さじ1、コリアンダーシード粉…小さじ½、フェヌグリーク・唐辛子粉・塩…各少々、サフラン*…ひとつまみ(少量の水で色を出す)、コリアンダーの葉…大さじ1＋少々(トッピング)

ざくろ…大さじ1＋大さじ1(トッピング)

* 現地ではマリーゴールドを使用。

**作り方**

**1.** アク抜きしたなすを、クッキングシートを敷いた天板に並べる。はけで両面に植物油を塗って190℃に予熱したオーブンで15～20分焼く。　**2.** くるみペーストを作る。フードプロセッサーにAを入れ、ペースト状にする。固いようなら水少々を加えてなめらかにする。　**3.** 2にざくろを加えて混ぜる。　**4.** 1のなすに1枚ずつ3をお好みの量を乗せて、巻くか半折にする。お好みでその上にも2を塗る。　**5.** 4をお皿に盛り、ざくろとコリアンダーの葉を飾る。

memo

**ジョージア料理の特徴**

ワインや、鶏肉シチュー「シュクメルリ」の人気で日本でも注目され始めたジョージア料理の特徴のひとつは、砕いたくるみをたっぷり使い、にんにくとコリアンダーシード粉で風味をつけること。代表的な料理である肉入りシチュー「ハルチョー」や「サツィビ」等にも上記の3食材が使われ、独特のおいしいコク味を醸し出しています。

# スイス連邦
SWITZERLAND

赤字にキリストの受難像を描いた旗に由来。

## グリュイエール、エメンタール等のチーズが有名

アルプス山脈が国土の大部分を占め、伝統的に酪農を中心とした家畜業が盛ん。特にグリュイエール、エメンタールに代表されるチーズが世界的に有名です。寒冷地で育ちやすいじゃがいもの料理も人気。近年は、古代より少量生産されてきたワインの質の高さが脚光を浴びています。

● 国名の由来:建国3州のうち、中心的存在であったシュビーツ州より。自国では「ヘルベティア」とも。

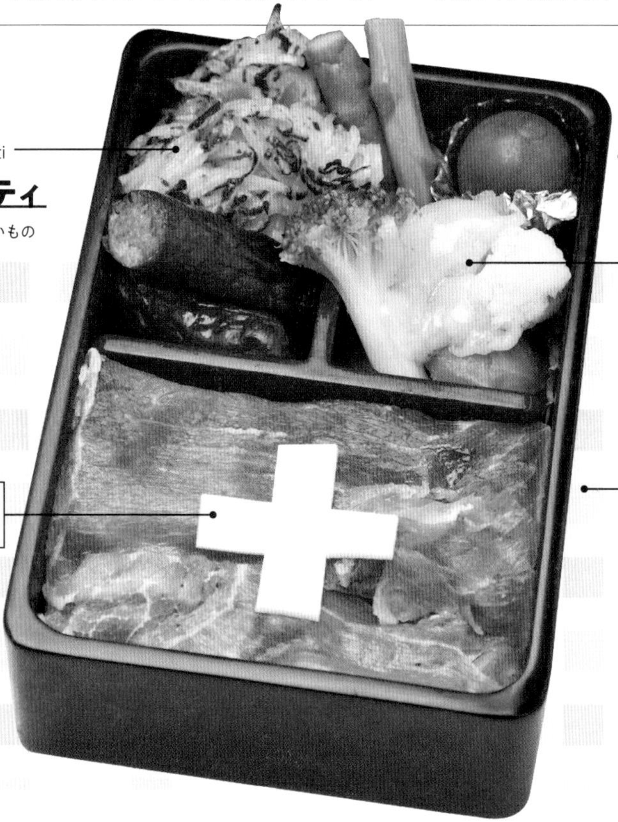

Recipe Rosti

**レシュティ**

千切りじゃがいものバター焼き

スイス・チョコレート

ラクレット

グリュイエール・チーズ

シンケン

ハム

### 材料

じゃがいも…中3個

A 塩・黒こしょう・ナツメグ…各少々、バター…8g＋適量(揚げるのに使用)

### 作り方

**1.** じゃがいもの皮をむきスライサーで千切りにする。水気を切る。 **2.** 1をボウルに入れ、Aを加えて混ぜる。 **3.** フライパンにバターを溶かし、4等分した2をひとつずつ入れてゴムベラで丸く平らに成形し、両面をきつね色になるまでカリカリに焼く。

# スウェーデン王国

SWEDEN

諸説あり、デンマークの国旗に由来とも。また、十字は1448年のカール・ナッセン王の国章にさかのぼるとも。

## 普段は質素。クリスマスの時期にはごちそうを

寒冷地にあり、倹約を旨とするプロテスタントの影響から伝統的にシンプルで質素な食事が主流。しかしクリスマスの時期は別格で、食卓にごちそうが並ぶユールボード（クリスマステーブル）の習慣があります。「ヤンソン・フレステルセ」や「ショットブラール」はその代表格です。

● 国名の由来：スベリエ（スウェーデン人／スベア人の国）より。

---

**Recipe** Janssons Frestelse

## ヤンソン・フレステルセ

ヤンソンの誘惑。じゃがいも＆クリームのオーブン焼き

### 材料

じゃがいも…中3～4個（皮をむき、6㎜くらいに拍子木切り）、玉ねぎ…小1個（千切り）
アンチョビ*…30g、生クリーム…100㎖、牛乳…50㎖、塩・こしょう…各少々、バター…大さじ1＋大さじ1、パン粉…適量

* あればスプラット（小型ニシン）を使ったスウェーデンのアンチョビ。

### 作り方

**1.** フライパンにバター大さじ1をひき、玉ねぎがしんなりするまで炒める。　**2.** 耐熱皿にバター大さじ1を塗り、じゃがいもの⅓を敷きつめる。　**3.** 2の上に1の玉ねぎの½と、アンチョビ½を細かくちぎって散らす。　**4.** 3と同じようにじゃがいも、玉ねぎ、アンチョビを重ねて2層にし、最後にじゃがいもをかぶせる。　**5.** ボウルに生クリームと牛乳を入れて混ぜ、4にまんべんなく流し入れる。パン粉をふりかける。　**6.** 190℃に予熱したオーブンに4を入れ、時々様子を見ながら40～50分焼く。途中で焦げすぎるようであればアルミホイルをかぶせる。

# スペイン王国

SPAIN

イスラムやフランス勢力の脅威にさらされてきた歴史を象徴し、国土(黄)を民族の血(赤)で守る決意を象徴。

## 「1日に5回食事を摂る」美食を愛する国

山海の恵みが多く「1日に5回食事を摂る」とされるほど美食を愛する国。自治州ごとに文化や言葉が違うこともあり、それぞれ独自性が強く郷土料理にも特色があります。オリーブやにんにく、イベリコに代表される豚肉等が特産品で、イタリアやギリシャと同様タコを食べます。●国名の由来：イベリア半島の古名ヒスパニア(うさぎの多い土地)より。自国での名称は「エスパーニャ」。

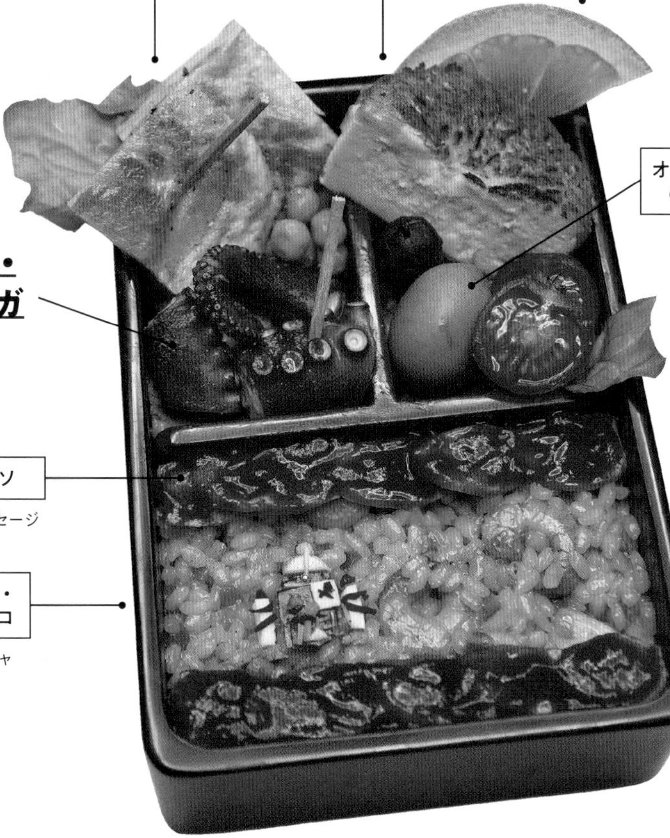

**材料**

たこ（ゆでたもの。生のたこはゆでる）……400g
じゃがいも……中1個（ゆでて皮をむき、薄切り）
粗塩……少々
オリーブオイル・パプリカ粉（あればホットパプリカ粉）……各少々

**作り方**

**1.** ゆでたたこが冷めていたら温め、食べやすい大きさに切る。 **2.** じゃがいもの薄切りをお皿に並べ、1をひとつずつ乗せる。 **3.** 粗塩、オリーブオイル、パプリカ粉をふりかける。

memo

**スペイン産にんにく**

スペインは2021年現在、中国に次ぐ世界第2位のにんにく輸出国。日本でも近年輸入が急増し、スーパーマーケット等で皮が薄紫色のスペイン産にんにく（アホ・モラード）をよく見かけるようになりました。この紫色は、品質の高さを演出し他国産と差別化を図るための戦略だといいますが、さわやかな食感が実際に人気を集めている様子。コク味があって新鮮な日本産にんにくとも使い分けができそうです。

スペインのにんにくの半数以上を生産しているのは、ミゲル・デ・セルバンテスの小説『ドン・キホーテ・デ・ラ・マンチャ』の舞台でもある内陸部のカスティーリャ・ラ・マンチャ州。中でも人口8000人足らずの小さな町ラス・ペドロニェラスの紫にんにくがEUの地理的表示保護産品に認定され、州の生産量の80%のシェアを誇っています。

ドン・キホーテの時代には「臭いバラ」と呼ばれる等、どちらかというと否定的なイメージが持たれていたにんにくですが、今では健康への好影響も判明し、「スペイン料理はいろいろあれど、すべてに共通するのはにんにく」といわれるほど、スペインの食文化に欠かせない食材となっています。

# スロバキア共和国

SLOVAKIA

白青赤の三色旗は汎スラブ主義の色。国章は、キリスト教の複十字とタトラ山脈（カルパチア山脈の一部）を図案化。

## 漬物や燻製肉等の保存食が発達

国を象徴し、国歌にも登場するタトラ山脈の手つかずの自然に恵まれたスロバキア。ニョッキに似た主食「ハルシュキー」を作る小麦やじゃがいもの栽培のほか、酪農によるチーズ等の乳製品、また暑い夏と寒い冬をしのぐ漬物や燻製肉等の保存食が発達してきました。

●国名の由来：スラブ民族（スロバキア人）の地。

ニョッキ

豚肉&チーズソース

Recipe

### きゅうりのピクルス

Pickled Cucumbers

きのこ

**材料**

きゅうり…2～3本（あれば小さな若いきゅうり4～5本）、にんにく…1かけ、ディル…6g（4cmくらいにカット）

A［酢…¼カップ、塩…大さじ1、砂糖…大さじ2、水…400mℓ］

**作り方**

**1.** 鍋にAを入れて沸騰させる。冷ましておく。
**2.** きゅうりのへたを取り、縦長に斜め切りする。
**3.** 漬物用の容器（または密閉できる瓶）を用意して熱湯消毒し、きゅうり、にんにく、ディルを入れ、1を流し入れる。ふたを閉めて冷蔵庫で冷やす。1日後から浅漬けを食べることができる。保存はつねに冷蔵で。

山岳地帯に育つポルチーニ茸の近種ススケイグチタケ（ポルチーニ茸に分類されることもある）。
(1997)

# スロベニア共和国

SLOVENIA

白青赤の三色旗は汎スラブ主義の色。紋章は南アルプスの最高峰トリグラウ山と3つの星。

## 石灰質の土壌でぶどうやそばを栽培

山がちな地形に囲まれた旧ユーゴスラビアの国。同国のクラス地方が語源といわれるカルスト台地の石灰質の土壌がぶどう栽培に適しており、良質のワインを生産。またそば粉を使った料理も。国民の半数以上がカトリック信徒で、復活祭やクリスマスの特別料理が充実しています。

●国名の由来：スラブ民族（スロベニア人）の地。

### 材料

牛豚あいびき肉…500g、玉ねぎ…中½個（みじん切り）、にんにく…1かけ（みじん切り）、パン…60g、牛乳…100㎖、パン粉…適量（必要に応じて）、野菜スープ（小さじ¼の野菜スープの素を20㎖の水に溶く）、植物油…適量、ゆでたまご…3個（殻をむく）

A　たまご…1個（溶く）、パセリ…小さじ1（みじん切り）、マジョラムまたはタイム（みじん切り。乾燥葉でもよい）…小さじ½、塩・こしょう…各少々

### 作り方

**1.** ボウルの中にパンをちぎり、牛乳にひたす。　**2.** フライパンに植物油をひき、玉ねぎとにんにくを炒める。冷ましておく。　**3.** ミートローフを作る。ボウルにひき肉を入れ、1、2、Aを加えてよく混ぜる。量が少ないようであればパン粉を加えてかさ増しする。30分休ませる。　**4.** 3を縦長に成型しながらゆでたまごを並べて埋め込む。　**5.** 4をクッキングシートを敷いた耐熱皿に移し、野菜スープをふりかける。　**6.** 190℃に予熱したオーブンに5を入れて10分焼き、170℃に温度を下げて50分、時々途中で様子を見ながら焼く。　**7.** オーブンから取り出してアルミホイルで覆い、10分休ませる。まな板の上に取り出し、幅2㎝くらいに包丁で切る。

ポティカ　スロベニアのマーブルケーキ

ぶどう

Character

うずらのたまごのひよこ

作り方：P156

アイドビィ・ジガンツィ

スロベニアのそばがき

Recipe　Stefani Pecenka

**ステファニー・ペセンカ**

ドイツ等にもある、復活祭の日に食べるゆでたまご入りミートローフ

スロベニア西部の固有品種のぶどう「ゼレン」。（2000）

# セルビア共和国

SERBIA

スラブ民族を象徴する赤、青、白の3色旗と、近代セルビア王国の王家カラジョルジェビッチ家の双頭の鷲の紋章。

## 激しい寒暖の差が育んだ高品質な農作物

セルビア正教会信徒のセルビア人が主体となった旧ユーゴスラビアの国。北部はハプスブルク帝国、南部はオスマン帝国の食文化の影響を受けています。内陸のため寒暖の差が激しく、高品質な豚肉やパプリカ、ラズベリー、ぶどう、はちみつ等の農産物を生産。美食を愛する人々の地でもあります。●国名の由来：スラブ民族（セルビア人）の地。

## 材料

豚バラ肉…400g（角切り）、赤パプリカ…1個（粗みじん切り）、カットトマト缶…400g、植物油（またはラード）…適量、玉ねぎ…小1個（粗みじん切り）、にんにく…2かけ（みじん切り）、塩・こしょう・唐辛子粉…各少々、アイバル（あれば）*…大さじ1、水…適量、パセリ…少々（みじん切り。トッピング）

* セルビア発祥とされるパプリカのペースト。

## 作り方

**1.** 豚バラ肉を、植物油を薄くひいたフライパンまたはグリルで焼く。 **2.** 別のフライパンで玉ねぎとにんにくを炒め、赤パプリカ、トマトを追加して水気がなくなるまで煮込む。 **3.** 2に1の肉、少量の水を加えてさらに煮込む。唐辛子粉、塩、こしょう、アイバルで味付けして混ぜる。パセリの葉を散らす。

セルビアの特産品のひとつ、甘酸っぱくておいしいラズベリー。日本にも冷凍品が輸出されている。
(2000)

memo

**「豚肉」と「アイバル」**

農業国セルビアに不可欠な食材のひとつが、豚肉。単においしいからだけでなく、オスマン帝国（豚商人カラジョルジェ・ペトロビッチが指導者となった第一次セルビア蜂起）やオーストリア・ハンガリー帝国（豚戦争）と、宗主国から自立を果たした際に豚が関わり、国民の愛着もひとしおなのでしょう。

夏には、南部の町レスコバツのグリル祭り(Roštiljijada)をはじめ、各地で豚の丸焼きが並ぶ豪快なバーベキューが行われます。「ムチュカリッツァ」には、そうしたバーベキューで食べ残した肉の再利用という一面もあります。

また、セルビア南部や北マケドニアが本場のパプリカのペースト「アイバル」も、グリル料理等の添え物として必須な食材。1年を通して瓶詰で販売されていますが、田舎では新鮮さにこだわる人々も珍しくありません。

# チェコ共和国

CZECH

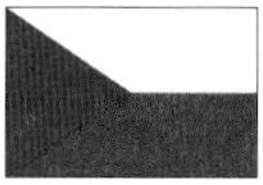

赤字に銀のライオンを描くモラビア帝国の紋章の色である赤と白に、青い山の紋章に由来する青い三角形を加えた。

## 高品質なビールで名高い、世界有数のホップの生産地

世界有数のビールの原料ホップの生産地。ピルスナー等高品質なチェコのビールは有名ですが、東部モラビア地方ではワイン用のぶどうの生産も盛んです。食文化はドイツ、ハプスブルク帝国の領土時代にグヤーシュ（グーラッシュ）等の料理が伝わり、チェコ流に変化して根づいています。●国名の由来：主要民族チェコ人より。

ブランボラーク

ポテト・パンケーキ

Recipe Hovezigulas

### ホベジグーラッシュ

牛肉シチュー

#### 材料

牛肉… 200g（角切り）、玉ねぎ… ½個（みじん切り）、にんにく…1かけ（つぶす）、トマトピューレ…大さじ1、ビーフストックの素 …½個、パプリカ粉、乾燥マジョラム、塩•黒こしょう…各少々、小麦粉…小さじ1、お湯・植物油…各適量

#### 作り方

**1.** ボウルに小麦粉、塩、黒こしょうを入れて混ぜ、牛肉にまぶす。 **2.** フライパンに植物油をひき、1を色づくまで焼く。いったん取り出しておく。 **3.** 2で玉ねぎを炒める。乾燥マジョラムとパプリカ粉、にんにくを加えて炒める。 **4.** 鍋を用意し、2の牛肉、3を一緒に入れる。ビーフストックの素とトマトピューレ、ひたひたのお湯を加えてふたをする。一度沸騰させて火を弱め45分煮込む（途中、水が減りすぎたら足す）。塩、黒こしょうで調味する。

チェコスロバキア時代の切手。ピルスナー・ビールの故郷ボヘミア地方のプルゼニ（ピルゼン）の街とビール、ホップ。（1962）

# デンマーク王国

DENMARK

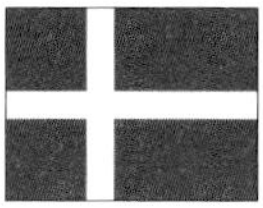

1219年エストニアとの戦いの際にローマ法王が十字軍に授けた旗より。通称「ダンネブログ旗」。

## 協同組合の古い歴史がある酪農王国

緯度は高いものの肥沃な土地に恵まれ、バイキングの時代から牛を飼っていた酪農王国。19世紀には農民の協同組合が設立され、経営を合理化して高品質な製品を高く売るシステムが確立されていました。現在はチーズ生産のほか養豚が盛んで、日本にも豚肉が輸出されています。

●国名の由来：デーン人（語源は「平ら」）の境界地帯。

### 材料

ライ麦パン…適量（8㎜～1㎝の厚さに切る。またはクラッカー）、バター…適量（室温で溶かす）

<具材>

小エビのスモーブロー（各少々）

A　小エビ、レモン、プチトマト（薄切り）、ディル、レモン、ゆでたまご（お好みで）、マヨネーズ

ニシンのスモーブロー（各少々）

B　酢漬けまたは塩漬けニシン（スプレッド状のものでもよい）、赤玉ねぎ（みじん切り）、ラディッシュ（薄切り）、ゆでたまご、クレソン、黒こしょう、マスタードクリーム（またはサワークリーム。マスタード少々を混ぜる）

フレスケスタイ

デンマークのロースト・ポーク

サーモン

### 作り方

**1.** 具材をパンの大きさに合わせて小さくカットする。　**2.** ライ麦パンにバターを塗り、A、Bそれぞれの具材を乗せる。

**Recipe**　Smørrebrød

## ミニ「スモーブロー」

オープン・サンドウィッチ

豚肉は、デンマークの農業の中でも中核をなすとされる重要な輸出品。（1987）

# ドイツ連邦共和国

GERMANY

ナポレオン軍と戦ったプロイセン軍義勇兵の「黒服、赤い肩章、金ボタン」の軍服より。

## ヨーロッパきってのじゃがいも大国

ソーセージやビール、豚肉と同様に、欧州全体の収穫量の20%を占めるともいわれるじゃがいも大国。18世紀のプロイセン王国時代に、フリードリヒ2世が農民にやせた寒冷地にも育つじゃがいもの栽培を推奨して飢えから守り、ドイツ料理に欠かせない食材になった逸話があります。

●国名の由来：民衆を意味する「ドイッチュ」より。

Recipe Kartoffelsalat

### カルトッフェルザラート

じゃがいものサラダ

プレッツェル

Character

ソーセージのダックスフンド

作り方：P156

ライ麦パン

シュペッツレ

ドイツ版パスタ

シンケン

ハム

#### 材料

じゃがいも…中3個（塩水でゆでて皮をむく）、玉ねぎ…小1個（さいの目切り）、野菜スープ（野菜スープの素。小さじ½を水50mℓに溶く）、パセリ…20g（みじん切り）、植物油…適量

A ┌ 白ワインビネガー…大さじ1、マスタード…小さじ1、ナツメグ、唐辛子粉・塩・砂糖…各少々

#### 作り方

**1.** フライパンに植物油をひき、玉ねぎをしんなりするまで炒める。 **2.** 1に野菜スープを加えて沸騰させる。 **3.** 2にAを加えて混ぜる。 **4.** じゃがいもを薄くスライスしてボウルに入れる。温かいうちに3を注いで30分置く。 **5.** 4の味を見て必要なら塩、砂糖を加える。植物油大さじ1を加えて混ぜる。お皿に盛ってパセリを飾る。

# ノルウェー王国

NORWAY

デンマークの旗の白十字の上に青十字を重ねたもの。

## 干タラ、サーモンと羊が特産品

タイセイヨウダラはノルウェーの歴史を語る上でも重要な食材。かつてバイキングたちは干タラ（バカリャウ）を保存食として船に積み、その知恵は大航海時代の主役だったスペインやポルトガルに伝えられました。近年は養殖のアトランティック・サーモン、肉質のいい羊等も注目されています。

●国名の由来：北方への道。自国での名称は「ノルゲ」。

Recipe Sennepssaus

## セネップソース

マスタード・ソース。
肉や魚料理に。

### 材料

A［粒マスタード…大さじ1、卵黄…1個分、砂糖…小さじ1、ワインビネガー（またはレモン果汁）…大さじ1、生クリーム…60mℓ］

ディル（みじん切り）…大さじ1、塩・こしょう…各少々

### 作り方

**1.** ボウルにAを入れて混ぜる。 **2.** ディルを加え、塩、こしょうで調味する。

アトランティック・サーモンの海洋養殖産業。寄生虫のいない生食できる寿司のねたとして、日本を皮切りに世界で成功した。(1987)

# バチカン市国

VATICAN

中央に法王の冠と「新約聖書」マタイ伝16章「ペテロの鍵」。黄と白はエルサレムの神旗、または法王庁の衛兵の帽章の色。

## 一人当たりのワインの消費量が世界トップクラス

カトリックの宗教国家。国籍は聖職者に限られ、ミサ用の聖体拝領分を含めて一人当たりのワイン消費量が世界でも一、二を争うほど多いことで知られます。500年以上の歴史があるスイス衛兵がシェフを担当し、カトリックの祭事食や教皇の出身地の郷土料理等を提供しています。

● 国名の由来：ローマの7つの丘のひとつバチカン丘（神託の丘）より。

---

**Recipe** Grittibänz

### グリッティベンツ

12月6日の聖ニコラスの日に作るスイスの男の子型パン

プロシュート

イタリア産塩漬け・乾燥・熟成をした生ハム

ファルファーレ・パスタ

#### 材料

＜生地＞

A ［ 強力粉…250g、ドライイースト…5g、塩…小さじ1、砂糖…大さじ½

B ［ 牛乳…125mℓ（温める）、卵黄…½個分、バター…40g（室温でやわらかくする）

＜飾りとつや出し＞

レーズン…適量、たまご…1個（溶く）

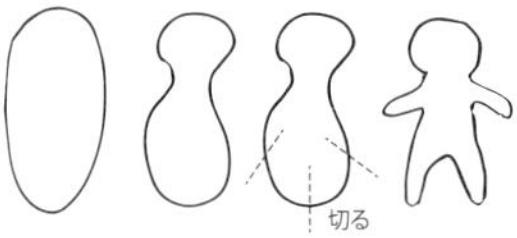


#### 作り方

**1.** ボウルにAを入れて混ぜ、Bを足して混ぜ、よくこねる。 **2.** 1をラップで覆い、2倍くらいにふくらむまで発酵させる（室温で約1時間）。 **3.** 生地を90〜100gずつに分けて丸め、余った生地を人形のボタンやマフラー等に使う。 **4.** 分けた生地で男の子の形に成型していき、目の部分に楊枝等でくぼみを作ってレーズン（大きければカット）を埋め、好みでボタンやマフラーをつける。 **5.** クッキングシートを敷いた天板に4を並べ、ラップをして20分休ませる。はけでつや出し用の溶きたまごを生地に塗る。 **6.** 190℃に予熱したオーブンで5を20〜25分、時々様子を見ながら焼く。

ミサに使用する聖体拝領のパン（ホスチア）。（2004）

# ハンガリー

HUNGARY

赤は血、白は清潔さ、緑は希望を表す。

## パプリカを多用した赤い料理

スペインからオスマン帝国経由で伝わったパプリカが、18世紀後半に定着。今でもハンガリーにはパプリカを多用した赤い料理が多くあります。また国宝指定の希少なマンガリッツァ豚、ドナウ川やバラトン湖のコイ等の特徴的な食材が料理に使われます。●国名の由来：世襲の首長オン＝オグル（10本の矢＝10部族の同盟）の名がスラブ語風になまったもの。自国での名称は「マジャル」。

Recipe Paprikas Csirke

### パプリカーシュ・チルケ

鶏肉のパプリカ煮

**材料**

鶏肉（骨皮付き）…500g、玉ねぎ…小1個（みじん切り）、トマト…中1個（みじん切り）
サワークリーム…70mℓ、小麦粉…大さじ1、バター（またはラード）…適量、パプリカ粉…大さじ1と½、チキンスープ…300mℓ（チキンスープの素を水で溶く）、塩・黒こしょう…各少々、パセリ…適量（みじん切り。トッピング）

**作り方**

**1.** 鍋にバター大さじ1をひき、鶏肉に焼き色を付ける。取り出しておく。 **2.** 同じ鍋にバターを少し足し、玉ねぎをきつね色になるまで炒める。トマトを加えてさらに3分炒める。 **3.** 火を止めてパプリカ粉、塩、こしょうを加えて混ぜる。 **4.** 1を戻し入れ、チキンスープを加える。ひたひたにの水を足して沸騰させる。ふたをして弱火にし、30分以上煮込む。再び鶏肉を取り出しておく。 **5.** ボウルに小麦粉とサワークリームを入れて混ぜ、トッピング用の大さじ1分を残して4に加える。5分煮込み、塩、黒こしょうで味を調える。鶏肉を戻し入れてさらに5分煮る。 **6.** お皿に盛り、5の残りのサワークリームをスプーンでかけ、パセリを飾る。

※現地では、小麦粉とたまごで練ってゆでたパスタのような「ノケドリ」を添えて食べます。

ハンガリーで品種改良されたパプリカ。同国だけでも様々な種類がある。（1954）

# フィンランド共和国

FINLAND

青は国土の1割近くを占める湖沼と青い空、白は雪、十字の旗じるしは北ヨーロッパの一員であることを表す。

## 寒冷地でも育つライ麦入りのパンやクラッカーが充実

国土の一部が北極圏にある北欧の国。太陽の降り注ぐ短い夏は貴重な時期で、人々はピクニックに出かけたり農園で過ごしたりします。寒冷地でも育つライ麦入りのパンやクラッカーが充実。北部のラップランドではトナカイの燻製肉とこけもものソース等をよく食べます。

●国名の由来：フィン人の国。自国での名称は「スオミ（湖沼の国）」。

カレリアン・ピーラッカ

カレリア地方のミルクライス入りライ麦パイ

トナカイの型抜き

ハム

スモークサーモン

**Recipe** Näkkileipä

## ナッキレイパ

ライ麦の薄焼きパン

### 材料

ライ麦粉……100g
小麦粉……100g ＋適量
塩……少々
バター……大さじ1（溶かす）
水……200mℓ
クミンシード……小さじ½
白ごま……大さじ1

### 作り方

**1.** ボウルにライ麦、小麦粉100g、塩を入れて混ぜ、バター、水を加えてこねる。必要に応じて水を少し足す。クミンシードと白ごまを加えてさらにこねる。　**2.** 台の上に小麦粉をまぶし、麺棒で1を薄く円形に伸ばす。包丁で食べやすい大きさにカットする。　**3.** 210℃に予熱したオーブンに2を入れ、7〜10分焼く。

プータルハ（貸し農園）。都会に住みながら夏の間付属のコテージに暮らして野菜や果物を育て、子どもたちが農業体験もできる。(1982)

# フェロー諸島(デンマーク)

FAROE ISLANDS

キリスト教を表す十字。デンマークの国旗ダンネブログより。

## 冬の間に食べる保存食が充実

近隣のアイスランド等とともにバイキングの伝統を受け継ぎ、多くの食文化を共有。タラやニシン、エビ等の新鮮な魚介類のほか、クジラや家畜の羊肉の燻製、塩漬け、脂身等、冬の間に食べる保存食が充実しています。パフィン(ツノメドリ)等の野生の海鳥も食べます。

●地名の由来：古ノルド語の「羊」またはゲール語の「土地」。

**材料**

ホタテ（むき身、貝柱）…200g、バター・植物油…各大さじ1、塩・黒こしょう…各少々、パセリ…少々(みじん切り)

A［にんにく…1かけ(みじん切り)、白ワイン…大さじ2、レモン果汁…少々

**作り方**

**1.** フライパンにバターと植物油をひき、ホタテを入れて動かさずに片面30秒ずつ焼く。

**2.** 1にAを加えて熱し、塩、黒こしょうで味付けする。パセリを飾る。

Recipe Faroe Island Scallop Saute

**フェロー諸島のホタテ・ソテー**

Character

ソーセージのクジラ

作り方：P156

魚卵

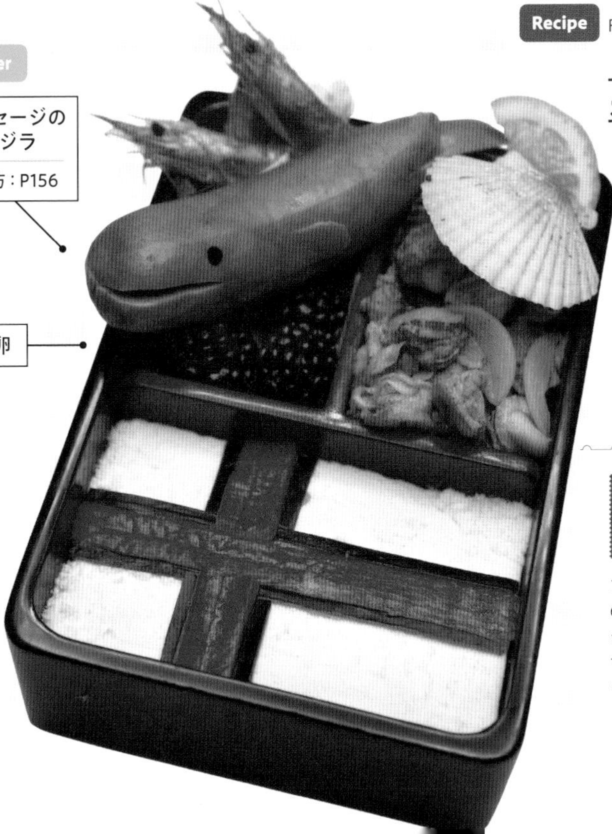

フェロー諸島の冬の食べ物。羊の頭やクジラの干し肉、スケルピクジョト（同地の珍味で、風乾させた強烈な臭いの羊肉）等が見られる。(2005)

# フランス共和国

FRENCE

フランス革命軍が帽子につけた色。赤と青はパリの色、白はブルボン王家の色。青は自由、白は平等、赤は博愛を表す。通称「トリコロール」。

## 四季折々の旬の食材を大事にする、地方色豊かな食文化

「フランスのガストロノミー（美食術）」が2010年にユネスコ無形文化遺産に登録されたグルメの国。ただ食べるだけでなく、様々な生活場面で食事をよりおいしく楽しむ社会習慣が評価されました。四季折々の旬の食材を大事にする、地方色豊かな食文化は日本とも共通しています。

●国名の由来：ゲルマン系フランク族のフランク王国より。

**Recipe** Salade Niçoise

### サラダ・ニソワーズ

ニース風サラダ

**材料**

<ドレッシング>

A オリーブオイル…大さじ4、赤ワインビネガー…大さじ1、塩・黒こしょう…各少々

<野菜類>

B プチトマト…6個（へたを取って半分に切る）、ピーマン…1個（へたを取って輪切り）、きゅうり…1本（小口切り）、ラディッシュ…4個（輪切り）、ベビーリーフ（またはバジルの葉）…適量、青ねぎ…½本（輪切り）

<トッピング>

C 黒オリーブの実…4個、アンチョビ・フィレ…4枚（2cmに切る）、ツナ缶…70g（水または油分を切る）、ゆでたまご…2個（殻をむいて縦に4等分）

**作り方**

**1.** ドレッシングを作る。Aをボウルに入れて混ぜる。 **2.** Bをボウルに入れて混ぜる。 **3.** 2をお皿に盛り、Cを飾り、1をかける。

# ブルガリア共和国

BULGARIA

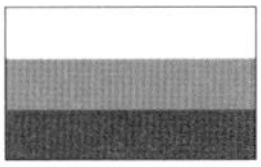

白は純潔と諸国間の平和と諸国民の親善、緑は農業と豊かさ、赤は愛国心を表す。

## ヨーグルトのお祭りが行われる国

多彩な民族衣装や美しいトロヤン陶器に代表されるように、地方固有の伝統が大切にされてきた国。ヨーグルト（キセロ・ムリャコ）を常食し、毎年5月6日の聖ゲオルギイの日に家畜の健康や豊穣を願って1年で最初のヨーグルトが作られ、7月にはお祭りも行われます。

● 国名の由来：建国の礎となったブルガール人より。

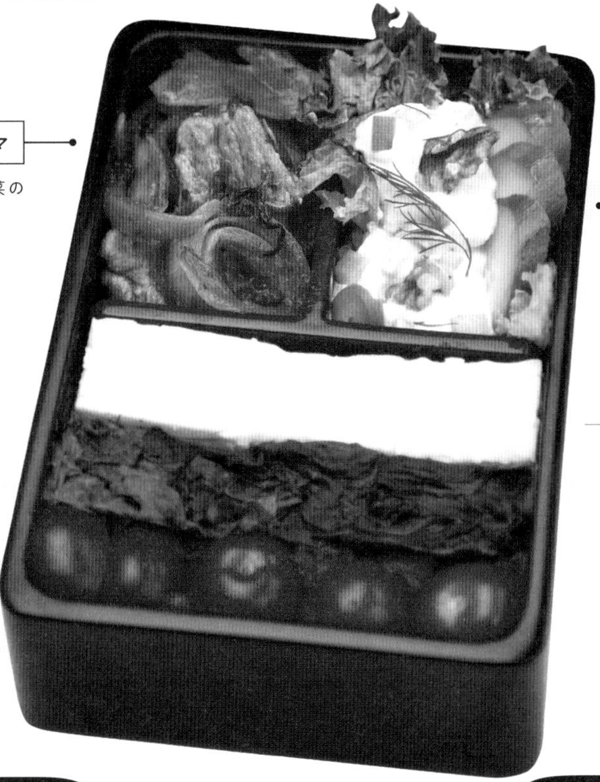

カバルマ

豚肉と野菜の煮込み

Recipe Snezhanka

### スネジャンカ

「白雪姫」という意味のヨーグルト・サラダ

西部キュステンディル地方の民族衣装。アプリコットやりんご、さくらんぼの特産地として知られる。(1961)

#### 材料

A ［水切りヨーグルト（ギリシャヨーグルト等）…160g、きゅうり…1本（5㎜角のさいの目切り）＋飾り用の輪切り、ディル…小さじ1（みじん切り）＋飾り用、にんにく…1かけ（すりおろす）、オリーブオイル…大さじ1

塩・黒こしょう…各少々、くるみ…大さじ1（砕いたもの。トッピング）

#### 作り方

**1.** ボウルにAと、塩、黒こしょうを入れて混ぜる。 **2.** アイスクリームのスコップまたはスプーンで1をすくい、お皿に乗せる。 **3.** 2にくるみ、ディル、きゅうりを飾る。

# ベラルーシ共和国

BELARUS

左側は伝統的なじゅうたん模様、赤は自由と国民の祖先の犠牲、緑色は森林資源を表す。

## じゃがいも料理が充実

ドイツやポーランド、ソ連時代のロシア等の食文化の影響を受けた国。300以上のレシピがあるといわれるほど、じゃがいも料理が充実しています。労働者の食べ物だったニシンを象徴的に使い1919年にモスクワで発明されたとされる「セリョートカ・ポド・シューボイ」は、今もこの国で人気です。●国名の由来：白ロシア。赤ロシアや黒ロシアと区別するためとも。

### 材料

ビーツ…1個（ゆでて皮をむき、千切りにおろす）、にんじん…1本（ゆでて皮をむき、千切りにおろす）、じゃがいも…中2個（ゆでて皮をむき、千切りにおろす）、玉ねぎ…中¼個（みじん切り）、ゆでたまご…2個（みじん切り）、ニシン（塩または酢漬け）…150g（粗みじん切り。骨は取り除く）、塩…少々、マヨネーズ…適量、ディルまたはパセリ…少々（トッピング）

### 作り方

**1.** 皿の上に型抜きのセルクル*を置き、食材の層を同じくらいの厚さずつ重ねていき、ケーキのような形を作る。食品の境目には塩をふりかけ、マヨネーズを塗る。 **2.** 順番は〔ニシン→玉ねぎ→塩とマヨネーズ→じゃがいも→塩とマヨネーズ→ゆでたまご→塩とマヨネーズ→にんじん→塩とマヨネーズ→ビーツ〕で、すべての層を重ねたらセルクルを抜く。 **3.** トップのビーツの上に格子状にマヨネーズをかける（時間を置くとマヨネーズがにじむことがあるので、マヨネーズをビーツの全面に塗ってもよい）。 **4.** ディルまたはパセリを飾る。

*円形の型、セルクルがない場合は、牛乳パック等を切り抜いて作る。

きゅうりのピクルス

マチャンカ

豚肉とサワークリームのシチュー

ドラニキ

ポテトのパンケーキ

Recipe

**セリョートカ・ポド・シューボイ**

Herring under a Fur Coat

毛皮のコートを着たニシン

ベラルーシの田舎のおもてなし。(2012)

# ベルギー王国

BELGIUM

ブラバント公家の「黒地に赤い舌を出した黄色いライオン」の紋章の色にちなむ。赤は勝利、黄は円熟、黒は力を表す。

## じゃがいもを揚げた「フリッツ」が国民食

ゲルマン系フラマン人らが多く住む北部フランドル地方と、ラテン系でフランスの影響を受けた南部ワロン地方に大きく分かれ、食文化にも違いが見られます。美食の地といわれるのは後者ですが、じゃがいもを揚げた「フリッツ」は、同国の国民食としてどちらの地域でも愛されています。●国名の由来：古代のベルガエ（戦士）族等諸説あり。

ゴーフル・ド・リエージュ

リエージュ・ワッフル

プラリネ

チョコレート

ムール・フリッツ

ムール貝とフライドポテト

Recipe Salade Liégeoise

### サラダ・リエジョワーズ

リエージュ・サラダ

**材料**

じゃがいも…小3個（あれば新じゃがいも。ゆでて皮をむく）、いんげん…100g（ゆでて冷水にさらす）、ベーコン…100g（食べやすい大きさに切る）、エシャロット…小½個（なければ赤玉ねぎ。薄切り）、ワインビネガー（白または赤）…大さじ1、バター…大さじ1（オリーブオイルでもよい）、塩・こしょう…各少々

**作り方**

**1.** じゃがいもはいちょう切り、いんげんは3～4㎝に切る。 **2.** フライパンにバターをひき、ベーコンとエシャロットを炒める。 **3.** 2にワインビネガーを加えてひと煮立ちさせる。1を加えて混ぜ、塩、こしょうで味を調え、お皿に盛る。

# ポーランド共和国

POLAND

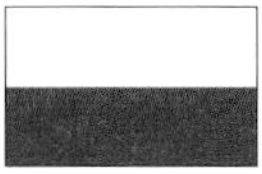

建国者レヒが「赤い夕日を背景に白いワシが飛んでいるのを見たら、そこに都を築け」と啓示を受けた伝説より。また白は自由、赤はその自由のために流された血を表す。

## 乳製品をたっぷり使う料理や食品

寒冷地のため乳製品をたっぷり使う料理や食品が多く、餃子に似た代表的な郷土料理「ピエロギ」にはサワークリームを添えます。また燻製風味チーズ「オスツィペック」のような名物も。ポーランド産のきゅうりのピクルスやザワークラウトは、日本をはじめ世界中に輸出されています。

●国名の由来：ポリャーネ（平原の人々）族の土地。自国での名称は「ポルスカ」。

Recipe Pierogi

### ピエロギ

餃子風の具入りダンプリング

キルバサ
ソーセージ

きゅうりのピクルス

マッシュポテト

ビゴス
ザワークラウトと肉の煮込み

シンカ
ハム

**材料**

餃子の皮（大判）…10枚、玉ねぎ…¼個（みじん切り）、植物油…適量

A じゃがいも…1～2個（ゆでてつぶす）、チェダーチーズ…細切り大さじ2、ガーリックパウダー…小さじ¼、塩・こしょう…各少々

<トッピング>

B ベーコン…1枚（みじん切り）、サワークリーム…大さじ3（固い場合は水少々で練る）、パセリ…少々（みじん切り）

**作り方**

**1.** フライパンに植物油をひき、玉ねぎを色づくまで炒める。 **2.** ボウルに1の半分、Aを入れて混ぜる。 **3.** フライパンでBのベーコンをカリカリになるまで炒める。 **4.** 餃子の皮に2を包み、ふちに水少々をつけてフォークで模様をつけながら閉じる。 **5.** 鍋にお湯をわかし、4をゆでる（フライパンで焼いてもよい）。 **6.** お皿に盛り、Bを添える。
※ひき肉等他の具でも作れます。

ポーランドのきゅうりのピクルスは、他の中央ヨーロッパ北部の国々と同じく、厳しい寒さが続く冬の保存食・栄養補給源として広く普及。(1974)

# ボスニア・ヘルツェゴビナ

BOSNIA AND HERZEGOVINA

黄の三角形は国土の形と3民族の融和と協調、未来への希望、EU旗から取った青地に星は独立までのEUの支援とヨーロッパの国々との友好を表す。

## イスラム教の食規定から牛肉や羊肉がポピュラー

イスラム教徒の人口比率が高い旧ユーゴスラビアの国。周辺国と類似した料理が多いですが、宗教上の食規定からひき肉料理の「チェバピ」にも牛肉や羊肉をよく使います。山間部では酪農が盛んでトルコ由来のチーズやクリーム状の「カイマック」等乳製品の種類も豊富です。

●国名の由来：北部のボスニア地方と南部のヘルツェゴビナ地方から。

**材料**

牛乳……500mℓ
生クリーム……400mℓ
塩……大さじ½

**作り方**

**1.** 鍋に牛乳を入れて軽く沸騰させ、生クリーム、塩を加えて混ぜる。弱火で2時間熱する（途中でかき混ぜない）。 **2.** 火を止め、ふたをしてそのまま一晩置く。 **3.** 2を弱火で30分熱し、冷まして上澄みの乳成分をすくい取る。乳成分を容器に入れて冷蔵庫に入れて冷やす。そのままでも食べられるが、ゆっくり発酵させてもよい。

※サワークリームやバター、フェタチーズを混ぜて即席カイマックを作ることもできます。

中部トラブニクにあるブラシチ山が原産地のブラシチ（トラブニク）・チーズ。国際チーズ展示会で金賞受賞等国際的に高い評価を受けている。(2017)

チェバピ

チェバプチチ。
ひき肉のグリル

Recipe Kajmak

### カイマック

クリーム状の乳製品

スホ・メソ

燻製牛肉

# ポルトガル共和国

PORTUGAL

緑は希望、赤は共和制革命の血を表す。紋章には、宇宙と、ポルトガル人によって啓かれた世界地理学を表す天球儀、イスラム教徒と戦った7つの城、青い5個の楯にキリストの受難を表す5つの白い点を配している。

## 国民一人当たりの年間米消費量がEU諸国でトップ

大航海時代に7つの海を制した海洋国。当時の保存食でカトリックの肉断食の際に重宝した「バカリャウ（干タラ）」は今も主要な食材で、イワシやアサリ、エビ等の魚介を使った郷土料理が多くあります。また国民一人当たりの年間米消費量が EU 諸国で最大という一面も。

●国名の由来：美しい（または温暖な）港。

イワシのグリル

カルネ・ジ・ポルコ・ア・アレンテジャーナ

豚とアサリのアレンテージョ風

大航海時代の船上の保存食だったバカリャウ（干タラ）。カトリックの肉断食の時期にも重宝された。(2000)

Recipe

### アロス・デ・マリスコ

Arroz de Marisco

魚介の炊き込みごはん

**材料**

米…200g（洗って30分以上水につける）、エビ…100g、ムール貝…150g（ホタテ、イカ等の冷凍魚介でも可）、玉ねぎ…中½個（みじん切り）、にんにく…1かけ（みじん切り）、オリーブオイル…大さじ2、塩・こしょう…各少々、フュメ・ド・ポワソン（魚の濃縮だし。あれば）…大さじ1、水…600mℓ

A　トマト…中1個（みじん切り）、ピーマン…1個（角切り）、コリアンダーの葉またはパセリ…大さじ1＋トッピング、月桂樹の葉…1枚

**作り方**

**1.** 鍋にオリーブオイル、玉ねぎ、にんにくを入れ、きつね色になるまで炒める。 **2.** Aを加えて混ぜる。 **3.** 水とフュメ・ド・ポワソンを加えて混ぜ、沸騰させる。塩、こしょうを加えて調味する。 **4.** 米とエビ、ムール貝等の魚介を加えて混ぜ沸騰させる。沸騰したら火を弱めて12〜15分炊く。お皿に移してコリアンダーの葉を飾る。

# マルタ共和国

MALTA

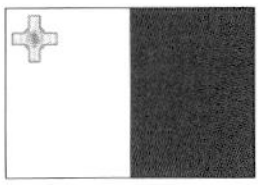

純潔・正義・平和を表す白と、情熱・犠牲を表す赤はイスラム教徒の支配下にあったマルタを解放したロジャー伯の旗に由来。左上はイングランドの守護聖人セント・ジョージの勲章。

## 紀元前からの地中海貿易の要所

紀元前から地中海貿易の要所として、イタリアに影響されながらも独自の食文化を育んできた島国。新鮮な魚介や名物のうさぎ料理のほか、2020年に「イル・フティラ:マルタにおけるサワードウを使ったフラットブレッドの調理法と文化」がユネスコ無形文化遺産に登録されました。

●国名の由来：フェニキア語の「避難所」またはギリシャ語の「蜂蜜」より。

### 材料

冷凍パイシート…2枚、マカロニまたはペンネ・パスタ…100g、牛豚あいびき肉…150g、ベーコン…60g（さいの目切り）、玉ねぎ…中½個（みじん切り）、にんにく…1かけ（つぶす）、ピザ用チーズ…100g、トマトピューレ…80mℓ、たまご…1個（溶いておく）、ビーフストック（ビーフコンソメの素を水で溶いておく）…150mℓ
バター…大さじ1、塩・こしょう…各少々、オリーブオイル…適量、黒ごま…少々（トッピング用）

### 作り方

**1.** フライパンにオリーブオイルをひき、玉ねぎとにんにくを炒める。ひき肉を加えて色づくまで炒め、ベーコンを加えてさらに炒める。 **2.** 1にビーフストックを注いで沸騰させ、火を弱めて15分煮込む。トマトピューレを加えて混ぜる。 **3.** 鍋にお湯をわかして塩を加え、マカロニをパッケージに書いている時間どおりにゆでる。 **4.** 3の水を切って温かいうちにチーズ、溶きたまごを加えてマカロニと和える。 **5.** 2のミートソースと4のマカロニをざっくり混ぜる。 **6.** 耐熱皿にオリーブオイルを塗り、皿の大きさに合わせて冷凍パイシートを麺棒で伸ばして敷き詰める（耐熱皿が小さい場合はパイシートを切り分けて複数のお皿を使ってもよい）。 **7.** 6の上に5を乗せ、もう1枚のパイシートをかぶせて密閉する。 **8.** 7の表面にはけでオリーブオイルを塗り、空気を逃すために全面にフォークで穴をあける。中央に黒ごまを散らす。180℃に予熱したオーブンで様子を見ながら40～50分焼く。

Recipe Timpana

**ティンパナ**

マカロニとひき肉のパイ

エビ&アサリ

漁業が盛んなマルタの伝統的な仕掛け網。(2017)

# モナコ公国

MONACO

13世紀から受け継がれるモナコ公国の公爵家グリマルディ家の紋章の色より。

## キリスト教と関連した独自の食べ物

新鮮な魚介や果物等、北イタリア、南フランスと共有した食文化を持つ地中海の小国。カトリックを国教とすることから、クリスマス時期のお菓子「フーガス・モネガスク」や、肉断食向けでもあった「バルバジュアン」のようなキリスト教と関連した独自の食べ物もあります。

● 国名の由来：ラテン語の「唯一の」より。

**Recipe** Fougasse Monégasque

## フーガス・モネガスク

アニスとアーモンドのパン

バルバジュアン

野菜入り揚げダンプリング

毎年モナコで行われるフランス料理の勲章授与式「グラン・コルドン・ドール」の記念切手。モナコの山海の幸が描かれている。(1994)

### 材料

小麦粉…200g、アーモンド粉…50g、ドライイースト…6g、砂糖…60g、塩…少々、バター…80g（室温で溶かす）

A
- 白ワイン（辛口）…40mℓ、オレンジブロッサムウォーター（またはローズウォーター。あれば）…少々、アニス粉…小さじ½、レーズン…大さじ1（ラム酒にひたしておく）、レモンの皮…¼個（お好みで。すりおろす）

アーモンドまたは松の実（両方でもよい。砕く）…適量、製菓用トッピングシュガー…適量

### 作り方

**1.** ボウルに小麦粉、ドライイースト、砂糖、塩を入れて混ぜ、バターを少しずつ加える。Aを混ぜ入れてこねる。耳たぶくらいの柔らかさになるように、必要に応じて小麦粉を足したりぬるま湯少々を加える。生地をざっくり丸めてラップをかけ、室温で1時間〜1時間半発酵させる。
**2.** 1を40〜50gずつ取って丸め、手のひらで丸く平らに伸ばす（麺棒を使ってもよい）。　**3.** クッキングシートを敷いた天板に2を並べ、それぞれにアーモンドまたは松の実を乗せる。　**4.** 180℃に予熱したオーブンで3を10〜15分焼く。製菓用トッピングシュガーを乗せる。

# モルドバ共和国

MOLDOVA

ルーマニア国旗に紋章をつけたもの。

## 肥沃な土壌で野菜、肉、乳製品を生産する農業国

隣国ルーマニアと食文化を共有し、肥沃な土壌で野菜、肉、乳製品を生産する農業国。じゃがいもやキャベツ、牛肉、豚肉等の食材をよく使い、味付けは酸味が好まれます。また、近年は紀元前より作られていたというワインの評価が世界的に高まり、日本にも輸出されています。

●国名の由来：モルドバ川より。

### 材料

A
- 牛豚あいびき肉…300g、玉ねぎ…¼個（みじん切り）、たまご…½個（溶いておく）、パン粉（ちぎったパンでもよい。その場合水でやわらかくする）…40g、パセリ…大さじ1（みじん切り）、にんにく…1かけ（みじん切り）、塩・黒こしょう…各少々

植物油…適量

### 作り方

**1.** ボウルにAを入れてよく混ぜる。 **2.** 50gずつ取って丸め、ハンバーグ状に平らにする。 **3.** フライパンに植物油をひき、2を入れて両面をこんがり焼く。

ナショナル・ワイン・デーを記念した切手。モルドバ・ワインは近年、コストパフォーマンスの高さで世界的に評価されている。(2006)

**Recipe** Chiftele

**チフテレ** ひき肉のグリル

# モンテネグロ

MONTENEGRO

赤地に旧王国時代の黄金の双頭の鷲を描く紋章。中央はベネチア共和国の守護聖人・聖マルコを表す獅子。

## 隣国と共通しつつイタリアの影響を受けた食文化

バルカン半島にある旧ユーゴスラビアの一国。燻製肉「スホ・メソ」やペイストリー「ブレク」をはじめ隣国のセルビア等と共通する食文化を持ちつつ、アドリア海沿岸の魚介料理にはイタリアの影響が見られます。ワインの評価が世界的に高く、日本にも輸出されています。

●国名の由来：黒い山。自国での名称は「ツルナ・ゴーラ」。

Recipe

### スホ・メソ

燻製牛肉 Suho Meso

**材料**

牛もも肉（塊）…200g以上(肉の繊維に沿って縦長に8mm～1cmの厚さに薄くカット)、スモークソルト（燻製塩）…適量、オニオンパウダー…適量、パプリカ粉…少々

**作り方**

**1.** ボウルに牛もも肉を入れ、肉全体にスモークソルトをまぶし、オニオンパウダー、パプリカ粉をさらにまぶす。

**2.** 天板に1を並べ、160℃に予熱したオーブンで45分焼く。縦にスライスする。

※現地では塩・スパイスに漬けた牛肉を1週間熟成させ、燻製小屋でじっくり燻しながら作ります。

2005年にヨーロッパ全土で発行された美食切手シリーズ。モンテネグロはパストゥルマに似た乾燥燻製肉「スホ・メソ」等を紹介。(2005)

# ラトビア共和国

LATVIA

ドイツ騎士団に対抗するラトビア義勇軍の指揮官の白布と地の色に由来するとされ、国民色ともされる海老茶は民族を守るさまざまな戦いで流された血、白は人権、誠実さ、栄誉を表す。

## 大粒の赤えんどう豆が伝統的な主食のひとつ

ラトビア人は、2015年にEUの地理的表示保護指定された、海老茶の国旗色に似た大粒の「赤えんどう豆（grey pea）」を長年、主食のひとつとしてきました。豚肉も主要な食材です。リボニア地方の郷土料理「スクランドラウシス」は2013年に欧州の伝統的特産品に指定されています。

●国名の由来：先住民族で人口の多く占めるラトビア人より。自国での名称は「レット」。

### 材料

＜生地＞

ライ麦粉…200g、バター…50g、温水…½カップ、砂糖…小さじ½、塩…少々

＜具材＞

A ［にんじん…中2本（ゆでて皮をむき、4等分に切る）、はちみつ…大さじ1、たまご…1個、サワークリーム…大さじ1

B ［じゃがいも…中1個（ゆでて皮をむき、4等分に切る）、牛乳…50mℓ、バター…10g

キャラウェイ・シード（またはクミン・シード。トッピング）…少々

### 作り方

**1.** 生地を作る。ボウルに生地の材料を入れよくこねる。麺棒で3〜5㎜の厚さにのばし、円形の型抜き器やお皿を使って直径8㎝くらいになるように型抜きする。
**2.** 指を使って1の生地の端を折って1㎝程の深さのタルトカップを作る。クッキングシートを敷いた天板に並べる。 **3.** Aをフードプロセッサーでペースト状にする。
**4.** ボウルにBと塩少々を入れてマッシュポテトを作る。
**5.** 1のタルトカップに4を小さじ1ずつ敷き詰め、3を大さじ1ずつ乗せる。キャラウェイ・シードを中央に少しトッピングする。 **6.** 190℃に予熱したオーブンで5を、時々様子を見ながら15〜20分焼く。

**Recipe** Sklandrausis

## スクランドラウシス

じゃがいもとにんじんのライ麦パイ

ラトビアの伝統的なクリスマス料理である豚の頭。ローストしたり燻製にして食べる。（2005）

# リトアニア共和国

LITHUANIA

黄は太陽・光・幸福を、緑は国土の美しさ・希望・喜びを、赤は大地・活力・血・祖国の自由を求めて戦った国民の勇気と忍耐を象徴する。

## 中世からの酪農大国

歴史的経緯からドイツやポーランド、ロシア等と食文化を共有。じゃがいもやビーツ、大麦、ライ麦、きのこ、豚肉等をよく使い、冬用の保存食の漬物文化が浸透しています。また中世からの酪農大国としてチーズやケフィア等の乳製品を生産し、加工輸出食品の3割を占めています。

● 国名の由来：人口の多くを占めるリトアニア人より。

Recipe Kugelis

**クゲリス**

千切りじゃがいもとクリームのオーブン焼き

ビーツ

きゅうりのピクルス

伝統的な製法で作られたリトアニアのフレッシュチーズは中世からの歴史があり、EUの地理的表示保護製品でもある。(2005)

### 材料

じゃがいも…中3個(皮をむき、千切りにおろす)、玉ねぎ…小1個(みじん切り)、ベーコン…40g(さいの目切り)、生クリーム…70㎖、卵黄…1個(溶く)、卵白…1個、塩・こしょう…各少々、植物油…適量

パセリの葉…少々(トッピング)、サワークリーム…適量

### 作り方

**1.** フライパンでベーコンをカリカリになるまで炒める。一度取り出しておく。 **2.** 1のベーコンから出た脂で玉ねぎを炒める。 **3.** じゃがいもを冷水ですすぎ、水気をよくふき取る。 **4.** ボウルに2、3、ベーコン、生クリーム、卵黄を入れて混ぜ、塩、こしょうで味付けする。 **5.** 耐熱皿に植物油を塗り、4を入れる。 **6.** ボウルで卵白をメレンゲ状に泡立て、ゴムべらを使って5にまんべんなく広げる。 **7.** 190℃に予熱したオーブンで6を30〜45分、表面のじゃがいもがこんがり焼けるまで時々様子を見ながら焼く。お皿に切り分け、パセリを飾り、サワークリームを添える。

# リヒテンシュタイン公国

LIECHTENSTEIN

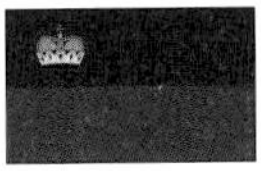

空の青と炉の火を表す赤の地に公爵の位を示す冠を配し、国と国民の結びつきを象徴。

## 約2000年前から栽培されるぶどう

アルプス山脈の山間にある公国。牧畜のほか、約2000年前からぶどうが栽培され、ワインはヨーロッパの原産地呼称で保護されています。首都ファドーツにある王子所有のワイナリーでは試飲も。周辺国ドイツやスイス等と食文化を共有し、とうもろこしがゆ「リベル」は同国の伝統的な朝食です。●国名の由来：領主であったリヒテンシュタイン（輝ける城塞）家より。

**Recipe** Ribel

### リベル

**材料**

とうもろこし粉…150g、牛乳…200mℓ、水…100mℓ、塩…小さじ½、バター…大さじ1、りんごジャム（アップルソース）適量

**作り方**

**1.** 鍋に牛乳と水、塩、バターを入れ沸騰させる。 **2.** 1にとうもろこし粉を加えておかゆのようになるまで練りながらかき混ぜる。りんごジャムを添える。

9月のぶどうの収穫の風景。
(2005)

# ルーマニア

ROMANIA

青は青空、黄は国土の豊かさ、赤は人々の勇気を表す。

## 酸味のきいた料理が特徴的

**美しい刺繍や陶器、ドラキュラ伝説で知られる国。肉料理や煮込み、スープ等にトルコやバルカン半島諸国、ハンガリー等から食文化の影響を受けつつ、ザワークラウトや小麦等のふすまを発酵させて作る調味料「ボルシュ」をよく使う等、酸味のきいた料理が特徴的です。**

**●国名の由来：ローマ人の国。**

### 材料

鶏むね肉（皮なし）…250g（角切り）、赤パプリカ…1個（角切り）、たまねぎ…¼個（さいの目切り）

<マリネ液>

A タイム・ローズマリー・パセリ…合わせて15g、レモン果汁…¼個分、砂糖…小さじ½、しょうが…小さじ¼、にんにく…1かけ（つぶす）、ヨーグルト…50g、こしょう…少々、チキンストックの素…小さじ1

にんにく…6かけ（すりおろす）、ひまわり油またはオリーブオイル…大さじ1、サワークリーム…¼カップ、塩・黒こしょう…各少々

### 作り方

**1.** Aをボウルに入れて混ぜ、マリネ液を作って鶏肉を漬け込む。ラップをかけて冷蔵庫で3時間以上寝かせる。　**2.** にんにくソースを作る。ボウルににんにくとひまわり油を入れて、少しふんわりするまで3分程泡だて器で混ぜる。サワークリームと塩、黒こしょうを加えてさらに混ぜる。**3.** 1と赤パプリカ、玉ねぎを串に交互に刺し、油を塗ったグリルで途中で何度かひっくり返しながら両面を12～15分程度こんがり焼く。

ルーマニアは陶器の名産地。中部の村ホレズの陶器は2012年にユネスコの無形文化遺産に登録された。(2005)

**Recipe** Frigărui

## フリガルイ

鶏肉の串焼き

# ルクセンブルク大公国

LUXEMBOURG

ルクセンブルク大公家の紋章「白と青の縞模様の地に描かれた赤いライオン」の色から。

## フランスやベルギー、ドイツの影響を受けた料理

ベネルクス三国の一国。近隣のフランスやベルギー、ドイツの影響を受け、じゃがいもやキャベツ（ザワークラウト）、牛肉・豚肉を使った素朴な農民料理の伝統を受け継いでいます。またローマ時代に遡るぶどう栽培の歴史があり、フランス系とドイツ系両方のワインを生産しています。

●国名の由来：小さな城。

---

**Recipe** Feierstengszalot

### ファイアステングズザロット

牛肉のサラダ

ザワークラウト

**材料**

牛肉…200g（塩水でゆでて冷やしておく）

＜ドレッシング＞

A
ひまわり油…40mℓ、ワインビネガー…大さじ1、マスタード…小さじ¼、パセリ…大さじ1（みじん切り）、タラゴンまたはチャイブ…大さじ½（みじん切り）、塩・こしょう…各少々、生クリーム…大さじ1（お好みで）

＜具材＞

B
赤玉ねぎ…½個（さいの目切り）、ゆでたまご…1個（みじん切り）、きゅうりのピクルス…10g（みじん切り）

**作り方**

**1.** ゆでて冷やした牛肉を一口大に切る。
**2.** 大きめのボウルにAを入れてドレッシングを作る。好みでクリームを加える。
**3.** 1、Bを2のボウルの中に入れて混ぜ合わせ、冷蔵庫で1時間程なじませる。

ルクセンブルクを代表する郷土料理「ファイアステングズザロット」の材料。(2005)

# ロシア連邦

RUSSIA

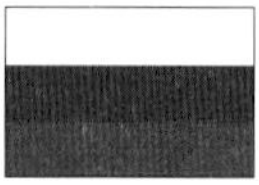

ピョートル大帝がオランダの三色旗の配色順を変えて、帝政ロシアの国旗としたもの。

## 広大な領土で育まれた多彩な食材

寒冷地に暮らす農民の料理を基盤に、貴族の料理や69年続いたソ連時代に創作されたり、コーカサスや中央アジア等から取り入れられた郷土料理が普及。主食のそばの実やライ麦、小麦のほか豚肉やきのこ、キャビア、はちみつ等、広大な領土で育まれた多彩な食材が食べられています。●国名の由来：ルーシ（漕ぎ手）族より。

Recipe Vinaigrette Salad

**ビネグレット・サラダ**

ピクルスの酸味をきかせたサラダ

Recipe Pirozhki

**ピロシキ**

惣菜入りパイ

Character

大根のくま

作り方：P156

そばの実のカーシャ

ロシアを代表する食材。春を告げるお祭りマースレニッツァにも欠かせないパンケーキ「ブリヌイ」やはちみつ、キャビア等。(2005)

## ビネグレット・サラダ

**材料**

A
- ビーツ…1個（ゆでて皮をむく。色が移るので他の野菜と別にゆでる）、じゃがいも…中2個（ゆでて皮をむく）、にんじん…中1本（ゆでて皮をむく）

B
- 赤玉ねぎ…¼個（みじん切り）、きゅうりのピクルス…小2〜3本（みじん切り。酸味のあるマリネ液も使用）、グリーンピース（冷凍または缶詰でよい）…100g

植物油…大さじ2、塩・黒こしょう…各少々

**作り方**

**1.** Aをそれぞれさいの目切りする。　**2.** ボウルにBを入れて混ぜる。植物油と塩と黒こしょう、ピクルスのマリネ液で調味し、食べる直前にAを混ぜる。

## ピロシキ

**材料**

<生地>

A
- 強力粉…250g（ふるう）＋適量、ドライイースト…5g、砂糖…大さじ½、塩…小さじ½

B
- 牛乳…80mℓ（温める）、温水…70mℓ、バター…大さじ1（溶かす）、たまご…½個（溶く。半分はつや出しに使用）

<具材>

牛豚あいびき肉…250g、玉ねぎ…中¼個、塩・こしょう…各少々、植物油…適量

<つや出し>

たまご…½個（溶く）、牛乳…小さじ½

**作り方**

**1.** ボウルにAを入れて混ぜ、中央にくぼみを作ってBを少しずつ加えて混ぜ、生地を練る。ラップをかけて室温で1時間程発酵させる。　**2.** 具材を作る。フライパンに植物油をひき、ひき肉、玉ねぎを炒めて塩、こしょうで味付けする。冷ましておく。　**3.** まな板に分量外の小麦粉をまぶし、1の生地をもう一度こねる。40〜50gずつ取って丸め、ラップをかけて10分休ませる。　**4.** 3の生地をそれぞれ麺棒で丸く平らに伸ばし、2の具を大さじ1くらい乗せて指を使ってしっかりふちを留める。　**5.** 天板にクッキングシートを敷いて4のふち止めした方を下にして並べ、さらに10分休ませる。ボウルにつや出しのたまごと牛乳を混ぜ、はけで生地の表面に塗る。　**6.** 180℃に予熱したオーブンで5を15〜20分、様子を見ながら焼く。

memo

**いろいろなピロシキ**

ロシア正教会の信徒が多いロシアでは、復活祭やクリスマス前等に肉や乳製品を断つ習慣があり、ピロシキにもじゃがいもやサワークラウト、きのこ等の野菜、フルーツといったビーガン食のような具材が多くあります。

形や調理法もバリエーションが豊富で、たとえば極東地域では揚げたピロシキが主流。旧ソ連時代に中央アジアやバルト三国等に広まったピロシキにも、具や形に特色が見られます。

# CHARACTERの作り方

## SLOVENIA

P127

スロベニアのキャラクター

### うずらのたまごのひよこ

**材料**

- うずらのたまご（ゆでて1：2くらいの比率で縦にカット）
- 頭：小さいスプーンで黄身を取り出し、マヨネーズを少し混ぜて丸める。
- くちばし：にんじん
- 目：海苔

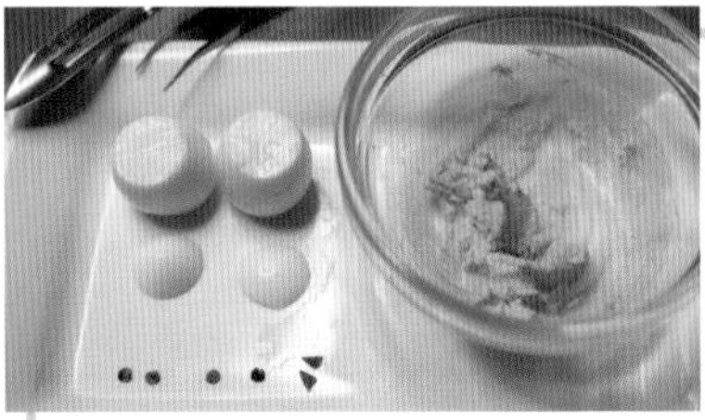

## GERMANY

P132

ドイツのキャラクター

### ソーセージのダックスフンド

**材料**

ソーセージ、海苔、パスタ（接着用。写真では楊枝を使っていますが、パスタの方が安全）

## FAROE ISLANDS

P137

フェロー諸島のキャラクター

### ソーセージのクジラ

**材料**

フランクフルトソーセージ、海苔

ロシアのキャラクター

### 大根のくま

## RUSSIA

P154

**材料**

- からだ：くまの型抜き、大根（薄切り）
- 目・鼻・口：海苔
- 頬：ハム

Africa
Rie

# アルジェリア民主人民共和国

ALGERIA

白は純血、緑は繁栄、三日月はイスラムのシンボルを表す。

## ベルベル人が起源の主食「クスクス」

大多数のアラブ人と砂漠の民ベルベル人らが暮らす旧仏領国。紀元前にあったベルベル系民族の王国ヌミディア王が発祥ともされる主食で、セモリナ粉から作る「クスクス」は、2020年にユネスコ無形文化遺産に登録されました。高品質なデーツの産地としても知られます。

● 国名の由来：都市アルジェ（「島」の意味）に地名語尾をつけた。

メルゲーズ

北アフリカのピリ辛ソーセージ

Recipe Shakshouka

**シャクシューカ**

たまご&野菜

Recipe Mesfouf

**メスフーフ**

そら豆とグリンピースのクスクス

オリーブの実

ひよこ豆

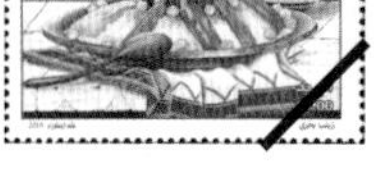


クスクスは北アフリカの先住民ベルベル人の伝統的な主食。食事をともにする集まりで雰囲気を和ませる役割を果たしてきた。(2018)

# シャクシューカ

**材料**

玉ねぎ…½個（粗みじん切り）、にんにく…1片（みじん切り）、たまご…2個、オリーブオイル…大さじ1、パプリカ粉…大さじ1、塩・黒こしょう…各適量、水…½カップ

A トマト、ピーマン…各1個（粗みじん切り）、赤ピーマン…½個（粗みじん切り）

**作り方**

**1.** フライパンにオリーブオイルをひき、玉ねぎ、にんにくをしんなりするまで炒める。 **2.** Aを加えてさらに炒める。 **3.** パプリカ粉を加えて混ぜ、塩、黒こしょうで調味する。 **4.**3に水を加えて沸騰させ、蓋をして火を弱め10分煮込む。 **5.** 2カ所くぼみを作り、それぞれボウルに割ったたまごを割り入れ、たまごがお好みの固さになるまでふたをして煮込む。

# メスフーフ

**材料**

クスクス（粒の細かいもの）…100g、そら豆（冷凍の塩ゆで）…60g、グリンピース…40g（水煮冷凍または缶詰。なければそら豆を同量足してもよい）、オリーブオイル…大さじ1、バター…小さじ1、塩・こしょう…各少々、熱湯…適量、ハリッサ…適量（辛いペースト。お好みで）

**作り方**

**1.** クスクスとオリーブオイルをボウルに入れて混ぜ、パッケージ通りの量の熱湯を注いでふたをし、時間を置いて蒸す。もう一度混ぜる。 **2.** そら豆とグリンピースを電子レンジまたはお湯を入れた鍋で解凍し、温かい状態にする。水気を切る。 **3.**1に2と塩、こしょう、バターを加えて混ぜる。お好みでハリッサ（辛いペースト）を添える。

memo

**イスラエルに伝わった「シャクシューカ」**

「シャクシューカ」は、チュニジア起源とされる北アフリカの料理（オスマン帝国またはイエメン起源説もあり）ですが、しばしばイスラエル料理として紹介されることがあります。

これは、1948年にユダヤ人国家として建国された同国に北アフリカから大挙して移住したセファルディム（スファラディ＝スペイン系ユダヤ人）と呼ばれる人々が、伝えて根づいた結果によるもの。特に彼らは軍や学校、病院、ホテル、レストランの厨房スタッフとして働くことが多かったため、イスラエルの食文化に強く影響を与えたといわれます。

同様の料理には、クスクスや、モロッコ料理のにんじんサラダ、魚をトマトで辛く煮たリビア料理の「クライム」等があり、ユダヤ教の安息日の食卓等に並びます。

# アンゴラ共和国

ANGOLA

国旗の赤は長く続いた独立闘争のための血、黒はその闘争を戦い抜いた国民を表す。また歯車は工場労働者を、斧は農民を象徴。

## 南米やポルトガル由来の食材も使用

**アフリカ南西部にある旧ポルトガル領の資源大国。大西洋対岸の南米が原産のキャッサバやとうもろこし粉から作る固がゆ「フンジ」等を主食とし、パームオイルといった地元の食材に加え、イカやアサリ、オリーブオイル、白ワイン等ポルトガル由来の食材も使います。**

**● 国名の由来：15世紀後半のコンゴ王国の王の称号（エンゴラ）による。**

Recipe Kibeba

**キベバ**

魚介と野菜の煮込み

フンジ

キャッサバ粉の固がゆ

### 材料

イカ…200g（食べやすい大きさにカット）、玉ねぎ…¼個（薄切り）、にんにく…1かけ（すりおろす）、ホットソース…お好みの量、パームオイル…大さじ1（なければオリーブオイルの量を増やす）、オリーブオイル…大さじ⅓、塩…少々、水…適量

A［白身魚…200g、カットトマト缶…60g、いんげん…5～6本（4㎝くらいに切る）、じゃがいも…中1個（現地ではキャッサバを使用。皮をむいて角切り）

### 作り方

**1.** ボウルにイカを入れ、にんにく、塩、ホットソースを加えてマリネする。 **2.** 鍋にパームオイルとオリーブオイルをひき、イカと玉ねぎを弱火で炒める。 **3.** Aを加えて軽く火を通す。ひたひたの水を加えて塩で調味し、中火で野菜がやわらかくなるまで煮込む。お好みでホットソースを足す。

アンゴラを代表する郷土料理のひとつ「キベバ」と、主食の「フンジ」（キャッサバ粉の固がゆ）。ミラノ万博（2015）でも紹介された。（2008）

# ウガンダ共和国

UGANDA

黒はアフリカとアフリカの人々、黄は太陽の輝き、赤は普遍的兄弟愛を表す。中央の鳥は、この地方の部族を超えたシンボルになっているカンムリヅル。

## 世界有数の消費量を誇る「バナナの国」

**1000年以上栽培されてきたといわれる高地バナナ（プランテンを含む）の品種「マトケ」を主食とする国。現地ではマトケが「食べ物」と同意語ともされるほどで、世界有数の消費量を誇ります。生食のほか、蒸してつぶしたり、シチューに入れたり、ビール等に加工します。**

● **国名の由来：かつてこの地に栄えたブガンダ王国より。**

### 材料

鶏肉（手羽元や手羽先、骨付きもも肉）…4本

<たれ>

A ［玉ねぎ…¼個（みじん切り）、にんにく…1かけ（すりおろす）、しょうが…小さじ1（すりおろす）、ロイコ* …大さじ1、塩•こしょう…少々、植物油…小さじ1

* アフリカのローカルな食品メーカー。商品のミックス•スパイス等自体を指すことも。カレー粉とチキンスープの素を半々ずつ混ぜて代用。

### 作り方

**1.** たれを作る。ボウルにAを入れて混ぜる。 **2.** 鶏肉を漬け込み、2時間以上置く。 **3.** 天板にクッキングシートを敷いて2を置き、1を塗る。200℃に予熱したオーブンで、鶏肉に火が通りきつね色になるまで15～20分焼く。

Recipe Ugandan Roasted Chickne

## ウガンダのロースト・チキン

「バナナの国」ともいわれるウガンダのバナナ切手。
(1983)

# エジプト・アラブ共和国

EGYPT

赤白黒は「アラブ統一」の旗印。鷲の脚もとにアラビア語で国名を記したリボンがついている。

## 古代の食材が現在に伝承

ナイル川の恵みにより紀元前7000年頃から農耕が始まったエジプト。古代の農業の様子は、当時の絵画にも残されています。パンの材料となる小麦や大麦、そら豆（フール）等の豆類、モロヘイヤ、鳩等は、古代から現在まで同国に伝承されてきた食材です。

● 国名の由来：創造神プターの宿る地。

Recipe

### ターメイヤ

Ta'ameya

そら豆コロッケ

フムス

ひよこ豆ペースト

コシャリ

マカロニ＆レンズ豆＆ごはん

文明の発祥地エジプトでは、古代より家畜を使った農業が行われていた。
(1992)

#### 材料

そら豆…200g（乾燥品。水にひたして一晩置く。皮は取り除く）*

A ┌ コリアンダーの葉・パセリ・ディル…計1カップ（適当な大きさに切る）、玉ねぎ…中½個、にんにく…1かけ、クミン粉…小さじ1、コリアンダーシード粉…小さじ½、塩…小さじ1、ベーキングパウダー…小さじ½

白ごま（トッピング用）…適量、植物油…適量

* 塩ゆでの冷凍そら豆を使う場合は、つなぎ用の小麦粉大さじ2を加える。

#### 作り方

**1.** そら豆の水気を切り、Aと一緒にフードプロセッサーに入れてペースト状にする。ラップをかけて1時間、冷蔵庫に置く。　**2.** 1を直径3～4㎝の平たい円形に成型し、両面から白ごまをまぶす。　**3.** フライパンまたは鍋に多めの植物油を入れ、2を茶色くなるまで揚げる。キッチンペーパーで油分を吸い取る。

※そのまま、または野菜と一緒にピタパンにはさんで食べる。

# エスワティニ王国

ESWATINI

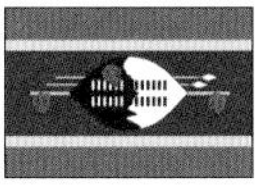

青は澄みきった空と平和、黄は富と豊かな地下資源、赤は独立と国王を守るためなら流すという国民の血を表す。槍と楯は同国の近衛連隊の紋章に由来。

## 柑橘類、パイナップルの生産が盛ん

2018年にスワジランドから国名変更したアフリカ南部の小さな王国。ソルガム（高きび）やとうもろこしを主食とし、主要輸出品のひとつでもあるさとうきびが総農業生産の大半を占めてきました。近年はかんきつ類やパイナップルの栽培・加工品の生産も盛んです。

● 国名の由来：スワジ人の地。2018年にスワジランドから国名変更。

**Recipe** Slaai

### スラーイ

アボカド・サラダ

**材料**

アボカド…1個（熟れたもの。1㎝に角切り）、ピーナッツ…40g（炒ったもの。砕く。トッピング）

A ライム果汁…½個分（レモンでもよい）、しょうが…小さじ½（すりおろす）、塩…少々

**作り方**

**1.** ボウルにAを入れてよく混ぜる。 **2.** アボカドを加え、やさしく混ぜ、5分くらい置く。 **3.** お皿に盛り、砕いたピーナッツをトッピングする。

国土の中央帯では、パイナップルやグレープフルーツ等果物の栽培が盛ん。(1977)

# エチオピア連邦民主共和国

ETHIOPIA

中央のしるしは「ソロモン星」。緑・黄・赤はエチオピアの伝統的な宗教色で、国内の3つの主要な地方、また、緑は肥沃の大地、黄は平和・民族・宗教の調和、赤は国土の防衛のために流された血を表す。

## 古代から栄えたアラビカ・コーヒーの発祥地

国土の大半が高原で古代から王国の栄えた地。アラビカ・コーヒー発祥地であり、独特なコーヒー・セレモニーが伝承されています。主食は紀元前からあったとされる雑穀テフの粉を発酵させた平パン「インジェラ」。エチオピア正教会の期間的な肉断食の習慣から野菜料理が豊富にあります。

● 国名の由来：日に焼けた顔の人々。

インジェラ
テフ粉の平パン

コーヒー豆チョコレート

Recipe
**ゴメン・ワット**
Gomen Wat
青菜のスパイス炒め

Recipe
**アタキルト・ワット**
Atakilt Wat
野菜のスパイス炒め

エチオピアはアラビカ・コーヒーの発祥地。イエメンのモカ港に運ばれて名を馳せた。(1982)

## ゴメン・ワット

### 材料

ケール（なければキャベツ）…100g（みじん切り）、玉ねぎ…中½個（みじん切り）、しょうが・にんにく…各小さじ1（みじん切り）

A ┌ パプリカ粉…小さじ½、コリアンダーシード粉…小さじ½、クミン粉…小さじ½、カルダモン…小さじ¼

カイエンペッパー…小さじ¼、レモン果汁…½個分、塩・こしょう…各少々、植物油…適量

### 作り方

**1.** フライパンに植物油をひき、にんにくとしょうがを香り立つまで炒める。Aを加えて混ぜる。　**2.** 1に玉ねぎを混ぜ入れて炒める。　**3.** 2にケール、カイエンペッパー、レモン果汁を入れてケールがやわらかくなるまで炒める。塩、こしょうで調味する。火からおろして冷ます。

※エチオピアの食事にはベルベレ（辛いスパイス）をお好みで加えたり添えます。

memo

**インジェラの材料「テフ」**

エチオピアやエリトリアの主食インジェラの材料であるテフは、紀元前から受け継がれたこの地域のもっとも重要な穀物のひとつ。種子が食用にされるほか、藁は牛を育てるのに利用します。種子は約1㎜と小さく、少ない燃料で早く調理できるという利点があるほか、近年はグルテンフリーの「スーパーフード」として、海外でも栄養価の高さが注目されています。

テフを収穫するエチオピアの人々　©Esayas Ayele

## アタキルト・ワット

### 材料

キャベツ…小¼個（ざく切り）、じゃがいも…2個（皮をむいて角切り）、玉ねぎ…½個（薄切り）、にんじん…1本（薄切り）

A ┌ にんにく…1かけ（みじん切り）、しょうが…小さじ¼（みじん切り）、ターメリック…小さじ½、クミン粉…小さじ¼

塩・こしょう…各少々、オリーブオイル…適量

### 作り方

**1.** 厚手の鍋にオリーブオイルをひいて中火で熱し、玉ねぎとにんじんを加えて、時々かき混ぜながら野菜がやわらかくなるまで火を通す。　**2.** Aを加えて香りが立つまで1分程度、混ぜながら炒める。　**3.** キャベツ、じゃがいも、塩を入れて混ぜ、ふたをして野菜がやわらかくなるまで、時々かき混ぜながら弱火で煮込む。必要があれば水を足す。塩、こしょうで調味する。

# エリトリア国

ERITREA

緑は砂漠を緑化して農業を盛んにすること、赤は長年の独立闘争で流された血、青は紅海に臨む国であることを表す。紋章は平和の象徴オリーブの枝。

## ラクダを国章とし、食用にも

**エチオピアからの独立戦争で活躍したラクダを国章とする国。その生息数は10万頭を数えるとされ、主要な輸出品であると同時に、牧畜民によりミルクが採取されたり、儀式やお祝いの際に肉を食べることも。一方では、エチオピアや旧宗主国イタリアの食文化の影響も受けています。**

**● 国名の由来：紅海。**

---

**Recipe** Enkulal Fir-fir

### エンクラル・ファーファー

たまご&野菜

**材料**

たまご…2個（溶く）、塩・こしょう…各少々、バター…大さじ1

A 赤玉ねぎ…¼個（みじん切り）、トマト…½個（みじん切り）、青唐辛子…1本（みじん切り。なければホットソース）

**作り方**

**1.** フライパンにバターを入れて溶かし、Aを炒める。塩、こしょうで味を調える。 **2.** 1にたまごを入れ、かき混ぜてスクランブルエッグを作る。

ラクダは、エチオピアからの独立戦争で輸送手段の活躍ぶりから、エリトリア独立のシンボルに。(1933)

# ガーナ共和国

GHANA

赤は独立闘争で流された血、黄は黄金海岸と富、緑は豊かな森林資源と農地を表す。星はアフリカの自由の象徴。

## カカオの生産が世界第2位

チョコレートの原料でもあるメキシコ原産のカカオ。ガーナは世界第2位の生産高を誇り、主要な輸出農産物にもなっています。一方で2019年には1位のコートジボワールとともに森林破壊等の問題を解決し、持続可能な生産の模索を開始しています。

● 国名の由来：8～11世紀に栄えたガーナ（最高支配者）王国より。

### 材料

板チョコ…1枚（ブラック。70g位）、牛乳…150mℓ、生クリーム…50mℓ、インスタントコーヒー…小さじ1、砂糖…適量（お好みの量）、バニラエッセンス…2～3滴

### 作り方

**1.** 厚手の小鍋にチョコレートを入れ、熱湯を入れたボウルの中でなめらかになるまでゆっくり溶かす。 **2.** 1に牛乳、生クリームを入れ、弱火にかけながら木べらでかき混ぜる。インスタントコーヒー、お好みの量の砂糖を入れ混ぜて火を止め、バニラエッセンスを加える。

Recipe

## ガーナのホット・チョコレート

Ghanaian Hot Chocolate

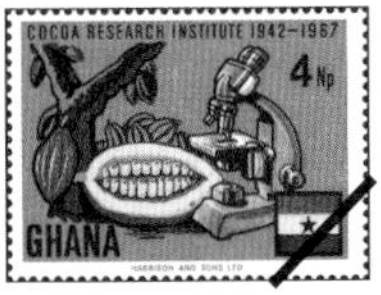


ガーナのカカオ栽培は19世紀に始まり、1942年には研究所が創設。今も世界有数の生産国。(1967)

# カーボベルデ共和国

CABO VERDE

10個の星は主要な10の島、青は大西洋、白は平和、赤はポルトガルからの独立闘争で流された血を表す。

## 沖合で獲れる魚を多用した料理

かつてポルトガル海上帝国の一部として、アフリカ大陸からブラジルへの航路の出発点となった島国。現在は沖合で獲れるマグロ、カツオ類が総輸出額の半分近くを占め、また遊漁も盛んです。とうもろこしや豆等の主食とともに魚がよく使われます。

● 国名の由来：緑の岬。

**Recipe** Arroz de Atum

### アホス・ジ・アトゥム

ツナの炊き込みごはん

**材料**

ツナ…1缶（70g）、玉ねぎ…¼個（みじん切り）、トマト…1個（みじん切り）、青唐辛子 1本（輪切り）、オリーブの実…50g、米…½カップ（30分以上水につけ、水を切っておく）、オリーブオイル…適量、塩…少々、水…1カップ、ゆでたまご…1個（縦¼にカット）、パセリ…少々（みじん切り）

**作り方**

**1.** 深鍋にオリーブオイルを入れ、玉ねぎを色づくまで炒める。 **2.** トマト、青唐辛子、オリーブの実、ツナ、塩を加えて中火で5分炒める。 **3.** 水を加えて沸騰させ、米を加える。 **4.** 3をかき混ぜ、ふたをして15分程炊き込む。 **5.** お皿に盛り、ゆでたまご、パセリを飾る。

ビンナガマグロ。マグロやカツオは同国の重要な輸出品。（1980）

# ガボン共和国

GABON

緑は密林、黄は太陽、青は海を表す。

## もっとも食用とされる作物はキャッサバ

国土の約80%が熱帯雨林で、野生動物が生息する豊かな自然環境を誇るガボン。キャッサバは同国でもっとも食用とされている作物で、粉末から作る固がゆ「フフ」や、発酵させた「マニオク・バケテ」(他国ではボボロ、チクワングとも)を主食とし、また葉も調理して食べます。● 国名の由来:ポルトガル語の「水夫の着るフード付き外套」より。同国を流れるコモ川の河口の形がその外套に似ていたことから。

プーレ・グリエ

グリル・チキン

Recipe Manioc Bateke

### マニョック・バテケ

キャッサバ・スティック

#### 材料

じゃがいもまたはさといも(現地ではキャッサバ*を使用)…200g、水…適量、バナナの葉(またはアルミホイル)

※たこ糸

* 生のキャッサバには毒があります。使用するときは必ず毒抜きしてください。現地では皮をむいて水につけ、水を替えながら4日以上発酵。長時間加熱して毒抜きします。発酵させることでやわらかく味も独特になります。

#### 作り方

**1.** いもの皮をむき、水少々を加えてなめらかになるまでフードプロセッサーにかける。水気を絞る。 **2.** バナナの葉の上に1を直径2~3cm、長さ8cmくらいの棒状に巻いて包む。たこ糸でちまきのようにしばる。 **3.** 蒸し器に入れて約45分蒸す。バナナの葉をほどき、取り出して食べる。

主食のひとつキャッサバ。原産地は南米。(1974)

# カメルーン共和国

CAMEROON

緑は農業を、赤は独立のための血を、黄は豊かさを表す。星は国民の統合と団結の気持ちが込められている。

## フランス植民地時代の美食文化を継承

**熱帯雨林から高原まで多様な地形・気候をもつ中部アフリカの国。セネガル等と同様フランス植民地時代の美食文化を受け継ぎ、漁業のほか、主食のキャッサバやプランテン、ピーナッツやトロピカルフルーツ、輸出品の無農薬コーヒー豆等を多彩な作物を栽培しています。● 国名の由来：エビ。来航したポルトガル人が、ウーリー川をカマロイス（エビ）の多い川と名づけたことから。**

アカラ
黒目豆コロッケ

ンドレ
青菜とピーナッツのソース

オクラ

エビ

**Recipe** Kribian Shrimp

## クリビアン・シュリンプ

クリビ（カメルーンの都市）式エビ炒め

### 材料

エビ…200g（殻をむく）、玉ねぎ…中¼個（みじん切り）、にんにく…1かけ（みじん切り）、トマトピューレ…大さじ1、ジャンサン*…大さじ1（砕く）、ブイヨンの素…小さじ1、塩・こしょう…少々、ピーナッツオイル（または植物油）…適量、水…少々、ホットソース…適量（お好みで）

* アフリカに分布するトウダイグサ属の樹木の種子。独特の風味と香りがありさまざまな名称で香辛料として使われる。トマトピューレの量を増やして代用。

### 作り方

**1.** 鍋にエビ、玉ねぎ、にんにく、ブイヨンの素を入れて混ぜ、ピーナッツオイルを加えて材料に火が通るまで炒める。 **2.** 1にトマトピューレ、ジャンサン、少量の水を加える。塩、こしょうで調味し、お好みでホットソースを加える。ごはんと一緒に食べる。

カメルーンの国名はエビに由来。15世紀にこの地に来たポルトガル人が名づけた。
（1968）

# ガンビア共和国

GAMBIA

青はガンビア川、赤は善隣友好、緑は農業が主な産業であることと希望を表す。

## 女性たちがカキの収穫に活躍

アフリカ西部を流れるガンビア川の両岸を国土とする、独特の地形の国。マングローブの根元に育つカキが名物で、収穫する女性たちの生計を支え、環境の持続可能性や国の経済を後押し。カキはシチューの具にしたりして食べます。一方、漁業は男性たちが担っています。

● 国名の由来：国の中央を流れるガンビア川より。ガンビアは「川」の意味。

魚グリル

Recipe

### オイスター・シチュー

Oyster Stew

ガンビア川や港湾に生息するボラ。(発行年不明)

**材料**

カキ(加熱用の小粒のむき身。大きいものはカット)…120～130g、玉ねぎ…¼個(みじん切り)、にんにく…1かけ(みじん切り)、トマト…小1個(みじん切り)、にんじん…小1本(輪切り)、トマトピューレ…100㎖、鷹の爪…少々(みじん切り)、塩・こしょう…少々、植物油・水…適量

**作り方**

**1.** カキの水気を切って植物油で2～3分揚げる。キッチンペーパーで油分を吸い取る。 **2.** 鍋に植物油をひき、玉ねぎ、にんにくを少し色づくまで炒め、トマト、鷹の爪を加えてさらに炒める。 **3.** 2にカキ、にんじん、トマトピューレを加えて弱～中火で15分煮込む。必要に応じて水を少し足し、塩、こしょうで調味する。ごはんに乗せて食べる。

# ギニア共和国

GUINEA

赤は独立運動のために流された血、黄は富と太陽、緑は密林と木の葉を表す。また3色で国家のモットーである「勤勉、正義、連帯」を示す。

## 米食が好まれる国

西アフリカにある旧仏領国。とうもろこし粉とともに主食である米が好まれ、アジアからの輸入米も流通しています。「ブイエ」（仏語で「ゆでたもの」の意味）は、イスラム教徒が80%以上を占める同国で、ラマダン月の断食の夜食として好まれる米またはとうもろこし粉のおかゆです。

● 国名の由来：西アフリカ沿岸部の総称。語源は不明だがベルベル語の「黒」の短縮語とも。

フライド・プランテン

プーレ・ヤッサ

鶏肉＆玉ねぎ

Recipe

### ブイエ

Bouille

牛乳入り米のおかゆ

**材料**

米…1カップ（30分以上水につけて、水気を切る）、お湯…2カップ、牛乳・塩…少々、砂糖…適量（お好みで）、レモン果汁…少々（お好みで）

**作り方**

**1.** 鍋に米を入れ、お湯、牛乳、塩を加えて10分以上煮込む。 **2.** お好みで砂糖、レモン果汁を加える。

※米の代わりにとうもろこし粉で作ることもある。

ギニア民主党の結成30周年の記念切手。農業の様子を描く。(1977)

# ギニア・ビサウ共和国

GUINEA-BISSAU

赤はポルトガルからの独立のために流された血、黄は富と輝く太陽、緑は農業と将来の繁栄を表す。黒い星は独立を導いた党と国民の団結・国家統一のシンボル。

## カシューナッツが主要な輸出品

**国民の80%以上が農民。ポルトガル植民地時代以前は塩の交易や稲作を行っていた地域でしたが、ポルトガル人によりブラジル原産のカシューナッツが持ち込まれ、現在も主要な輸出品として栽培されています。魚介やバオバブの実等の野生植物も自給自足の食用にされます。**

**● 国名の由来：西アフリカ沿岸部の総称ギニアと首都ビサウを結合。**

### 材料

エビ…200g（殻をむく）、玉ねぎ…¼個（みじん切り）、きゅうり…½本（皮をむき、粗みじん切り）、鶏がらスープ…200mℓ（スープの素を水に溶いて作る）、ホットソース…少々（または唐辛子粉。お好みで増やす）、レモン果汁…大さじ1、塩・こしょう…各少々、オリーブオイル…適量

### 作り方

**1.** 鍋にオリーブオイルをひき、玉ねぎを炒める。 **2.** きゅうり、エビを加えてさらに炒める。 **3.** レモン果汁、塩、こしょう、ホットソースで調味する。鶏がらスープを加え、エビの色が変わるまで5分程熱する。ごはんと一緒に。

カラバセイラ（バオバブ）の実。栄養と食物繊維が豊富なフルーツとして日本でも注目されつつある。(1992)

**Recipe** Camarões à Guineese

## カマロイズ・ア・ギネージ

ギニア・スタイルのエビ炒め

カシューナッツ

# ケニア共和国

KENYA

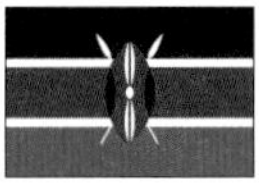

黒はケニア国民、赤は自由のための闘争、緑はケニアの農業と天然資源、白は統一と平和を表す。中央は、マサイ族の武具で自由の守りを象徴している楯。

## 茶の輸出量が世界一

野生動物が生息する広大なサバンナの広がる地。気候条件の合った肥沃な土壌と、労働力、近代的な技術・設備に支えられた茶産業は、輸出量世界一の規模を誇ります。また国内各地の様々な部族による多彩な郷土料理も。「イリオ」はキクユ族を起源とする料理です。

● 国名の由来：ケニア山（国内最高峰）。

**材料**

じゃがいも…中2個

A とうもろこし、グリンピース…各70g（缶詰または冷凍品）、バター…20g、塩…少々

**作り方**

**1.** じゃがいもの皮をむいてゆでてつぶし、マッシュポテトを作る。 **2.** 1にAを加え、つぶしながらよく混ぜる。

**クク・ワ・クチョマ**

ケニアの鶏肉グリル

**フラミンゴ（パパイヤ）、キリン（アボカド）、ゾウ（大根）の型抜き**

Recipe Irio

### イリオ

ケニアのマッシュポテト

ケニアでのお茶の栽培は20世紀初頭から始まり、現在は世界的な生産地に成長。(1963)

# コートジボワール共和国

COTE D'IVOIRE

オレンジ色は国民の明朗性と繁栄、北部の大草原、白は清純さ、平和と国民の団結、緑は将来への希望と豊かな原始林を表す。

## カカオの生産が世界一

主にヨーロッパ向けのカカオやコーヒー、バナナ（プランテンを含む）を生産する西アフリカの国。特にカカオは生産量世界一を誇ります。一方で産業の拡大ともに森林破壊等の対策が課題になっており、生産第2位のガーナとともに持続可能な生産に取り組みつつあります。

● 国名の由来：象牙海岸。

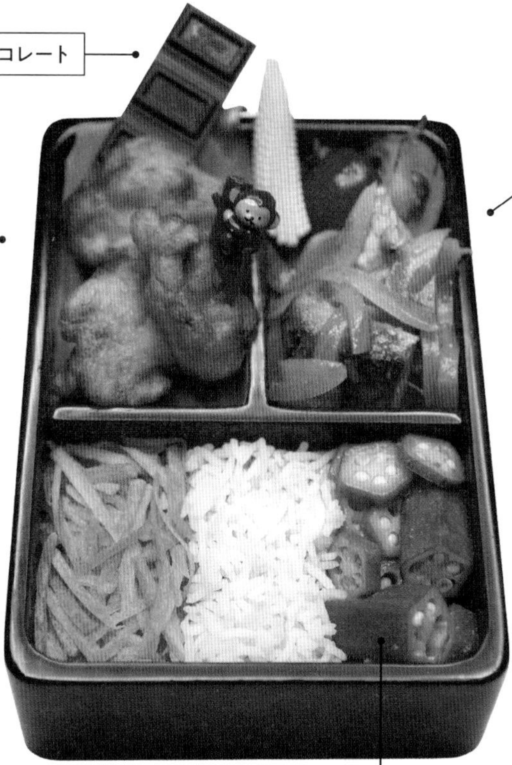


Recipe

### タレタレ・オ・ベニエ・バナーヌ

Taletale ou Beignets Banane

バナナ・フリッター

#### 材料

バナナ…2本（皮をむく）、小麦粉…100g、とうもろこし粉…50g（同量の小麦粉でもよい）、塩…少々、植物油…適量、チョコレートソース…適量（お好みで）

#### 作り方

**1.** ボウルにバナナを入れ、フォークでよくつぶす。 **2.** 1に小麦粉ととうもろこし粉、塩を加え、なめらかになるまでこねる。生地を10分休ませる。 **3.** 2の生地を直径3〜4㎝に丸める。 **4.** 天ぷら鍋に植物油を入れて熱し、3をきつね色になるまで3〜5分揚げる。 **5.** キッチンペーパーで油を吸い取り、お好みでチョコレートソースを添える。

コートジボワールはカカオの生産世界一。(1975)

# コモロ連合

COMOROS

4個の星と4本の帯はそれぞれこの国を構成する4島（1島はフランスと領土問題が未解決）を表す。緑の地色と三日月と星の組み合わせは国民の大部分が信仰するイスラム教のシンボル。

## クローブやバニラが主要な輸出品

**シーラカンスの生息地として知られる旧仏領の島国。主要な農業の輸出品はクローブやバニラ等の香料で、地元の料理に使われることもあります。漁業は自給自足程度で、産業としては発展途上にあるといわれます。食文化はアラブやインド、フランスの影響を受けています。**

**● 国名の由来：月を意味するアラビア語の「コムル」が転化。**

Recipe Langoustine a la Vanille

### ランゴスチニ・ア・ラ・バニール

ロブスター&バニラソース

**材料**

ロブスター…1尾（大きめのエビ5〜6尾でもよい。縦半分に切る）、オリーブオイル…大さじ1、白ワイン…大さじ2、バニラビーンズ…1本（さやから種を取り出す。バニラエッセンス少々で代用可）、エシャロット（なければ赤玉ねぎ）…1個（みじん切り）、無塩バター…大さじ1、生クリーム…¼カップ、塩・黒こしょう…少々

**作り方**

**1.** グリルパンまたはフライパンを熱する。ロブスターにオリーブオイルをふりかけて、切った面を下にして5分焼き、裏面も焼く。 **2.** ソースを作る。鍋にバターを溶かし、エシャロットを炒める。 **3.** 白ワイン、バニラビーンズを加えて熱し、生クリームを加えて2分煮る。 **4.** 塩、黒こしょうで調味して小さなカップに入れ、ロブスターに添える。ソースをかけて食べる。

バニラはクローブとともにコモロの最大輸出品のひとつ。（2003）

# コンゴ共和国

CONGO

緑は希望と豊かな森林資源、黄は誠実・寛大・誇り、赤は成年の熱意を表す。

## 変化のある自然と豊かな食材に恵まれた国

**隣接するコンゴ民主共和国と同じコンゴ川をはじめ、サバンナの平原や高原等変化のある自然と豊かな食材に恵まれた国。コンゴ川の恵みの魚介や野生動物の肉、きのこ等の野生植物のほか、いんげん豆(マデス)もよく料理に使われます。●国名の由来:15世紀に栄えたコンゴ(狩人または山国)王国、それに由来したコンゴ川より。フランスの旧植民地。**

### 材料

赤いんげん豆(水煮缶詰)…230g、玉ねぎ…中¼個(みじん切り)、長ねぎ…½本(みじん切り)、カットトマト缶…240㎖、植物油…大さじ1、水…適量(必要あれば)、ごはん…適量

A ブイヨンの素…小さじ½、ガーリックパウダー…小さじ1、唐辛子粉…小さじ¼(お好みで増やす)、塩・黒こしょう…各少々、水…適量

### 作り方

**1.** 鍋に植物油をひき、玉ねぎを炒める。カットトマト、水を加える。 **2.** Aと水気を切った赤いんげん豆を加えて混ぜ、長ねぎを加えてふたをし、20分程弱火で煮込む。途中、水気が減りすぎたら足す。必要なら塩(分量外)で調味してお皿に盛り、ごはんを添える。

**Recipe** Madesu

**マデス**

いんげん豆煮込み

オクラ

魚や肉、フルーツが並ぶコンゴの伝統的な市場。(1962)

# コンゴ民主共和国

DR CONGO

青は平和と希望、赤は国家のために殉じた先人の血、黄は豊富な鉱物資源による国富を表し、星は国家の統合とその輝かしい未来を象徴する。

## コンゴ川の恵みによる多種多様な食材

アフリカ中部を流れる母なる大河・コンゴ川流域の肥沃な土地が国土。紛争に妨げられてきましたが、潜在的な大規模農業生産の可能性を秘めています。米やキャッサバ(葉も食べる)、プランテン等の主食、果物、野生動物の肉、昆虫、魚介等、多様な食材に恵まれています。● 国名の由来：15世紀に栄えたコンゴ(＝狩人または山国)王国、それに由来したコンゴ川より。ベルギーの旧植民地。

Recipe

Sakamadesu

### サカマデス

いんげん豆＆青菜煮込み

#### 材料

赤いんげん豆(またはうずら豆。水煮缶詰)…230g、ほうれん草…100g(現地ではキャッサバの葉を使用。みじん切り)、パームオイル(なければ植物油)…大さじ2、玉ねぎ…中½個(みじん切り)、青唐辛子…1本(みじん切り)、水…適量、塩…少々(必要あれば)、ごはん…適量

A ガーリックパウダー…小さじ1、ブイヨンの素…小さじ½、ホットソース…少々(お好みで増やす)、塩…少々

#### 作り方

**1.** 鍋にパームオイルをひき、玉ねぎと青唐辛子をしんなりするまで炒める。 **2.** ほうれん草、Aを加えてさらに炒める。 **3.** 赤いんげん豆とひたひたの水を加えて弱火で20〜30分煮込む。水気が減りすぎたら足す。必要あれば塩で調味する。ごはんと一緒に。

memo

コンゴは昆虫食の宝庫。FAOはコンゴ人が毛虫やコオロギ等、毎年1万4000トンの昆虫を消費すると推定しています。

# サントメ・プリンシペ民主共和国

SAO TOME AND PRINCIPE

3色は森林、豊かさ、独立、2つの黒い星はサントメ島とプリンシペ島、また黒人国家であることと、その協力を象徴。

## バナナやパンノキ、タロいも等を栽培

ギニア湾に浮かぶサントメ島とプリンシペ島を中心にした旧ポルトガル領。かつてはチョコレート島と呼ばれ、アフリカで最初にカカオが栽培された歴史があります。現在は小規模ながらも漁業が主要産業のひとつ。またバナナやパンノキ、タロいも等を栽培しています。

● 国名の由来：ギニア湾に浮かぶサントメ（聖トメ）島とプリンシペ（王子）島より。

Recipe

### パステラオ・ジ・アトゥム

Pastelão de Atum

マグロのキッシュ

**材料**

たまご…3個（大きめのボウルに溶く）、パームオイル（なければ植物油）…適量

A ツナ缶（フレーク）…70g、パン粉（または固くなったパン）…大さじ2、玉ねぎ…¼個（みじん切り）、乾燥オレガノ…小さじ½、塩・ホットソース…各少々（お好みで増やす）

**作り方**

**1.** 溶きたまごの入ったボウルにAを加えて混ぜる。 **2.** フライパンにパームオイルを多めにひき、1を入れ、中央に寄せる。ふたをして弱火で焼く（焼き加減はお好みで）。裏面も焼く。 **4.** まな板に乗せて4または6つに切り分ける。

タロいもは同国を含めアフリカの主食のひとつ。(1981)

# ザンビア共和国

ZAMBIA

赤は自由のための闘争、黒はザンビアの国民、オレンジは鉱物資源の豊かな国であること、緑は農業資源を表す。右上のオレンジ色の鷲は植民地時代の旗の紋章より。

## とうもろこし粉で作る固がゆ「シマ」が主食

**鉱物資源に恵まれ、アフリカでは数少ない安定した治安を誇る国。とうもろこし粉で作る固がゆ「シマ」を主食とし、ザンベジ川等北部や中部の河川・湖沼で獲れた魚介や「イフィサシ」のような野菜を具にしたシチュー等と一緒に食べます。旧英領時代から移住したインド人の食文化も。**

**● 国名の由来：ザンベジ（偉大な川）川。**

Recipe Ifisashi

### イフィサシ

青菜＆ピーナッツ炒め

#### 材料

かぶの葉…200g（ほうれん草でもよい）、ピーナッツ…90g、玉ねぎ…中¼個（みじん切り）、トマト…中1個（みじん切り）、唐辛子粉・塩…各少々（お好みで増やす）、水…適量

#### 作り方

**1.** 鍋に水と塩を入れて沸騰させ、かぶの葉をゆでる。水気を切ってざく切りする。 **2.** ピーナッツと水少々をフードプロセッサーにかけてペーストにする。 **3.** 別の鍋に1、2、玉ねぎ、トマト、水少々を入れて中火で30分煮る。途中、必要に応じて水を足す。塩、唐辛子粉で調味する。

伝統的な方法でとうもろこし粉から「シマ」を作るザンビアの女性たち。（1983）

# シエラレオネ共和国

SIERRA LEONE

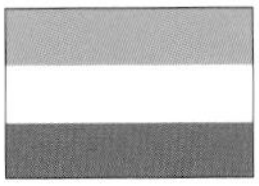

緑は農業と天然資源と山々、白は統一と正義、青は首都フリータウンが世界平和に貢献できるようにという希望を表す。

## コーラの実の生産地のひとつ

米やキャッサバ粉から作る固がゆ「フフ」を主食とする旧英領国。シエラレオネはアフリカ原産のコーラの実の生産地のひとつで、「団結はコーラの実を割ることができる」等コーラに関わることわざも。また暑さをうるおすジンジャー・ビアもよく飲まれています。

● 国名の由来：獅子の山。

---

**Recipe** Ginger Beer

### ジンジャー・ビア

**材料**

しょうが…70g（皮をむいてざく切り）、水…600mℓ（1カップ分を先に使用。お好みで増やしてもよい）、レモン果汁…½個分、砂糖…25g（お好みで加減する）、クローブ（丸ごと）…2本

**作り方**

**1.** しょうがと水1カップをフードプロセッサーに入れてペースト状にする。 **2.** ガーゼまたは漉し器で1を絞ってボウルに入れ、ジュースを作る。レモン果汁と残りの水を加える。 **3.** 砂糖とクローブを加えて混ぜ、冷蔵庫で冷やす。

コーラの原料でもあるコーラの実をかたどった切手。(1968)

# ジブチ共和国

DJIBOUTI

青は主要民族のイッサ族、緑はアファル族を表し、白は平和と平等、星は国民の統合の象徴。

## 暑さに強いラクダは生活に不可欠な動物

1977年まで仏領だった国。国土の全域が乾燥帯気候で気温が高く、暑さに強いラクダは生活に不可欠な動物です。肉や乳を食用にするほか、農耕にも役立ててきました。食文化はアラブやフランスの影響も受け、「バギヤ」のような中東的な料理もあります。

● 国名の由来：同名の首都（語源不明）より。

Recipe Bagiya

### バギヤ　レンズ豆コロッケ

辛いソース＆ほうれん草入りたまご焼き

**材料**

レンズ豆…1カップ（一晩水につけて戻す）、植物油…適量

A　玉ねぎ…½個、にんにく…1かけ、小麦粉…小さじ1、ベーキングパウダー…小さじ⅓、唐辛子粉…少々（お好みで増やす）、コリアンダーの葉…大さじ2、塩・こしょう…各少々

**作り方**

**1.** 水切りしたレンズ豆、Aをフードプロセッサーでやや豆の形が残るくらいのペースト状にする。　**2.** 天ぷら鍋に植物油を入れて熱し、1をスプーンですくってきつね色になるまで揚げる。

国際農業開発基金の10周年記念。ラクダによる伝統農法がトラクターに変わっていく様子を描く。（1988）

# 中央アフリカ共和国

CENTRAL AFRICA

赤は愛国心、青はフランスとの友好と希望、白は純粋さと理想、緑は農業と富、黄は地下資源を表し、星は自由と独立の象徴。

## 農民の大部分は自給自足の生活

**中央アフリカの主要産業は農業。農民の大部分は自給自足の生活をし、主食となるキャッサバやプランテン、ヤムいも、タロいも等を主に栽培しています。首都バンギを流れるウバンギ川では小規模な漁業が行われるほか、牧畜を営む遊牧民もいます。**

**● 国名の由来：アフリカ大陸の中央部に位置することから。**

Recipe Soupe Ngukassa

### スープ・ニュカッサ

プランテン・スープ

#### 材料

A ┌ プランテン…2本（なければじゃがいも。皮をむいて乱切り）、玉ねぎ…¼個（みじん切り）、ほうれん草…200g（茎を取り除いてざく切り）

ピーナッツ（皮なし）…¼カップ、パームオイル（または植物油）…大さじ1、水…500mℓ＋少々、塩…少々

#### 作り方

**1.** ピーナッツの半量をフードプロセッサーに入れ、水少々を加えてペースト状にする。残り半量は細かく砕く。 **2.** 鍋に水500mℓを入れて沸騰させ、1、Aを加えて混ぜる。弱火でふたをし15〜20分弱火で煮込む。 **3.** 1の砕いたピーナッツを加えさらに5分煮込む。パームオイルを加えて混ぜ、塩で調味する。

同国ではバナナやプランテンが栽培され、後者は主食のひとつ。フフ等に加工される。(1994)

# ジンバブエ共和国

ZIMBABWE

緑は農業、黄は富、赤は独立闘争で流された血、黒は国民、白は平和を表す。左側の鳥は古代遺跡ジンバブエのもので、国家の統合と栄光の象徴。

## とうもろこしやコーヒーを生産

**穏やかな気候と美しい自然、肥沃な農地に恵まれ、かつては「アフリカの穀物庫」と呼ばれた農業国。主食の固がゆ「サザ」や、ビール「ワワ」の原料となるとうもろこし、コーヒー等を生産し、後者は輸出品でもあります。また北米原産のかぼちゃも栽培され、料理に使われます。**

**● 国名の由来：「石造りの家」を意味する古代遺跡ジンバブエより。**

### 材料

かぼちゃ（あればバターナッツ。ゆでる。調理済の冷凍かぼちゃでもよい）…200g、水…50mℓ

A ピーナッツバター…大さじ½、シナモン粉、塩…少々、しょうが…少々（すりおろす）

### 作り方

**1.** ゆでたかぼちゃの皮を取ってつぶす。 **2.** 鍋に1とA、水加えて混ぜながら3～4分中火で煮込む。なめらかになるまで木べらでつぶす。

ニャマ

牛肉シチュー

Recipe Nhopi

## ンホピ

かぼちゃサラダ

とうもろこし

ジンバブエの主要な穀物ソルガムやとうもろこしを描く。(2006)

# スーダン共和国

SUDAN

赤白黒の「アラブ統一」の3色とイスラム教の色である緑。赤は革命による犠牲者の血、白は平和、黒はアフリカ諸国との連帯を表す。

## 河川や湖周辺では魚も食料に

ナイル川上流に築かれた古代王国ヌビアに代表される歴史ある国。砂漠地帯や、河川や湖周辺の肥沃な土地等、風土に違いがあり、後者では魚も主要な食料。またスーダンは、ごまやオクラの原産地とされるアフリカ北東部に位置し、郷土料理に使われることもあります。

● 国名の由来：「黒人の国」。かつてのサハラ以南のアフリカの総称。

バミア

オクラ・シチュー

Recipe Samak Mahamar

### サマック・マハマル

スパイス風味の魚フライ

#### 材料

白身魚…1尾（内臓を抜いてよく洗う。切り身でもよい）、小麦粉、植物油…各適量

A
- にんにく…1かけ（すりおろす）、クミン粉…小さじ½、コリアンダーシード粉…ひとつまみ、ライム果汁…1個分（レモンでもよい）、塩・黒こしょう…各少々

<トッピング（お好みで）>

タヒニ（練りごま）…適量、トマト…適量（くし形または輪切り）

#### 作り方

**1.** Aをボウルに入れて混ぜ、白身魚をマリネする。30分置く。 **2.** 1に薄く小麦粉をまぶす。 **3.** 180度に熱した植物油できつね色になるまで揚げる。 **4.** 油を切ってお皿に盛り、（お好みで）タヒニ、トマトを添える。パンと一緒に。

河川での漁業の様子。スーダンにはエジプトと同様ナイル川が流れ、古代にヌビア王国が栄えた。（1988）

# 赤道ギニア共和国

EQUATORIAL GUINEA

緑は天然資源とジャングル、青は本土と諸島をつなぐ海、白は平和、赤は独立への苦闘を象徴。中央の国章は、大陸部と5つの島を表す6つの星とパンヤノキ、国標を描く。

## スペイン人が中南米等からもたらした食材

旧宗主国スペインの影響と先住民の食文化が混在。スペイン人が中南米等からもたらした唐辛子やキャッサバ、パンノキの実のほか、プランテン(またはバナナ)、野生動物の肉、魚、鶏肉、ピーナッツ等がよく食べられています。唐辛子を使った辛い料理が特徴的。

● 国名の由来：赤道のやや北に位置し、ギニア湾に面していることから。

**Recipe** Akwadu

### アクワドゥ

バナナのオーブン焼き

鶏肉グリル

#### 材料

バナナ…2本(皮付きのまま縦切り)、ココナッツ・フレーク…½カップ、はちみつ…少々

A ┌ オレンジジュース…¼カップ、レモン果汁…1個分、無塩バター…大さじ1(溶かす)、シナモン粉…少々

#### 作り方

**1.** 縦切りバナナの切り口を上にして耐熱皿に並べる。 **2.** Aを混ぜ入れて、ココナッツ・フレークをふりかける。 **3.** 190℃に予熱したオーブンで10分焼く。 **4.** 3を取り出してははちみつをかけ、オーブンに戻して5分程、表面をこんがり焼く。

パンノキの実(パンヤノキとは別物)。安価な食糧としてアフリカにも伝わった。(2007)

# セーシェル共和国

SEYCHELLES

未来への躍動とともに、青は海と空、黄は太陽、赤は国民の統一と勤勉さ、白は社会正義と調和、緑は大地と自然環境の保全を表す。

## シナモンが主要な農作物

**世界最大のヤシの実「ココ・デ・メール（フタゴヤシ）」で知られ、アフリカの中で高水準の国民所得を誇るインド洋の島国。インドの影響からココナッツを使った魚介カレーも。主要な農作物のひとつで輸出品のシナモンも郷土料理に使われ、その葉が香りのよさを引き立てます。**

**● 国名の由来：ルイ15世に仕えた財務長官モロー＝ド＝セーシェル子爵の名より。**

### 材料

鶏もも肉…200g（一口大に切る。エビや魚でもよい）、玉ねぎ…中½個（みじん切り）、にんにく…1かけ（つぶす）、しょうが…小さじ½（すりおろす）、じゃがいも…中1個（角切り）、シナモンの葉（インディアン・ベイリーフ。月桂樹の葉で代用）…1枚、ココナッツミルク…250mℓ、塩・こしょう…各少々、植物油・水…各適量

A ターメリック…小さじ1、カレー粉…大さじ1、ガラムマサラ…大さじ½、唐辛子粉…小さじ¼（お好みで増やす）

コリアンダーの葉…少々（トッピング）

### 作り方

**1.** ボウルにAを入れ混ぜる。 **2.** 鶏もも肉に塩、こしょうをまぶし、1もまぶす。 **3.** 鍋に植物油をひき、中火で熱する。玉ねぎ、にんにく、しょうがを香り立つまで炒める。 **4.** 1を加え、表面が色づくまで炒める。 **5.** じゃがいも、シナモンの葉、塩、こしょうを加え、ココナッツミルクを注ぐ。 **6.** 5を沸騰させてから弱火にし、15分程煮込む。水分が減りすぎたら水を足す。 **7.** シナモンの葉を取り除き、コリアンダーの葉を飾る。ごはんと一緒に。

Recipe

## カリ・ココ

Kari Koko

ココナッツ・カレー

シナモンはココナッツ、バニラと並ぶ同国の主要な農作物。（1962）

# セネガル共和国

SENEGAL

緑は農業と希望、黄は富、赤は独立のための血、苦難、努力を表す。

## 落花生(ピーナッツ)の特産地

「落花生盆地」と呼ばれる一大農地のあるセネガルは、ピーナッツの特産地。油やソース等にも加工されて輸出され、また700年続いたジョロフ王国の伝統や旧宗主国フランスの影響を受け継ぐ「アフリカ有数の美食国」セネガルの料理に欠かせない食材にもなっています。

● 国名の由来：セネガル川、また同国北部を支配していたゼネガ族より。

ピーナッツ

ごはん

セネガルは米が主食のひとつ

オクラ

**Recipe** Yassa au Poisson

**ヤッサ・オ・ポワソン**

魚＆玉ねぎ

ピーナッツは同国の主要な農産物のひとつ。料理にもよく使われる。(1962)

### 材料

白身魚の切り身（タラ、鯛等）…300g、玉ねぎ…中½個（薄切り）、ピーナッツオイル（なければ植物油）…適量

A　にんにく…1かけ（すりおろす）、酢またはレモン果汁…大さじ1、マスタード…小さじ1、ヒュメ・ド・ポワソンの素…小さじ1、塩・こしょう・カイエンペッパー…各少々

ピーマン…½個（輪切り。トッピング用、お好みで）

### 作り方

**1.** 大きめのボウルにAを入れて混ぜ、白身魚を30分マリネする。　**2.** 1から白身魚を取り出して水気をふき取り、ピーナッツオイルをひいたフライパンで両面を焼く。いったん取り出しておく。　**3.** 2のフライパンにAの残りと玉ねぎを入れて混ぜ、玉ねぎが色づくまで炒める。　**4.** 2の白身魚を戻して和える（白身魚と炒めた玉ねぎを分けてお皿に盛ってもよい）。お好みでピーマンの輪切りを飾る。

memo

**アフリカの伝統調味料**

アフリカの多くの国は、「アフリカの年」と呼ばれた1960年前後に独立を果たすまで、何世紀もの間ヨーロッパの植民地でした。そのため食文化もヨーロッパの影響を受け、西洋的な調理法や調味料が使われることがあります。

調味料の代表格は「マギー」等のブイヨン・キューブ。アフリカ各地の料理を作るときに頻繁に登場し、アジアにおける「味の素」のように一般家庭に広く浸透していることがうかがえます。

しかしその反面で、ナチュラルで健康にいいアフリカの伝統調味料が見直される動きも。たとえば西アフリカ広域で使われている「スンバラ」（セネガルでは「ネテトゥ」、ナイジェリアでは「ダワダワ」等とも。P205参照）。日本の納豆に似ていて味噌のように使う発酵種子（または豆）調味料で、扱いにくさ等から、長らくブイヨン・キューブに凌駕されてきました。

しかし近年、衛生的で高品質な工業化生産が行われるようになり、ブイヨン・キューブにはない豊富なたんぱく質やミネラルを含むことが注目されてアフリカの食卓に復活しつつあります。2020年には、日本の味の素㈱のナイジェリア現地法人が発酵豆を活用した調味料を発売しました。

スンバラ
©Rik Schuiling/TropCrop-Tropical Crops Services

# ソマリア民主共和国

SOMALIA

独立までの国連の功績に感謝する意味で、国連旗の色であるライトブルーを採択。中央の白い5稜星はソマリアの5つの地方とその団結を表す。

## イタリアの影響を受けた食文化

**内戦状態にありながらも、干ばつに強いことから伝統的に栽培されてきたごまは海外輸出されるほど生産量を保ち、また主要産業である羊やヤギ、牛、ラクダ等が畜産されています。食文化では旧宗主国のひとつイタリアの影響を受け、独自のパスタソースも誕生しました。**

**● 国名の由来：ソマリ族より。**

バナナ

ソマリア人はよく食事にバナナを添える

Recipe Suugo

### スーゴ

ソマリ・パスタソース

パスタ

バタフライピー入り水でゆでて着色

### 材料

A 玉ねぎ…¼個（みじん切り）、ピーマン…1個（みじん切り）、にんにく…1かけ（みじん切り）

牛ひき肉…200g、ハワイジ*…大さじ1（クミン粉とコリアンダーシード粉半々でもよい）、カットトマト缶…400g、野菜ブイヨンの素…小さじ1、砂糖…大さじ¼、塩•黒こしょう…各少々、オリーブオイル…大さじ2、コリアンダーの葉…大さじ1（みじん切り）

*イエメンに由来するミックススパイス。クミン粉大さじ½、コリアンダーシード粉大さじ1、黒こしょう少々、シナモン粉少々、カルダモン粉少々、クローブ少々、ターメリック少々の配合。

### 作り方

**1.** 鍋にオリーブオイルをひき、Aを加えて2分煮立たせる。　**2.** 牛肉を加えてふたをし、10分煮込む。**3.** ハワイジを加えて2と和え、カットトマトを加えて混ぜる。　**4.** 野菜ブイヨンの素と砂糖を加えて混ぜる。ふたをし、弱火で30分以上煮込む。途中必要に応じて水を足す。　**5.** 塩、黒こしょうで調味し、コリアンダーの葉を添える。

ソマリアのごま畑。ごまは同国の主要な農作物。(1961)

# タンザニア連合共和国

TANZANIA

黒は国民、緑は国土と農業、黄は鉱物資源、青はインド洋を表す。

## 主食はウガリとワリ

野生動物の宝庫である大陸部タンガニーカと、アラブやインドの影響を受けたザンジバル諸島が合併した国。各々食文化は違いましたが、現在では主食のとうもろこし粉の固がゆ「ウガリ」や「ワリ」(米)は共通しています。キリマンジャロで名高いコーヒーの特産地でもあります。

● 国名の由来:1964年に統合したタンガニーカとザンジバルの名を合わせた名称。

### 材料

牛肉…角切り15～20gを10個

A カレー粉…小さじ½、ガーリックパウダー・オニオンパウダー・黒こしょう…各小さじ¼、カイエンペッパー・パプリカ粉・塩…各少々(お好みで増やす)、しょうが…小さじ½(すりおろす)、酢…大さじ¼、水…小さじ1、植物油…大さじ1、コリアンダーの葉…大さじ1

### 作り方

**1.** ボウルにAを入れて混ぜ合わせる。 **2.** 1と牛肉をフリーザーバッグに入れて漬け込む。冷蔵庫に一晩置く。 **3.** 2を冷蔵庫から取り出し、肉を5個ずつ串に刺す。 **4.** 肉の向きを時々変えながら、火が通りこんがりするまでグリルで焼く。

フライド・プランテン

Recipe Mishkaki

**ミシュカキ**

スパイス風味の肉グリル

サイ(パパイヤ)、ライオン(パプリカ)の型抜き

FAOの世界食料デー記念。とうもろこしは主食「ウガリ」の材料。(1982)

# チャド共和国

CHAD

青は空と未来に託した希望と願望、黄は太陽と砂漠と地下資源、赤は勤労精神と発展を表す。

## 南北に気候風土・文化が分かれる国

サハラ砂漠を結ぶ交易で栄えた歴史があり、きびやソルガム（タカキビ）、米等が主食。国土は気候風土や民族の文化によって南北に大きく分かれます。農業の盛んな南部では新鮮な農作物や魚、香辛料を使った料理、また、乾燥した北部では遊牧が営まれ乳製品や肉をよく食べます。

● 国名の由来：湖（チャド湖）。

---

**Recipe** Snacks de Millet

### スナック・ドゥ・ミエ

きびスナック

**材料**

きび粉…150g（きび粒をフードプロセッサー等で粉末に）、小麦粉…80g＋打ち粉用少々、たまご…小1個（溶く）、砂糖…大さじ2、塩…少々、ピーナッツオイル（または植物油）…適量

**Character**

油揚げ&ごはんのフェネック（キツネの仲間）

作り方：P217

**作り方**

**1.** ボウルにきび粉と小麦粉を入れて混ぜる。
**2.** 1に砂糖、塩、たまごを加えてさらに混ぜる。
**3.** 小麦粉をまぶしたまな板に2を広げ、麺棒で5mmくらいの厚さになるよう平らにのばす。
**4.** 3を縦7〜8cm横2〜3cmくらいに棒状にカットする。 **5.** フライパンにピーナッツオイルを多めに入れ、4を揚げる。クッキングペーパーで油分を吸い取る。

鶏肉グリル

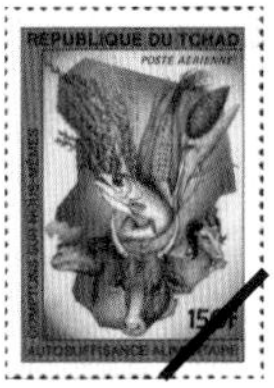


チャドにおける食料の自給自足を訴え、主要な食材を描く。
（発行年不明）

# チュニジア共和国

TUNISIA

三日月はフェニキアの女神のシンボルであり、カルタゴの旗印。

## 地中海沿岸と砂漠地帯の伝統が生きる

フェニキア人やローマ人の影響を受けた地中海沿岸と、遊牧民ベルベル人の暮らす砂漠地帯の伝統が生きた旧仏領国。食材の種類が多いのは前者で、魚介、特にマグロがよく料理に使われます。2020年に「ケルケナ諸島のシャルフィア漁法」がユネスコ無形文化遺産に登録されました。

- 国名の由来：フェニキアの女神チュニスより。

### 材料

A［トマト（固いもの）…中2個（さいの目切り）、ピーマン…1個（粗みじん切り）、玉ねぎ…中$\frac{1}{2}$個（粗みじん切り）、きゅうり…1本（さいの目切り）、乾燥ミントの葉…少々（生でもよい）

<ドレッシング>

B［オリーブオイル…大さじ1と$\frac{1}{2}$、レモン果汁または酢…大さじ1、塩・こしょう…各少々

ツナ缶（フレーク）…70g、ゆでたまご…1個（くし切りまたは輪切り）

ブリーク
ツナの包み揚げパイ

メルゲーズ
北アフリカのピリ辛ソーセージ

### 作り方

**1.** Aをボウルに入れて混ぜる。 **2.** Bを小さなボウルに入れて混ぜる。 **3.** 1に2を加えて混ぜる。お皿に盛り、ツナを乗せてゆでたまごを飾る。

**Recipe** Salade Tunisienne

## サラダ・チュニジエンヌ

地中海に面したチュニジアは、魚を使った料理が多い。(2009)

# トーゴ共和国

TOGO

緑は希望・農業・国民、黄は物質的・道徳的・精神的向上を達成するための諸活動に対する信頼、赤は博愛、忠節、愛、独立闘争で流された血を表し、白は純潔の象徴。

## 主食のひとつヤムいもの生産高が上昇

**ギニア湾に面した国。主食のひとつヤムいもが、パン用小麦粉のグルテンフリーの代用加工品として近年、海外から引き手が増え、生産高が上昇しています。郷土料理にはグリルチキン「ココクロ・メメ」や、そのつけだれの辛いソース「イェベッセ・フィオンフィオン」（シト）等も。**

**● 国名の由来：南部のトーゴ湖（語源不明）より。**

Recipe Ebesse Fionfion

### イェベッセ・フィオンフィオン

コクロ・メメにつける辛いソース

#### 材料

A
- 唐辛子フレーク、オニオンパウダー、ジンジャーパウダー…各大さじ1、ガーリックパウダー…小さじ½、ブイヨンの素…小さじ1、干エビ（砕く）…大さじ1、黒こしょう…小さじ½

トマトピューレ…大さじ4、塩…少々、ココナッツオイル（なければオリーブオイル）…大さじ4

#### 作り方

**1.** 鍋にココナッツオイル、トマトピューレを加えて混ぜ、中火で5分煮込む。 **2.** 1にAを加えて混ぜ、焦がさないように気をつけながらペースト状になるまで7〜8分程煮込む。塩で調味する。

コクロ・メメ

ロースト・チキン

フライド・プランテン

オクロスープ

オクラスープ

トラクターを使ったトーゴにおける農業開発を描く。(1977)

# ナイジェリア連邦共和国

NIGERIA

緑は森林資源、農地、農産物の豊かさ、白は平和と統一を表す。

## 風味づけに欠かせないパームオイル

アフリカ最大の人口を擁し、250以上の民族・部族が暮らす「アフリカの巨人」。ギニアアブラヤシの果実から作り、独特な風味から調味料にもされる赤いパームオイルやピーナッツオイルは、ナイジェリアをはじめ西アフリカ全域の郷土料理に欠かせない油です。

● 国名の由来：ニジェール（黒い）川流域の国。

**ドードー**

フライド・プランテン

Character

**マッシュルームのドリル（ひひ）**

作り方：P217

Recipe

## スヤ

Suya

スパイスとピーナッツでまぶした肉の串焼き

**オクラ**

### 材料

牛肉（赤身の薄切り。鶏肉でもよい）…300g、ピーナッツ（皮を取ったもの）…大さじ3、ピーナッツオイル（なければ植物油）…大さじ1〜2

A パプリカ粉…大さじ½、オニオンパウダー・ジンジャーパウダー…各小さじ1、ガーリックパウダー・チキンスープの素・唐辛子粉…各小さじ½、塩・白こしょう…少々

<付け合わせ>

赤玉ねぎ…中½個（くし形切り）、トマト…中½個（くし形切り）、コリアンダーの葉…少々

### 作り方

**1.** ピーナッツをフードプロセッサーに入れて細かく砕く。A を加えて混ぜる。

**2.** 牛肉を2〜3枚ずつ串に刺し、1を両面にまぶす。上からピーナッツオイルをまんべんなくふりかける。

**3.** 2をグリルまたはオーブンで、途中ひっくり返しながら10〜15分焼く。付け合わせの野菜を添える。

西アフリカの料理に欠かせない「パームオイル」の製造工場。(1973)

# ナミビア共和国

NAMIBIA

青は果てしなく広がる青空、赤は独立のために流された血、緑は豊かな森林資源、太陽は独立の喜び、黄は鉱物資源の豊富さを表す。

## ヨーロッパの入植者と先住民の食文化

砂漠が広がり、人口密度の低さは世界屈指。南アフリカと共通するヨーロッパの入植者と、野生植物の果実や狩猟動物等を糧とする先住民の食文化が受け継がれています。2015年に「オシトゥティ・ショマゴンゴ：マルーラの果実の祭り」がユネスコ無形文化遺産に登録されました。

● 国名の由来：ナミブ（何もない土地）砂漠の国。

**Recipe** Potjiekos

### ポイキーコース

肉と野菜の煮込み

#### 材料

ラム肉…200g（牛肉でもよい。角切り）、玉ねぎ…中½個（みじん切り）、にんじん…中1本（あればベビーキャロット）、じゃがいも（あれば小粒の新じゃが。皮をむく）…中2個、植物油・水…各適量、塩・こしょう…各少々

A ［ カレー粉…小さじ1、ターメリック…小さじ1、牛乳…40mℓ、砂糖…大さじ⅓

#### 作り方

**1.** 厚手の鍋に植物油をひいて熱し、ラム肉を入れて塩、こしょうで味を調え、表面が色づくまで炒める。いったん取り出しておく。 **2.** 1に玉ねぎを入れて透き通るまで炒める。ラム肉を鍋に戻し、ひたひたの水を加えてふたをし、1時間煮込む（圧力鍋で時短可）。 **3.** 乱切りしたにんじんとじゃがいもを加えて30分煮込み、Aを加えて混ぜ、沸騰させる。必要に応じて水を足す。火を弱めて塩、こしょうで調味する。ごはん、またはとうもろこしの固がゆ（パップ）と一緒に食べる。

アフリカに育つマルーラの果実。伝統的に食品等に使用され、動物たちも大好き。リキュール「アマルーラ」の材料。(2000)

# ニジェール共和国

NIGER

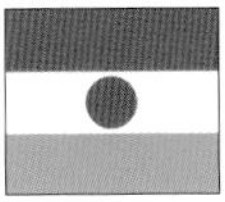

中央のオレンジ色の円は太陽と独立革命、白は平和、緑は繁栄を表す。

## 乾燥に強く栄養価の高い「モリンガ」を栽培

**サハラ砂漠周辺のサヘル地域にあるニジェールは、国民の大半が農業に従事しながら、干ばつやイナゴの大群等による食料不安にさらされてきました。かつてのピーナッツに代わり、近年は乾燥地でもよく育ち、成長が早く栄養価も高い「モリンガ（ドラムスティック）」の栽培が重視されています。●国名の由来：ニジェール（黒い）川。**

Recipe Dambou

### ダンブ

クスクス＆
モリンガの葉

#### 材料

クスクス（粒の細かいもの）…100g、モリンガの葉…50g（ほうれん草で代用。ゆでる）、玉ねぎ…¼個（みじん切り）、ブイヨンの素…小さじ½、塩・唐辛子粉…各少々（お好みで増やす）、植物油…適量

#### 作り方

**1.** クスクスをパッケージに書いてある通りに熱湯や油、塩を加え混ぜて調理する。 **2.** 鍋に植物油をひき、玉ねぎを炒める。ブイヨンの素と唐辛子粉を加えて混ぜる。火を止める。 **3.** 1のクスクス、ゆでてざく切りしたモリンガの葉（ほうれん草）を混ぜ入れ、塩で調味する。

かつてのニジェールにおけるピーナッツ栽培運動の切手。（1972）

# ブルキナファソ共和国

BURKINA FASO

赤は革命、緑は希望、農業、森林、星は社会主義諸国との連帯と豊かな天然資源を表す。

## 農村部では養鶏が盛ん

**灌漑を行わない天水農業と畜産を主産業とする旧仏領国。安定した食料確保と現金収入のため農村部では養鶏が盛んで、「プーレ・ビシクレット」と呼ばれる鶏（市場に輸送する時に自転車を使うことから、または自転車のように庭を走り回る鶏の様子から）が放し飼いされています。グリル等にして食べます。● 国名の由来：善良な民の土地。**

Recipe Poulet bicyclette Roti

## プーレ・ビシクレット・ロティ

ロースト・チキン

ブルキナファソの伝統的な足踏みによる種まきの様子。(2009)

### 材料

骨付き鶏肉（手羽元、手羽先、もも肉）…4～6本、植物油…大さじ2、塩・こしょう…少々

A ［玉ねぎ…¼個、にんにく…1かけ、しょうが…小さじ1、パセリ…大さじ2、唐辛子粉…少々（お好みで増やす）、ジャンサン*…大さじ1（砕く）、クローブ・ブイヨンの素…各小さじ½

*P170（カメルーンのページ）参照。トマトピューレで代用。

### 作り方

**1.** フードプロセッサーにAを入れて混ぜ、植物油を少しずつ加えてさらに混ぜる。 **2.** 鶏肉をボウルに入れ、1を加えてマリネする。少なくとも2時間以上冷蔵庫に置き、途中で1回以上かき混ぜる。 **3.** グリルまたはオーブンに2を並べ、塩、こしょうを振る。時々回転させながら鶏肉に火が通り、こんがりするまで焼く。

# ブルンジ共和国

BURUNDI

赤は独立と革命のために流された血と労働、白は平和、緑は希望と発展を表す。

## 豆をよく使う郷土料理

東アフリカの豊かな農地でコーヒーや紅茶、豆、とうもろこし、キャッサバ、バナナ（プランテンを含む）等を栽培。特に豆は主食としてブルンジの郷土料理によく使われます。また質の高さを心がけた輸出用のコーヒー産業は、この国の経済に大きく貢献しています。

● 国名の由来：国民の多数を占めるルンジ族より。

### 材料

赤いんげん豆（水煮缶詰）…200g、玉ねぎ…½個（みじん切り）、にんにく…1かけ（みじん切り）、唐辛子粉・塩…各少々（お好みで増やす）、パームオイル（なければ同量の植物油）…大さじ1、水…少々

### 作り方

**1.** 鍋にパームオイルと植物油をひいて熱し、玉ねぎを透き通るまで炒める。にんにくを加え、香りが出るまで混ぜながら炒める。 **2.** 1に赤いんげん豆と水少々を加えて5分煮る。塩と唐辛子粉で調味する。

Recipe Ibiharage

**イビハラーゲ**

豆＆玉ねぎ炒め

ボコ・ボコ・ハリース

鶏肉と挽き割り小麦のおかゆ

memo

年間推定39万5000トンの豆を食べるブルンジ人。目下の目標は人口増加に対応して豆の生産を増やすことです。

# ベナン共和国

BENIN

緑は希望と復活、赤は祖先の勇気、黄は国の豊かさへの願望を象徴。また緑は南部の森林やヤシ林の豊かさ、黄は北部のサバンナ地方、赤は両地域の結び付きと発展、勇気を表すとも。

## 南部はとうもろこし、北部はヤムいもが主食

**民間信仰のブードゥー教を国教とする西アフリカの旧仏領国。バナナ（プランテンを含む）のほか、南部ではとうもろこし、北部ではヤムいもを主食として多く栽培しています。とうもろこしはそのまま食べたり、粉にして固がゆ「フフ」の材料等にします。**

**● 国名の由来：14～18世紀に栄えたベナン王国より。**

Recipe Dodo

### ドードー

フライド・プランテン

**材料**

熟れたプランテン（バナナでもよい）…2～3本、植物油…適量、塩・こしょう…各少々、しょうが…小さじ½（すりおろす。お好みで）

**作り方**

**1.** プランテンを5㎜くらいに輪切りし、塩とこしょう、お好みでしょうがをまぶす。　**2.** 170℃程に熱した植物油できつね色になるまで揚げる。

プーレ・グリエ

鶏肉グリル

フフ

固がゆ

ベナンの農業の様子。こちらはとうもろこし畑。(1976)

# ボツワナ共和国

BOTSWANA

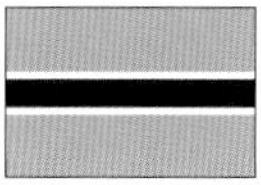

青は晴れ渡った青空と貴重な水と希望、黒は国民の大部分を構成する黒人、白は平和と純潔と少数の白人を表し、両者の協力を示している。

## すいかの原種の原産地

**世界遺産に登録されたオカバンゴ・デルタ等の大自然が広がる、アフリカ南部の野生の楽園。同国のカラハリ砂漠はすいかの原種の原産地ともいわれ、すいかの実を煮込んでとうもろこし粉等と一緒に練ったおかゆのような料理も作られます。**

**● 国名の由来：ツワナ族の国。**

---

### 材料

A ［小麦粉…100g、砂糖…大さじ1、ドライイースト…5g、塩…少々］

植物油、温水…適量

### 作り方

**1.** 大きなボウルにAを入れてよく混ぜる。 **2.** 1に植物油小さじ1と温水を加え、耳たぶくらいの固さにこねる。 **3.** ラップをかけ、生地が2倍位の大きさになるまで1時間発酵させる。 **4.** 3をもう一度こねて、ラップをかけて10分置く。 **5.** 天ぷら鍋に植物油を入れて中火で熱し、4を大さじ1くらい取って丸めて鍋に落とす。きつね色になるまで揚げる。キッチンペーパーで油分を吸い取る。

**Recipe** Magwinya

## マグウィーニャ

揚げドーナツ

魚フライ

かぼちゃサラダ

すいか

ボツワナはすいかの原種の原産地といわれる。
(2005)

# マダガスカル共和国

MADAGASCAR

白と赤はメリーナ族、緑はベツミサラカ族の色。3色で自由・愛国・進歩を象徴。

## 米は不可欠な主食

1000年以上前に入植したアジアのマレー人やインド人により稲作が行われ、マダガスカルでは、「米(バリ)を食べる」は「食事をする」と同義語なほど不可欠な主食として根づきました。ごはんに合う、豆や野菜、牛肉、スパイス等を使った汁もの料理がたくさんあります。● 国名の由来：マルコ＝ポーロがソマリアのモガディシュ地方を聞き誤り、『東方見聞録』にマデガスカルと記載したことから。

サンボス

サモサ

Recipe

**キャバロ・オ・カリー**

Kabaro au Carry

豆カレー

マダガスカルの稲作の様子。アジアを思わせる田園が広がる。(1967)

### 材料

白いんげん豆＊(水煮缶詰)…200g、玉ねぎ…中¼個(みじん切り)、にんにく…1個(すりおろす)、カットトマト缶…200g、カレー粉…小さじ1、唐辛子粉・塩…各少々(お好みで増やす)、植物油…適量

＊現地では白いんげん豆より粒の大きいライ豆をゆでて使う。

### 作り方

**1.** フライパンに植物油をひき、玉ねぎを少し色づくまで炒める。 **2.** カットトマトを加え中火で10分煮込む。 **3.** にんにく、唐辛子粉、カレー粉を加えて混ぜ、白いんげん豆を加える。10分煮込む。必要に応じて途中で水を足し、塩で調味する。ごはんにかけて食べる。

memo

**アフリカに根づいた美食文化**

マダガスカルをはじめ、フランスの植民地だったアフリカの国々では、フランスの美食文化が受け継がれていることがしばしば垣間見られます。

たとえば、19世紀にフランス人がバニラを植林したマダガスカルや近隣のコモロ等では、バニラが国の一大産業になった一方、ココナッツとバニラビーンズで炊いたごはんや、バニラ風味のカレー、古典的なフランス料理風の「ランゴスチニ・ア・ラ・バニール」(P176参照)等、バニラを使った料理も。

生産量世界一のマダガスカル産のバニラは、一時、サイクロン被害や干ばつ等で価格が高騰していましたが、2020年になってようやく生産が回復。値段も少し落ち着いてきました。

またアフリカの他の地域でも、料理がおいしいといわれるのは、セネガルやモロッコに代表される旧仏領の国々。美食が育まれる条件のひとつに「長く安定した王政が続いたこと」があり、両国は植民地以前にもそれを満たしていましたが、さらに輪をかけて発展したといえるでしょう。

バニラを分別するマダガスカルの女性　©Lemurbaby

# マラウイ共和国

MALAWI

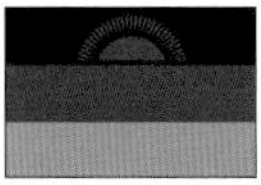

黒はアフリカ大陸の人々、赤はアフリカの人々が自由と独立を獲得するために流した血、緑はマラウイの常緑の自然、太陽は全アフリカ大陸の希望を象徴する「自由のあけぼの」を表す。

## 「チャンボ」と「シマ」でもてなす伝統

**固有種の魚類の宝庫で、世界遺産でもあるマラウイ湖が国土面積の約5分の1を占めます。その重要な食用魚で、近年は乱獲で絶滅危惧が指摘される「チャンボ」と、2017年にユネスコの無形文化遺産に登録されたとうもろこし粉の固がゆ「シマ」等でお客をもてなすのが伝統とされます。**

**● 国名の由来：14～18世紀に栄えたマラヴィ（炎）王国より。**

Recipe

### フライド・アンド・カリード・チャンボ

Fried And Curried Chambo

白身魚のカレー揚げ

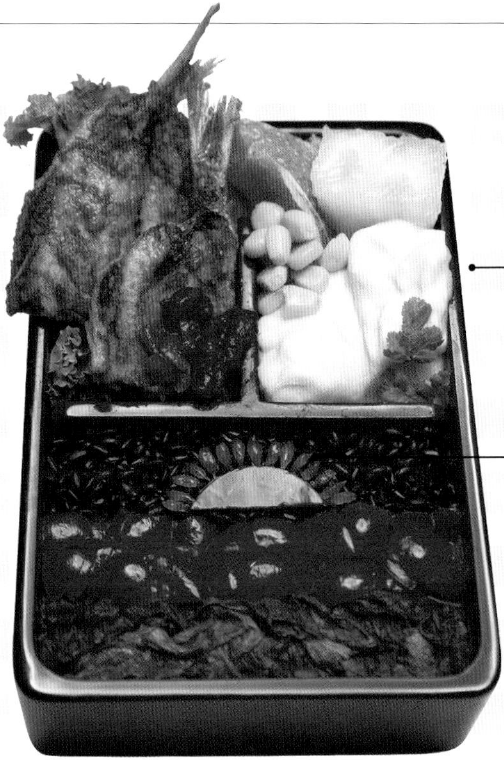

シマ

とうもろこし粉の固がゆ

グレープフルーツの粒

#### 材料

白身魚（現地ではスズキ目の魚チャンボ1尾をまるごと使用）…300g、植物油…適量

<カレーペースト>

A レモン果汁…½個分、カレー粉…大さじ1、にんにく…½かけ（すりおろす）、しょうが…小さじ½（すりおろす）、塩・唐辛子粉…各小さじ½、米…小さじ1、水…少々

#### 作り方

**1.** Aをフードプロセッサーに入れてカレーペーストを作る。 **2.** 白身魚の表面に1を塗り、ラップをして冷蔵庫で2時間休ませる。 **3.** フライパンに植物油をひき、2の魚の両面をこんがり焼く。

マラウイ湖に生息する固有種の魚チャンボ。(1966)

# マリ共和国

MALI

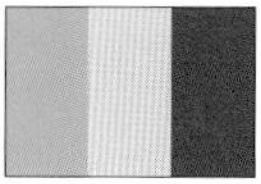

緑はマリの農産物、黄は純潔と天然資源、赤は勇気と独立のための闘争で流された血を表す。

## ニジェール川流域や南西部で営まれてきた農業

**砂漠が国土の半分以上を占め、中央部を流れるニジェール川流域や南西部で農業が営まれてきました。ピーナッツペーストと、納豆のような種子や豆の発酵調味料スンバラ（国や地域によりダワダワ等ともいう）を使う「マフェ」はマリ発祥の料理。近隣国では同様の料理をドモダ、ティガデゲナ、ピーナッツソース等と呼びます。● 国名の由来：13～15世紀に栄えたマリ帝国より。**

### 材料

牛肉…100g（角切り）、玉ねぎ…¼個（みじん切り）、にんにく…1かけ（すりおろす）、にんじん…中½本（皮をむいて乱切り）、干し魚…小さじ1（砕いたもの。干しエビで代用）、トマトピューレ…大さじ1、植物油・水…各適量、塩・こしょう…各少々

A　じゃがいも…中1個（皮をむいて乱切り）、キャベツ…4～5枚（ざく切り）、ピーマン…½個（みじん切り）

B　ピーナッツバター…大さじ1と½、スンバラ*…少々（味噌で代用）、唐辛子粉…少々（お好みで増やす）

*ヒロハフサマメノキ（ネレ）の木の実を煮て、砕き、発酵させてペースト状にした調味料。

### 作り方

**1.** 鍋に植物油をひき、牛肉の表面が色づくまで焼く。玉ねぎ、にんにくを加えて炒める。　**2.** 干し魚とトマトピューレ、にんじんを加えて炒める。　**3.** A、ひたひたの水を加えて沸騰させる。火を弱めて野菜が柔らかくなるまで煮込む。　**4.** Bを溶かし入れ、20分程煮込む。塩、こしょうで調味する。

※ごはんにかけて食べます。

スンバラの材料になるヒロハフサマメノキ（ネレ）。その種子を「マフェ」の調味料としても使用。
(1982)

Character

**ソーセージのカバの親子**

作り方：P218

バンバラ語で国名と同音異義語のカバは、マリの国民的マスコット

Recipe

**マフェ**

Maafé

ピーナッツ・シチュー

ピーナッツ

# 南アフリカ共和国

SOUTH AFRICA

黒緑黄は、南アに大変革をもたらしたアフリカ国民評議会の旗より。緑は農業、赤は真の独立と全人種平等の闘いのために流された血、黄は豊かな鉱物資源、白は白人、青は南アの空を表す。

## アフリカとヨーロッパ、アジアが混ざった独特の食文化

ナイジェリアに次ぐアフリカ第2位の経済大国。1年を通して温暖な気候の地域が多く、日照時間が長いことからぶどう栽培に適し、世界有数のワイン生産地として有名です。アフリカとヨーロッパ、アジアが混ざった独特の食文化が特徴的。スパイスや乾燥アプリコットを料理によく使います。●国名の由来：アフリカ大陸の最南端に位置することから。

**ボボティー**

カレー風味のミートローフ

**Recipe** Sosatie

**ソサティー**

肉とアプリコットの串焼き

**Character**

**たまごのケープペンギン**

作り方：P218

1685年に創立されたケープタウン近郊にある南ア最古のワイン醸造所「グルート・コンスタンシア」。ワインは同国の主要な産業。(1972)

**材料**

ラム肉（または牛肉）…角切り15～20g×10個、干しあんず（アプリコット）…8個（ぬるま湯に30分ひたす）、玉ねぎ…中¼個（くし切りを半分に切る）、にんにく…1かけ（すりおろす）、しょうが…小さじ1（すりおろす）、オリーブオイル…大さじ1

A　赤ワインビネガー（またはりんご酢）…小さじ1、アプリコット・ジャム…大さじ1と½、カレー粉…小さじ1、クミン…小さじ¼、塩・黒こしょう…各少々

**作り方**

**1.** 鍋にオリーブオイルをひき、にんにく、しょうがを香り立つまで炒め、Aを加えて混ぜる。冷ます。　**2.** 1とラム肉をフリーザーバッグまたはボウルに漬け込んで密閉し、数時間冷蔵庫に置く。　**3.** 2のラム肉を5個、干しあんず、玉ねぎを交互に金属の串に刺す。　**4.** 3の肉を、時々向きを変えながらグリルで火が通るまでこんがり焼く。

memo

**ケープ・マレー料理**

南アフリカでは、お茶で知られるルイボス等300以上の植物を食用としていた先住民コイ人をはじめ、17世紀から移住したヨーロッパ人、またオランダ、イギリスの植民地から労働者としてやってきたマレー（インドネシア）人、インド人らの料理が混ざり合った独特な食文化が育まれました。ワイン産業は、アフリカーナーとも呼ばれるプロテスタント（ユグノー派）のフランス人が発展に貢献したといわれます。

　中でも南アフリカを代表するのが、ケープ・マレー料理。1652年にケープタウンに入植したオランダ東インド会社の社員ヤン・ファン・リーベックがこの地に植民地を開き、ナツメグやオールスパイス、唐辛子等を持ち込みました。そこで食事作りを担ったマレー人の調理法とヨーロッパの食文化が混ざり合って発達したのがこの料理。乾燥アプリコットや牛肉、羊肉等がよく使われますが、マレー人はイスラム教徒のため豚肉は使いません。

　世界中で他に例を見ないため、「ボボティー」（ジャワ料理「ボボトク」に由来）や「ソサティー」といった主要なケープ・マレー料理は、今日ではしばしば南アフリカの国民食とされています。

# 南スーダン共和国

SOUTH SUDAN

黒は国民、白は平和、赤は自由のために流された血、緑は国土、青はナイル川の水を表す。金（黄）の星はイエス・キリストの生誕地ベツレヘムの星。

## スーダンと東アフリカ諸国の食文化と共通

分離前のスーダンから受けたアラブの影響と、キリスト教徒の多い隣国ケニアやウガンダ等と共通する食文化を持ちます。「スクマ・ウィキ」は、キャベツに似た青菜「コラードグリーン（スクマ）」を使った東アフリカの料理で、しばしばとうもろこしの固がゆ「ウガリ」と一緒に食べます。

● 国名の由来：サハラ砂漠以南の総称スーダン（黒人の国）南部にあることから。

ニャマ・チョマ

肉のバーベキュー

Recipe

### スクマ・ウィキ

Sukuma Wiki

**材料**

ケール…200g（またはほうれん草。みじん切り）、牛肉…200g（角切り）、玉ねぎ…中½個（みじん切り）、にんにく…1かけ（みじん切り）、トマト…中1個（みじん切り）、カイエンペッパー…小さじ¼（お好みで増やす）、ブイヨンの素…小さじ½、塩・黒こしょう…各少々、オリーブオイル…適量

**作り方**

**1.** フライパンにオリーブオイルをひき、牛肉の表面を色づくまで焼く。いったん取り出す。　**2.** 1に油を足し、玉ねぎとにんにくを中火でしんなりするまで炒める。　**3.** トマトを加え、約2分かき混ぜる。カイエンペッパー、ブイヨンの素を加える。　**4.** 1の牛肉とケールを加えて混ぜ、葉がしんなりするまで中火で炒める。塩、こしょうで調味する。

# モーリシャス共和国

MAURITIUS

赤は独立闘争で流された血と愛国心、青はインド洋、黄は太陽と輝ける未来、緑が農業を表し、またインド系、ヨーロッパ系、アフリカ系、中国系国民の融和と協調を象徴。

## インドとフランスの食文化が混ざったクレオール料理

「インド洋の貴婦人」とも称される美しい島国。インドのスパイスや、旧宗主国フランスの洗練されたヨーロッパ的な調理法、そしてエビやメカジキ、マグロ等、地元の特産物を使ったクレオール（混交）料理が特徴的です。

● 国名の由来：16世紀末のオランダの総督マウリッツ公より。

Recipe Rougail

### ルガイユ　エビ&トマト

**材料**

エビ…300g（殻をむく）、玉ねぎ…中1個（薄切り）、にんにく…1かけ（薄切り）、しょうが…小さじ1（すりおろす）

A　トマト…中1個（みじん切り）、トマトピューレ…大さじ1、カイエンペッパー…少々（または青唐辛子。お好みで増やす）、タイム…1枝（または乾燥タイム小さじ½）

ターメリック…大さじ1、塩・こしょう…各少々、植物油…適量、コリアンダーの葉…大さじ2（みじん切り。トッピング）

**作り方**

**1.** 鍋に植物油をひき、玉ねぎ、にんにく、しょうがを香り立つまで炒める。Aを加えてさらに炒める。塩、こしょうで調味する。　**2.** エビの水分をふき取り、ターメリックをまぶす。フライパンに植物油を薄くひき、片面2分くらいずつ両面を強火で焼く。　**3.** 1に2を加え、5分煮込む。お皿に盛ってコリアンダーの葉を乗せ、ごはんを添える。

モーリシャスの沖合で獲れるメカジキ。（1960）

# モーリタニア・イスラム共和国

MAURITANIA

三日月と星、緑はイスラム教。緑はまたサハラ砂漠の緑化への意思も。黄はサハラ砂漠の砂色、赤は国の独立に捧げられた血を表す。

## 牧畜を主産業とし、大西洋産タコを日本にも輸出

国土の90%以上がサハラ砂漠。そのため古来より羊やヤギ、牛、ラクダを主とした牧畜を主産業としてきました。また大西洋の同国の沖合に生息し、国教であるイスラム教の信徒が食べないタコが日本に輸出されています。

● 国名の由来：ムーア人の国。

**Recipe** Bonava

### ボナバ

ラム肉とじゃがいも
煮込み

**材料**

ラム肉…200g（角切り）、玉ねぎ…中½個（薄切り）、じゃがいも…中2個（皮をむいて角切り）、月桂樹の葉…1枚、酢…大さじ1、ピーナッツオイル（または植物油）、お湯…各適量、塩・こしょう…各少々、唐辛子粉…適量（お好みで）

**作り方**

**1.** 鍋にピーナッツオイルをひき、玉ねぎを炒める。 **2.** 酢とラム肉を加えて混ぜる。 **3.** ひたひたのお湯を加えて弱火で30分煮込む。 **4.** じゃがいも、月桂樹の葉を加え、塩、こしょうで調味し、お好みで唐辛子を加える。さらに30分煮込む。

水が貴重なモーリタニアの井戸による水飲み場。たくさんの家畜が集められる。（1960）

# モザンビーク共和国

MOZAMBIQUE

緑は農業、黒はアフリカ大陸と連帯、黄は鉱物資源、赤は植民地主義に対する闘争を表す。星は社会主義圏との連帯、紋章の銃は兵士、鍬は農民、書物は知識階級を象徴。

## ポルトガルの食文化の影響

ヨーロッパとインドの間を往来したポルトガル船の経由地で、長いポルトガル植民地時代にその食文化の影響を受けてきました。地元の食材に加え、アメリカ大陸原産のとうもろこしやキャッサバ、唐辛子、またヨーロッパの調理法による「リゾイス」のような料理が伝わっています。

● 国名の由来：モザンビーク（かつてのアラブ人の支配者名）島より。

Recipe Rissois

**リゾイス**

エビの揚げぎょうざ

**フランゴ・ピリピリ**

ピリピリ・チキン（ホットソース風味の鶏肉）

### 材料

餃子の皮（大判）…8～10枚位、たまご…1個（溶く）、パン粉、植物油…各適量、ピリピリ・ソース…適量（ホットソース。お好みで）

＜詰め物＞

むきエビ…100g（粗みじん切り）、玉ねぎ…¼個（みじん切り）、にんにく…1かけ（すりおろす）、レモン果汁…大さじ½、塩・こしょう…各少々

＜ホワイトソース＞

バター、小麦粉…各大さじ1、牛乳…大さじ5

### 作り方

**1.** フライパンに植物油をひき、玉ねぎとにんにくを炒める。むきエビを加えて混ぜる。レモン果汁、塩、こしょうで調味する。 **2.** ホワイトソースを作る。鍋にバターを溶かし入れ、小麦粉、牛乳を加えてペーストを作る。 **3.** 2に1を入れて混ぜ合わせる。 **4.** 3を大さじ½～1程取って、餃子の皮に1枚ずつ乗せ、ふちを水でとめて半月型に折る。 **5.** 4に溶きたまご、パン粉をつけて植物油で揚げる。お皿に盛り、お好みでピリピリ・ソースをかける。

# モロッコ王国

MOROCCO

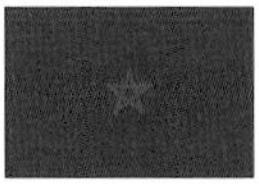

17世紀から用いられてきた現アラウィー朝の赤旗と、国の安泰を象徴するソロモンの星。

## 多種多様な食材に恵まれた美食の国

**地中海沿岸からアトラス山脈まで変化に富む気候風土と多種多様な食材に恵まれた美食の国。先住民ベルベル人が食用にしてきたアルガンノキの実のオイルは高い栄養価で知られ、2014年に「アルガンノキに関する慣習とノウハウ」としてユネスコの無形文化財に登録されました。**

**● 国名の由来：かつての都マラケシュ（西の王国）より。**

### 材料

春巻きの皮…4～6枚（半分に切る）、鶏ひき肉…120g、玉ねぎ…¼個（みじん切り）、しょうが…小さじ½（すりおろす）、にんじん、ズッキーニ…各½本(みじん切り)、塩・こしょう…各少々、小麦粉…少々（水で溶く）、アルガンオイル（またはオリーブオイル）、植物油…各適量、ハリッサ…適量（辛いペースト。お好みで）

A［ターメリック…小さじ¼、シナモン粉・サフラン…各少々

### 作り方

**1.** フライパンにアルガンオイルをひき、玉ねぎ、しょうがを炒める。 **2.** 鶏ひき肉、にんじん、ズッキーニを加えてさらに炒める。 **3.** Aを加え、塩、こしょうで調味する。 **4.** 半分に切った春巻きの皮に1枚ずつ3の具を巻いていく。まず両端を折って手前から巻き、水で溶いた小麦粉でしっかり留めて密閉する。 **5.** 植物油できつね色になるまで揚げる。お好みでハリッサを添える。

※春巻きの皮を三角形に包んで「ブリワット」を作ることもできます。

Recipe Cigars

**シガー**

葉巻型の鶏肉とスパイスの揚げ春巻き（半分にカットしたもの）

ラム肉のグリル

女性の手作業による伝統的なアルガンオイル作り。(1993)

# リビア共和国

LIBYA

赤・黒・緑はリビアの3地方を表す。三日月と星はイスラム教の象徴。

## 極小粒パスタのクスクスが主食のひとつ

**地中海に面し、国土の大部分が砂漠の国。北部はイタリア、南部はアラブや先住民ベルベル人の食文化の影響を強く受けています。極小粒パスタのクスクスが主食のひとつで、羊肉をよく食べ、オリーブやなつめやし、いちじく、アプリコット等オアシスで育つ果実も好まれます。**

**● 国名の由来：ギリシャ神話の女神で北アフリカ民族の祖となる「リビア」より。**

### 材料

クスクス…150g（パッケージの通りに調理しておく）、ラム肉（骨付き）…200g、玉ねぎ…¼個（みじん切り）、にんにく…1かけ（みじん切り）、にんじん…½本（拍子木切り）、かぼちゃ（調理済みの冷凍品。ズッキーニやかぶでも可）…80g、ひよこ豆（水煮缶詰。水気を切る）100g、月桂樹の葉…1枚、EVオリーブオイル…適量、ハリッサ…適量（辛いペースト。お好みで）

A ｜ カットトマト缶…150g、バハラット*…小さじ1、唐辛子粉…小さじ¼、塩…少々、ブラウンシュガー…小さじ½、水…1カップ

* ミックススパイス。クミン粉、コリアンダーシード同量と、半量のシナモン粉、オールスパイス、唐辛子粉それぞれ少量を混ぜて作る。

### 作り方

**1.** 厚手の鍋にオリーブオイルをひき、ラム肉の両面を中火で焼く。玉ねぎ、にんにくを加えて透き通るまで炒める。 **2.** Aを加えて混ぜ、ふたをして30分煮込む。 **3.** にんじん、ひよこ豆、かぼちゃ、月桂樹の葉を加えて15〜20分煮込む。 **4.** 3のソースをお皿に盛ったクスクスの上にかける。お好みでハリッサを添える。

**Recipe** Couscous d'agneau et légumes

## ラム肉と野菜のクスクス

黒オリーブの実

オリーブの木。オリーブオイルの生産は同国の主要産業で、主にヨーロッパへ輸出される。（2017）

# リベリア共和国

LIBERIA

アメリカの星条旗をモデルとし、11条の紅白は独立宣言に署名した11人、左上の星はアフリカ初の共和国誕生を示す。

## アメリカ南部の伝統を受け継いだ独特な食文化

**アフリカ大陸でエチオピアに次いで2番目に古い国。アメリカ南部の解放奴隷が移住して建国したことから、米食や焼き菓子が好まれる等アフリカの中では独特な食文化を持ちます。「ドライ・ライス」は具入り炊き込みごはんのことで、シチューをかける白いごはんと区別されます。**

● **国名の由来：リバティ（自由）より。**

---

**Recipe** Dry Rice

### ドライ・ライス

具入り炊き込みごはん

**材料**

米…1カップ（あれば長粒米。30分以上水にひたして水切り）、フライドオニオン…½カップ、なす…小1本（みじん切り。他の野菜でも可）、干しエビ…大さじ2（水で戻す）、コンビーフ…1缶（80g。ほぐす）、ホットソース…適量、ブイヨンの素…小さじ1、植物油、水…各適量

**作り方**

**1.** 鍋にすべての材料を入れ、ひたひたより少し多い水を加えて木べらで混ぜ、ふたをして15分程炊く。焦げないように気を付ける。様子を見て必要であれば途中で水を足す。 **2.** 1を再び混ぜ、お皿に盛る。

リベリアの農作業の様子。（発行年不明）

# ルワンダ共和国

RWANDA

右上の太陽は人々を団結へと導く希望の光、24本の光芒は無知との戦いと啓蒙、青は空と国民の幸福と平和、黄は経済の発展・繁栄を、緑は平和と資源の豊かさを表す。

## 高品質なコーヒー豆を栽培

**内戦から立ち上がり奇跡の復興を遂げている東アフリカの国。主力輸出品であるコーヒー産業も持ち直し、海外でも高品質と評判です。もともと農業国であり、主食のバナナ（プランテンを含む）やキャッサバ、さつまいも、豆類等を栽培しています。**

● 国名の由来：14 世紀から20 世紀半ばまで存続したルワンダ（大きな国）王国より。

Character

海苔&ゆでたまごのマウンテンゴリラ

作り方：P218

Recipe Kachumbari

### カチュンバリ

東アフリカのスパイシー・サラダ

ンタルカ水力発電所による国家産業の電化を描く。コーヒー栽培は同国の重要な産業のひとつ。
(1967)

#### 材料

A
- トマト…2個（薄切り）、きゅうり…½本、赤玉ねぎ…小½個（薄切り）、アボカド…½個（さいの目切り。お好みで）、コリアンダーの葉…大さじ2（みじん切り）

＜ドレッシング＞

B
- レモン果汁½個分、オリーブオイル大さじ1

塩・黒こしょう・カイエンペッパー…各少々

#### 作り方

**1.** ボウルにAを入れて混ぜる。 **2.** 1にBを加えて混ぜ、塩、黒こしょうで調味する。カイエンペッパーをふりかける。

# レソト王国

LESOTHO

青は雨、白は平和、緑は国土とその繁栄を表す。中央の民族的なレソト帽の黒は黒人国家を示す。

## ソルガムを多用した料理

**周囲を南アフリカに囲まれた小さな王国。その食文化の多くはラム肉のトマトシチュー「ブレディー」のように南アフリカと共有されていますが、ソルガム（タカキビ）を多用し、ソルガムと豆等を煮込んだおかゆ「リコベ」や発酵飲料「モトホ」のような独特な料理もあります。**

**● 国名の由来：ソト族の国。**

Recipe Likhobe

### リコベ

ソルガムと豆のおかゆ

#### 材料

全粒粉…½カップ、ソルガム（タカキビ）…½カップ、うずら豆（または白いんげん豆）…¼カップ（一晩水につけて戻しておく）、植物油…20mℓ、塩・黒こしょう…各少々、水…適量

#### 作り方

**1.** すべての材料を鍋に入れ、2.5～3倍の水を加えて混ぜる。 **2.** おかゆのようにやわらかくなるまで弱火で2時間煮込む。時々ゆっくりかき混ぜ、必要に応じて水を足し、塩を足して調味する。

※水煮缶詰の豆を使って時短可。

牛肉のグリル

ブレディー

トマトシチュー

レソトをはじめ、アフリカの広域で主食のひとつとされるソルガム（タカキビ）。稲や小麦等が育たない地域でも成長する。
(1971)

# CHARACTERの作り方

## CHAD

P192

チャドのキャラクター

### 油揚げ&ごはんのフェネック

材料

| | |
|---|---|
| 顔・耳：油揚げをカットしてごはんを詰め、ラップで丸める。カットした分を耳に使う。 | |
| 目・鼻・口：海苔 | |
| ほほ：かにかま | |
| 口回り：スライスチーズ | |

## NIGERIA

P195

ナイジェリアのキャラクター

### マッシュルームのドリル（ひひ）

材料

| | |
|---|---|
| 顔：マッシュルーム（しいたけでもよい。左右を切り落とす） | |
| 目・おでこの毛：海苔 | |
| 鼻：スライスチーズ、ハム | |
| 鼻の穴：黒ごま | |
| たてがみ：チェダースライスチーズ | |
| あごひげ：スライスチーズ | |

# CHARACTERの作り方

## MALI

P205

マリのキャラクター

### ソーセージのカバの親子

材料

| | |
|---|---|
| 胴体 | ソーセージ（フランクフルトとウィンナー） |
| 耳 | ハム |
| 目 | 海苔 |
| 鼻の穴 | 黒ごま |
| 歯 | たまごの白身 |

## SOUTH AFRICA

南アフリカのキャラクター

### たまごのケープペンギン

P206

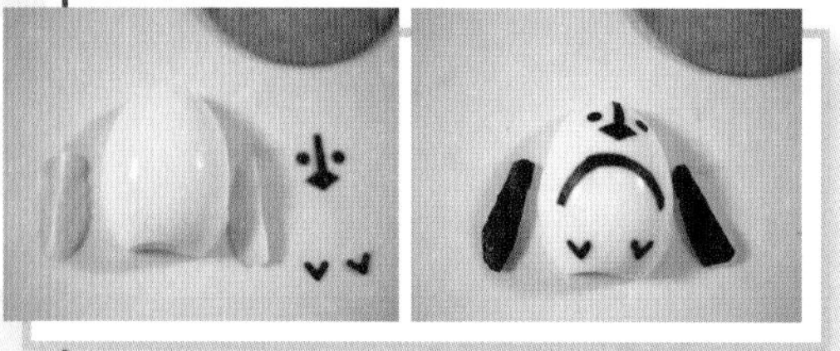

材料

| | |
|---|---|
| 胴体 | 縦切りのゆでたまご |
| 目・くちばし・脚・胸の模様 | 海苔 |
| つばさ | 切り取って海苔を貼ったゆでたまご |
| 目の上 | ハム |

P215

## RWANDA

ルワンダのキャラクター

### 海苔&ごはんのマウンテンゴリラ

材料

| | |
|---|---|
| 頭 | 海苔を貼りつけた縦切りのゆでたまご |
| 顔・耳 | スライスチーズ |
| 目：口 | 海苔 |
| ほほ | かにかま |
| 鼻の穴 | 黒ごま |

CHAPTER 5

北中米＆カリブ

# North and Central America & Caribbean

# アメリカ合衆国

U.S.A.

50星が現在の州の数を、赤と白の13本の筋は独立当時の13州を表す。

## りんごの品種改良に貢献

ファストフードやスーパーマーケット等、合理的な食品流通のしくみの発祥地。移民文化のほか、アメリカ大陸原産のかぼちゃや七面鳥等も料理に使われます。またりんごの品種改良で実績を上げ、現在、世界各地で栽培される品種のルーツの多くがアメリカに由来し、日本にも伝わっています。●国名の由来：イタリア人探検家アメリゴ＝ベスプッチの名から。

サボテン型クッキー

りんご

ビーフステーキ

Character

たまごのラッコ

作り方：P255

ラッコは米西海岸の限られた地域に生息

グリーントマト

米南部では輪切りをフライにする

スプリンクルシュガーの星

Recipe

### マッケンチーズ

Mac and Cheese

マカロニ＆チーズ

**材料**

エルボ・マカロニ…100g（ゆでて水気を切る）、チェダーチーズ…100g、バター…20g

牛乳…200㎖

A［ 小麦粉…大さじ1と½、マスタード・塩・こしょう…各少々

**作り方**

**1.** 厚手の鍋を弱火にしてバターを溶かし、Aを入れる。牛乳を少しずつ加えて木べらで混ぜながらなめらかにする。 **2.** エルボ・マカロニとチェダーチーズを加えて混ぜる。

※オーブンで焼くこともあります。

アメリカ初期に実在したジョニー・アップルシード。荒野にりんごの種を植えて回り、その開拓者精神を称えてアップルコンピュータが社名にしたとされる。(1966)

# アメリカ領 バージン諸島

VIRGIN ISLANDS

簡素化した米国の国章と、地名の頭文字。

## アメリカの影響を受けた食文化

**1917年に米国がデンマークから買い取ったカリブ海の保護領。農業は自給自足程度で、輸入食品が多く出回っています。食文化は近隣のプエルトリコと同様、マンゴーといった地元の食材を取り入れながら、外来のサーモン等と組み合わせるというようなアメリカの影響も。**

**● 地名の由来：聖ウルスラと1万1000人の乙女の殉教伝説から。**

### 材料

冷凍パイシート…1～2枚、植物油…適量

<具材>

玉ねぎ…中¼個（みじん切り）、にんにく…1かけ（みじん切り）

A［牛ひき肉（あれば赤身。鶏でもよい）…100g、ピーマン…½個（みじん切り）、パセリ（または乾燥オレガノ）…大さじ1、トマトピューレ…大さじ1、ホットソース…少々（お好みで）、塩…少々］

### 作り方

**1.** フライパンに植物油をひき、玉ねぎとにんにくを透き通るまで炒める。 **2.** Aを加えてひき肉の色が変わるまで炒める。 **3.** 冷凍パイシートを直径8～12㎝の円に型抜きし、2を大さじ1くらい取って円の片側に置く。 **4.** 3を餃子のように半円に折り、フォークの先を生地に押しつけて模様をつけながらしっかりふち留めする。 **5.** 厚手の鍋に植物油を入れて熱し、4をきつね色になるまで揚げる。

**Recipe** Beef Pates

## ビーフ・パテ

牛肉のペイストリー

# アルバ（オランダ）

ARUBA

青は周囲の海、黄は豊かさ、赤はこの地の赤土や赤い染料の原料ブラジルボク、白は砂浜の色、純粋さ等を表す。

## サメを使った料理も

**サンゴ礁と乾燥地が広がるオランダの海外領土。19世紀に事業化されたアロエの輸出量が世界一で、観光業等によりカリブ海地域最高の生活水準を誇ります。また周辺海域にはサメが多く、リゾート地区にサメが行かないよう島民が島の反対側で餌付けする取り組みが行われ、サメ料理もあります。●地名の由来：一説には「よく配置された」を意味するカリブの言葉 oruba より。**

### 材料

白身魚（切り身。皮を取る）…200g、水…200㎖、バター…大さじ1、アチョーテ*・塩・黒こしょう…各少々

A ［セロリの茎…¼本（さいの目切り）、ピーマン…½個（みじん切り）、玉ねぎ…中¼個（さいの目切り）、バジルの葉…3枚（みじん切り）

*ベニノキの色素。パプリカ粉で代用。

### 作り方

**1.** 鍋に水と塩を入れ、白身魚をゆでる。取り出して水気を切り、ほぐす。 **2.** フライパンにバターを入れ、Aを3分程炒める。 **3.** 2に1、アチョーテと黒こしょうを加えて混ぜる。クラッカー等に載せて食べる。

Recipe Keri Keri

## ケリ・ケリ

本来はサメ肉を使う軽食

ゴーダ・チーズ

オランダのチーズ

# アンギラ（英国）

ANGUILLA

英国領であることを示すユニオンジャックと、調和、知恵、忍耐力を意味する3頭のイルカ等を描くアンギラの紋章。

## カリブ海地域原産のフルーツの数々

**サンゴ礁に囲まれた美しいビーチで知られるリゾート島。サワーソップやシュガーアップル（バンレイシ）等のカリブ海地域原産のフルーツや、アメリカ大陸原産のかぼちゃ、パンノキの実、魚介、コンク貝等が地元食材の代表格で、ヨーロッパ的な調理法のフリッターで供されます。**

**●地名の由来：ウナギ（島の形が似ていることから）。**

**Recipe** Pumpkin Fritters

### パンプキン・フリッター

かぼちゃのフリッター

国章にもなっているイルカの型抜き

**材料**

A
- かぼちゃ（調理済みの冷凍品。皮を取る）…300g、塩…小さじ½、砂糖…大さじ2、小麦粉…40g、牛乳…大さじ3～4、シナモン粉…小さじ½、オールスパイス・塩・こしょう…各少々

植物油…適量

<マンゴーカレーソース>

B
- マンゴーソース…大さじ3、りんご酢…大さじ1、ホットソース・カレー粉…各小さじ…½、コリアンダーシード粉…小さじ¼、クミン粉…少々、しょうが…少々（すりおろす）

塩…少々

**作り方**

**1.** Bをボウルに入れて混ぜ、マンゴーカレーソースを作る。 **2.** Aをボウルに入れて混ぜる。50gずつ取って丸く平たく成型する。 **3.** フライパンに植物油を入れ、2を中火で片面2分位ずつ揚げる。キッチンペーパーで油分を吸い取る。 **4.** 3に塩をふり、1を添える。

地元で育つ果物のバナナとマンゴー。（1970）

# アンティグア・バーブーダ

ANTIGUA AND BARBUDA

黒は大部分の国民（黒人）、白は英国系国民、青は海、希望、赤は独立と力、太陽は自由な新しい時代の曙光を表す。

## 西インド諸島原産のパパイヤを使ったパイも

**カリブ海東部にある英連邦国。観光業が主産業であり、ハリケーンをはじめとする災害で経済的にダメージを受けやすい環境を克服するという課題があります。さとうきび栽培や羊、山羊の牧畜が盛んで、西インド諸島原産のパパイヤを使った英国風なパイも食べられています。● 国名の由来：スペインのサンタ・マリア・アンティグア教会と、島のバルブドス（和名ヒゲイチジク）の木から（諸説あり）。**

Recipe Papaya Pie

### パパイヤ・パイ

**材料**

冷凍パイシート…1枚、植物油…少々

A［パパイヤ…200g（可食部。粗くつぶす）、オレンジジュース・ライム果汁…各小さじ1、ライムの皮…少々（薄切り。トッピングにも使用）、シナモン粉…少々

B［卵白…1個分（角が立つ程に泡立てる）、砂糖・小麦粉…各大さじ1

**作り方**

**1.** 解凍したパイシートをパイ皿（または直径18～20㎝位の耐熱皿）の形に合わせてまな板の上で麺棒を使ってのばし、植物油を塗ったパイ皿に敷く。 **2.** ボウルにAを入れ混ぜる。 **3.** 2にBを入れてさっくり混ぜる。 **4.** 3をパイ皿に入れる。 **5.** 180℃に予熱したオーブンで、4を途中、様子を見ながら30分こんがりと焼く。 **6.** オーブンから取り出したパイを冷まし、冷蔵庫で冷やす。ライムの皮をトッピングする。

北アメリカ大陸原産のフルーツ「ポーポー」。これもパイにされることがある。(1985)

# イギリス領 バージン諸島

BRITISH VIRGIN ISLANDS

英国領であることを示すユニオンジャックと、緑色の盾の中央に聖ウルスラ等を描く同地の紋章。

## ペイストリーの「パテ」が郷土料理のひとつ

**英国の海外領土でありながら近隣のアメリカと経済的つながりが強いといわれます。隣の米領バージン諸島とともに、牛肉や鶏肉、コンク貝等の肉を詰めて揚げたり焼いたりするペイストリーの「パテ」が郷土料理のひとつ。また諸島内のアネガダ島ではロブスター祭りが毎年行われています。**

**● 地名の由来：聖ウルスラと1万1000人の乙女の殉教伝説から。**

### 材料

冷凍パイシート…1～2枚

<具材>

巻貝の身…100g（現地ではコンク貝。ホタテやアサリ等のむき身で代用。みじん切り）、玉ねぎ…¼個（薄切り）、にんにく…1かけ（みじん切り）、にんじん…½本（千切り）、パセリ…大さじ1（みじん切り）

A［パプリカ粉・乾燥タイム…各小さじ½、塩・黒こしょう…各少々

植物油…適量、たまご…1個（生地のつや出し用。溶く）

### 作り方

**1.** フライパンに植物油をひき、玉ねぎとにんにくを透き通るまで炒める。 **2.** パセリ、にんじん、A、巻貝の身を加えて炒める。 **3.** 冷凍パイシートを直径8～12cmの円に（お弁当用に小さめに）型抜きし、2を大さじ1くらい生地の円の片側に置く。 **4.** 3を餃子のように半円に折り、フォークの先を生地に押しつけてふち留めする。 **5.** 4の表面にはけでつや出し用の溶きたまごを塗り、180℃に予熱したオーブンで15～20分程、表面がきつね色になるまで焼く。

※パテは油で揚げることもあります（P221参照：米領バージン諸島）。その際はたまごを塗るのは省きます。

Recipe Conch Pates

## コンク・パテ

巻き貝のペイストリー

「クイーン・コンク」と呼ばれる、カリブ海地域等に生息する美しいピンク色の大きな巻き貝。古くから食用にされてきたが、近年は乱獲が危惧されている。(2017)

# エルサルバドル共和国

EL SALVADOR

青は常に水晶のように透き通った空、白は平和と調和を望むこと表す。中央は中米諸国の旗やシンボルである「自由の帽子」。

## とうもろこしが伝統的な主食

中米で唯一、カリブ海に面していない国。コーヒー豆やさとうきびを栽培してきました。伝統的な主食はとうもろこしで、先住民ピピル族が食べていた痕跡が遺跡から発見された「ププーサ」は、2005年に政府の宣言で国民食に。その付け合わせ「クルティード」とともに愛されています。●国名の由来：救世主。

Recipe Curtido

### クルティード

野菜の酢漬け

**材料**

キャベツ…小¼個(千切り。ゆでて冷ます)、にんじん…中½本（千切り）、赤玉ねぎ…¼個（薄切り）、りんご酢…大さじ3、乾燥オレガノ・塩…各少々

**作り方**

**1.** ボウルにすべての材料を入れて混ぜ、30分以上置いてなじませる。
※食べた残りは密閉容器に入れて冷蔵庫で保存する。

# カナダ

CANADA

中央白地には国のシンボル「サトウカエデ」の葉。両端の赤地の帯は太平洋と大西洋を表す。

## 先住民が古代から作っていた「メープル・シロップ」

**雄大な自然に恵まれた世界有数の広い国土。国旗に描かれるサトウカエデ（メープル）の樹液を濃縮した「メープル・シロップ」は、先住民が古代から作ってきたカナダの特産品であり、時には料理の調味料に使われます。近年はサトウカエデの樹林が環境保全に貢献することもわかってきました。**

**● 国名の由来：先住民イロコイ族の言葉で村の意味「カナタ」より。**

### 材料

エビ（殻付きの大きめのもの）…200g、バター…大さじ½、パセリ…少々（みじん切り。トッピング）

A ［メープル・シロップ…大さじ1、パプリカ粉…大さじ¼、しょうが…大さじ¼（千切り）、塩・黒こしょう…各少々

### 作り方

**1.** ボウルにAを入れて混ぜ合わせる。

**2.** フライパンにバターを溶かし、エビを入れて軽く炒める。1を加えてさらに3分程炒める。パセリを飾り、フライパンに入れたまま供する。

プーティン

フライドポテトのチーズソースがけ。カナダの国民食

Recipe Maple Shrimp

**メープル・シュリンプ**

エビのメープル・シロップ炒め

メープル・グレーズド・ポーク

カナダ・ポークのメープル・ソース照り焼き

カナダ・ポークのハム

広大なカナダの農場。伝統的に馬を使役してきた。(1946)

# キューバ共和国

CUBA

赤は独立のために流された血、青い3本の筋はロペス時代のキューバの管轄区、白は独立運動の純粋さ、三角形は自由・平等・博愛、星は独立を表す。

## 砂糖やラム酒の製造が主産業

**16世紀にスペイン人がさとうきび栽培を開始して以来、今日まで製糖はキューバの主要産業。砂糖だけでなく「ハバナクラブ」に代表されるラム酒も特産品です。スペインやアフリカ、地元カリブ地域から影響を受けた食文化は、豆と米をよく使う同国の料理にも表れています。**

**●国名の由来：豊かで肥沃な土地または先住民の村の名「クバナカン」より。**

### 材料

牛ひき肉…200g、玉ねぎ…中½個(みじん切り)、白ワイン(辛口)…大さじ3、塩・黒こしょう…各少々、オリーブオイル…大さじ1

A　にんにく…1かけ（みじん切り)、ピーマン…½個（みじん切り)、乾燥オレガノ・クミン粉…各小さじ½

B　カットトマト缶…200g、月桂樹の葉…1枚、ケーパー…大さじ2、グリーンオリーブの実（輪切り）・レーズン…各大さじ1

パセリ…少々（みじん切り。トッピング）

### 作り方

**1.** フライパンにオリーブオイルをひき、玉ねぎを炒める。 **2.** 牛ひき肉、Aを加えてさらに炒める。白ワインを加えて熱し、アルコール分を飛ばす。 **3.** Bを加え、塩、黒こしょうで調味する。弱火で15分煮込む。お皿に盛りパセリを飾る。

**トストーネス**
フライド・プランテン

**Recipe** Picadillo Cubano
**ピカデーリョ・クバーノ**
キューバ・スタイルのひき肉トマト炒め

**チョリソ**
ピリ辛ソーセージ

**いんげん豆&ごはん**

キューバの最も重要な作物さとうきび。砂糖、ラム酒の原料になる。(1969)

# キュラソー（オランダ）

CURAÇAO

黄は空と海の間に輝く太陽の光、2つの星は愛と幸福、五大陸からキュラソー島に集う人々を表す。

## 「ビターバレン」はオランダ発祥の揚げ物料理

リキュールでも名高いオランダ王国を構成する海外領土。リキュールのキュラソー由縁の地。観光業が盛んですが、他のカリブ諸国ほど依存度は高くありません。「ビターバレン」（ビターボール）はオランダ発祥の揚げ物料理で、ビター（苦い）はかつて一緒に食べられていた苦いハーブ酒を指すとも。キュラソーではスパイス類を多めに使います。● 地名の由来：先住民たちが自分たちを指す言葉。

**Recipe** Antilliaanse Bitterballen

### アンティリヤーンス・ビターバレン

ひき肉の揚げボール

ゴーダ・チーズ

オランダのチーズ

**材料**

牛ひき肉…200g、玉ねぎ…中¼個（みじん切り）、小麦粉…大さじ3～4、水…少々

A［ピーマン…1個（みじん切り）、青唐辛子…½個（みじん切り。ホットソースでも）、パセリ…小さじ1（みじん切り）、トマトピューレ…大さじ3、ケチャップ・マニス…大さじ1（しょうゆ＋砂糖で代用）、ナツメグ…小さじ½、塩・こしょう…各少々］

たまご…1個（溶く）、パン粉…適量（きめ細かいもの）、植物油…適量

**作り方**

**1.** フライパンに植物油をひき、牛ひき肉と玉ねぎを炒める。 **2.** Aを加えてさらに炒める。団子が作れる位のねばり気を出すために小麦粉と水を加えて混ぜる。 **3.** 2を50g位ずつ取って丸め、たまご、パン粉の順にまぶして植物油できつね色になるまで揚げる。

# グアテマラ共和国

GUATEMALA

左右の青い帯は太平洋とカリブ海、白は平和への願いを表す。中央は国鳥のケツァル。

## 中米を代表するコーヒー豆の生産大国

**かつてのマヤ文明の中心地であり、現在は中米を代表するコーヒー豆の生産大国。国土の約70%が火山に囲まれた山岳地帯で、火山灰の土壌や寒暖の激しさ、豊富な雨量等がコーヒー栽培に最適とされ、世界的にも高い評価を得ています。またバナナの栽培も盛んです。**

**●国名の由来：森の多い土地。**

Recipe Tamales

## タマーレス

とうもろこし生地&バナナの葉の包み蒸し

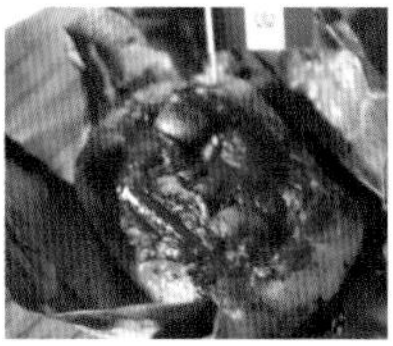

### 材料

豚肉…100g(薄切り。鶏肉でもよい)、
塩・植物油…各適量

<ソース>

A トマトピューレ…¼カップ、玉ねぎ…中¼個（みじん切り)、にんにく…1かけ、ホットソース…適量(お好みで)、ごま・ひまわりの種…各大さじ2(炒る)、水…大さじ1、酢・砂糖…各少々

<生地>

B アチョーテ*…ひとつまみ、とうもろこし粉・米粉…各50g(米粉100g でもよい)、温水…200mℓ

<トッピング>

グリーン・オリーブの実…4個、赤ピーマン…¼個(薄切り)、バナナの葉…2枚(なければアルミホイル)

*ベニノキの色素。パプリカ粉で代用。

### 作り方

**1.** フライパンに植物油をひき、豚肉を軽く焼く。塩をふり、取っておく。 **2.** ソースを作る。フードプロセッサーにAを入れてペースト状にする。 **3.** 生地を作る。鍋にBと塩少々、植物油大さじ3を入れて混ぜる。弱火にかけてねばり気が出るまで練る。 **4.** バナナの葉に3を半量ずつ乗せ、1、2を乗せる。グリーンオリーブの実と赤ピーマンをトッピングして葉を包む。バナナの葉が少ないときはアルミホイルを重ねる。 **5.** 4を蒸し器で45分程蒸す。葉をほどいて食べる。

同国で最も有名なコーヒー産地ウエウエテナンゴのコーヒー農園。(2006)

# グレナダ

GRENADA

黄（金）は太陽と親しみやすい人々、緑は豊かな植生、7つの星は国の地域数、左側は特産のナツメグを表す。

## 世界有数の「ナツメグ」生産国

**カリブ海のリゾート・アイランドである一方、「スパイスの島」とも呼ばれ、特に小国でありながら世界有数の「ナツメグ」生産国。国旗に描かれているほか、同国にはナツメグ専門レストランがあります。他にクローブやシナモン、バニラ等も生産しています。**

**● 国名の由来：スペインの都市グラナダ（ザクロ）より。**

Recipe Grenadian Style Grilled Chkcken

### グレナダ・スタイルのグリル・チキン

#### 材料

鶏肉…400g（手羽元・手羽先等の骨付き）

A 玉ねぎ…中¼個、にんにく…1かけ、しょうが…小さじ1、青唐辛子…1本、ナツメグ・クローブ・オールスパイス・黒こしょう…各ひとつまみ、塩・チキンスープの素…各小さじ½

<ソース>

B ケチャップ…大さじ2、しょうゆ…小さじ1、ブラウンシュガー…小さじ1、タイムの生葉…1枝、水…大さじ2

#### 作り方

**1.** Aをフードプロセッサーに入れてペースト状にする。 **2.** 鶏肉にAをまぶし、耐熱皿に入れてラップをし、冷蔵庫で一晩マリネする。 **3.** ソースを作る。ボウルにBを入れて混ぜる。 **4.** 2の鶏肉を耐熱皿に入れたまま、180℃に予熱したオーブンで15分程焼く。 **5.** 4を一度取り出して、3をまんべんなくかけて混ぜる。オーブンに戻して10〜15分程、こんがり焼く。

※豆ごはん等と一緒に食べます。

ナツメグはグレナダの重要な農作物。(1966)

# ケイマン諸島（英国）

CAYMAN ISLANDS

英国領であることを示すユニオンジャックと、英国の象徴ライオンやこの地に生息する緑ウミガメ、ジャマイカとの関係を示すパイナップル等を描く紋章。

## 保護施設もあるウミガメの生息地

**観光業と、租税回避地として金融サービス業が主幹産業の英国の海外領土。この地を訪れた探検家コロンブスが大量のウミガメを岩と見間違えた逸話が残っており、当地には保護施設・観光名所の「タートル・センター」も。ウミガメはシチュー等の食用にもされます。食文化はジャマイカと似ています。● 地名の由来：ワニ。**

### 材料

ムール貝（殻付き。よく洗って汚れを落とす）…250g、バター…大さじ½、玉ねぎ…中¼個（薄切り）、にんにく…1かけ（薄切り）、コリアンダーの葉…少々（トッピング）

A ［ ココナッツミルク…100mℓ、タイム（生葉）…1枝、青唐辛子…1本（切り込みを入れる）、塩…小さじ½、黒こしょう…少々

### 作り方

**1.** 鍋にバターを入れて溶かし、にんにくと玉ねぎを炒める。 **2.** Aを加えて沸騰させる。 **3.** ムール貝を加えてふたをし、貝が開くまで5〜8分蒸す。貝と少量のスープを引き上げてお皿に盛る。コリアンダーの葉（みじん切り）を飾る。

Recipe

## ムール貝のココナッツミルク蒸し

Mussels in Coconut Milk

旗にも描かれている、名物のウミガメ。食用にも。（1953）

# コスタリカ共和国

COSTA RICA

青は空、決意、理想、知的思考、白は平和、幸福、知恵、自由、赤は愛、寛大さ、暖かさ、国を守るために流された血を表す。

## 19世紀からコーヒー豆とバナナを輸出

1983年に永世中立を宣言し「中米のスイス」とも呼ばれます。エコツーリズムの発祥地であり、国土の1/4が自然公園。19世紀からコーヒー豆とバナナの輸出を行ってきました。前者は高品質のアラビカ種のみが同国で栽培を許可されています。とうもろこし、米、豆をよく食べます。

● 国名の由来：豊かな海岸。

### 材料

バナナ…4本（フォークで粗くつぶす）、ピーカンナッツ（砕いたもの。なければくるみで代用）…大さじ3

A ［ココナッツオイル（または植物油）…80mℓ＋少々、はちみつ…50mℓ、バニラエッセンス…2～3滴

B ［小麦粉…150g（ふるう）、ベーキングパウダー・シナモン粉…各小さじ½、塩…少々

### 作り方

1. ボウルにつぶしたバナナとAを入れて混ぜる。 2. 別のボウルにBを入れて混ぜ、1に加えて混ぜる。 3. 2にピーカンナッツを加えて混ぜる。 4. ケーキ型にココナッツオイルを塗り、3を注ぎ入れる。平らにならす。 5. 180℃に予熱したオーブンで4を25～35分、途中で時々様子を見ながら焼く。粗熱を取ってからスライスする。

**Recipe** Queque de Banano

## ケケ・デ・バナノ

バナナ・ケーキ

コスタリカの都市カルタゴで行われた全国農畜産業見本市。同国はコーヒー豆の特産地。(1950)

# ジャマイカ

JAMAICA

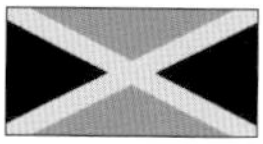

黒は人々の強さと創造性、黄(金)は太陽の豊かさと美しさ、緑は希望、農業資源を表す。

## ジャマイカ生まれのミックス・スパイス「ジャーク」

17世紀から英国植民地となり1962年に独立した英連邦国。ブルーマウンテン山脈で栽培されるコーヒー豆が世界的に有名です。同国で生まれたミックス・スパイス「ジャーク」は、カリブ海地域原産の「オールスパイス」と激辛の唐辛子「スコッチ・ボンネット」が主成分です。

● 国名の由来：木と水の土地。

**Recipe** Jerk Pork

### ジャーク・ポーク

豚肉のジャークソース焼き

ラスタ・カラーのピーマン

「ピメント」「ジャマイカ・ペッパー」等ともいわれるカリブ海地域原産の「オールスパイス」。ジャークソースの主要な材料。(1972)

**材料**

豚ロース肉…240g（60g×4枚位）、塩・黒こしょう…少々

A ジャークソース…大さじ1〜2、オニオンパウダー・ガーリックパウダー…各小さじ½、ねぎ…¼本（みじん切り）、しょうが…小さじ½（すりおろす）

**作り方**

**1.** 豚ロース肉の表面に軽く塩、黒こしょうをまぶす。 **2.** フリーザーバッグにAを入れて混ぜ、1を漬け込む。一晩冷蔵庫に置く。 **3.** 2をグリルまたはフライパンでこんがりと焼く。

memo

**カリブ・中米原産の**
**オールスパイス**

カリブ海地域や中米に自生するフトモモ科の植物オールスパイス。1621年にイギリス人によって香辛料が作られ、シナモンやナツメグ、クローブが組み合わさったような香りからこの名が命名されました。

オールスパイスは果実を未熟なうちに収穫し乾燥させて香辛料とし、東洋では百味胡椒や三香子とも。ヨーロッパではクリスマス時期のホットワインの香料等、万能スパイスとしてよく使われます。

ジャマイカでは、ジャークソースの材料のほか、「ピメント・ドラム」というラム酒ベースのリキュールに添加されドリンクの香りづけ等に。香りのいい葉も肉の燻製等によく利用されます。

ちなみに品種は全く別ですが、冬に香りのよい花を咲かせるロウバイ（蝋梅）を「ジャパニーズ・オールスパイス」と呼ぶことがあります。

# セントクリストファー・ネイビス

SAINT CHRISTOPHER AND NEVIS

緑は農業、黒は国民、黄は富、赤は独立、2つの白い星は2つの島からなることを表す。

## マンゴーのお祭りが行われるネイビス島

**かつてさとうきび栽培等の農業が盛んだったものの、現在は観光業等に移行した西インド諸島の国。しかし、首都のあるセントキッツ島よりも開発が遅れているネイビス島ではマンゴーの栽培が盛んで（島の形がマンゴーに似ているとも）、様々な品種が作られ毎年お祭りが行われています。● 国名の由来：セントクリストファーは守護聖人、ネイビスは雪の聖母。**

Recipe

### ネイビス島のマンゴー・チャツネ

Mango Chutney Navis Island Style

#### 材料

マンゴー…1個（皮をむいて種の周りを削ぐ）、にんにく…½かけ（すりおろす）、唐辛子…½本（鷹の爪でよい、みじん切り）、ねぎ…小さじ1（みじん切り）、クミン粉…小さじ½、塩・砂糖…各少々、水…1カップ

#### 作り方

**1.** 鍋にすべての材料を入れて、マンゴーをつぶしながら弱火で30分煮込む。途中、水気がなくなったら水を足してペースト状に仕上げる。必要があれば塩と砂糖で調味する。肉料理や焼いたじゃがいも等に添える。

英国による西インド諸島初の入植者で初代知事のトーマス・ワーナー。(1973)

# セントビンセントおよびグレナディーン諸島

SAINT VINCENT AND THE GRENADINES

青は海と空、黄は国民の明るい精神、砂金等、緑は農業の緑豊かな植生と国民の活力を表す。

## 「パンノキ」がタヒチから到達した地

**18世紀に、南太平洋のタヒチ島から「パンノキ」を運ぶ任務を受けた英国の戦艦バウンティ号が到着した地。味がパンに似ている（実際はいも類の味に近い）ことから名づけられたパンノキの実は、セントビンセント島からカリブ海全域に伝わり、今もこの地域の主食のひとつです。● 国名の由来：聖ビンセントの日（1月22日）にコロンブスが「発見」したこと、グレナディーンはスペインの都市グラナダ（ザクロ）から。**

Recipe **ペラウ** Pelau

キマメと鶏肉の炊き込みごはん

### 材料

鶏もも肉…200g（角切り）、タイム（生葉）…2枚、ホットソース…小さじ½（好みで増やす）、米（あれば長粒米）…½カップ（30分以上水につけて水気を切っておく）、キマメ*…200g、植物油…適量、ブラウンシュガー…大さじ½、塩…少々、水…適量

A（すべてみじん切り）
玉ねぎ…小½個、にんじん・セロリの茎…各½本、にんにく…1かけ、ピーマン…½個

B トマトピューレ（またはケチャップ）…大さじ1、ココナッツミルク…200mℓ、鶏ガラスープの素…小さじ1

* ピジョンピー、イエロースプリットピー、ツールダールとも呼ばれる小さな豆。なければひよこ豆の水煮缶詰等で代用。

### 作り方

**1.** 鍋に植物油を入れ、ブラウンシュガーを加えてつやを出す。鶏肉を入れて和えながら焼く。 **2.** 植物油を大さじ1足し、A、タイム、ホットソースを加えて5分炒める。 **3.** 米を入れて混ぜ、Bとひたひたよりも多い水を加えて沸騰させる。 **4.** 火を弱めてキマメ、塩を加えて混ぜる。ふたをして20〜30分、米と豆が水気を吸ってやわらかくなるまで炊く。途中、様子を見て水気が足りなくなったら足す。火を止めて、ふたをしたまま10分蒸らす。

「パンノキ」の実。タヒチからカリブ海にこの実を運ぶ任務を担ったブライ艦長と船員たちの逸話は英米では有名。（1965）

# セントルシア

## SAINT LUCIA

青は島が大西洋とカリブ海に囲まれていること、三角は国土、黄は太陽、黒と白は黒人と白人の団結と労働を象徴。

### カリブに根づいたプランテンとソルトフィッシュ

**島にそびえる2つのピトン山がユネスコ世界遺産に登録。カリブ海地域で「グリーン・フィグ（緑のいちじく）」と呼ばれるプランテン（調理用バナナ）と、「ソルトフィッシュ（干タラ、すきみたら）」は、ヨーロッパ、アフリカ、アメリカ大陸を結ぶ三角貿易の歴史から当地に根づきました。**

**● 国名の由来：コロンブスが農業の守護神「聖ルチア」の日に到達したことから。**

**Recipe** Green Fig & Saltfish

## グリーン・フィグ &ソルトフィッシュ

プランテンと干タラ炒め

**材料**

ソルトフィッシュ（干タラ、すきみたら）…200g（沸騰したお湯に20分入れて塩抜き）、プランテン…中2本（皮ごとゆでる）、ココナッツオイル（または植物油）…大さじ2、玉ねぎ…中½個（さいの目切り）、塩・黒こしょう…各少々、ホットソース…少々（お好みで）、パセリ…少々（トッピング）

A［にんにく…1かけ（すりおろす）、ピーマン…½個（みじん切り）、青唐辛子…1個（輪切り）、赤唐辛子…½個（輪切り）、青ねぎ…1本（みじん切り）、タイム（生葉）…小さじ1（みじん切り）］

**作り方**

**1.** ゆでたプランテンの皮をむき、さいの目切りする。
**2.** 塩抜きした干タラの骨を取り除いてほぐす。
**3.** フライパンにココナッツオイルを入れ、玉ねぎをしんなりするまで炒める。Aを加えてさらに炒める。
**4.** 1と2を加えて炒める。塩、黒こしょうで調味し、パセリを飾る。お好みでホットソースをかける。

※プランテンを混ぜ入れず、斜め切りして干タラに添える方法もあります。

同国のバナナ産業を描いた切手。（1973）

# タークス・カイコス諸島（英国）

TURKS AND CAICOS

英国領であることを示すユニオンジャックと、コンク貝、ロブスター、サボテンを描く紋章。

## 食品保存に欠かせない塩を供給

**バハマの南東にある英国の海外領土。農業に向かない乾燥した土地のため古くから塩田が営まれ、魚等の食品保存にも欠かせない塩を供給してきました。バハマと同様、アメリカ大陸原産のサツマイモやキャッサバ、とうもろこし等を主食に、コンク貝、ロブスター等の海産物もよく食べます。**

**●地名の由来：タークスはこの地に群棲するサボテン名または「海賊」、カイコスは「諸島」。**

### 材料

ソルトフィッシュ（干タラ、すきみたら）…200g（沸騰したお湯に20分入れて塩抜き）、水・植物油…各適量

A（すべてみじん切り）
玉ねぎ…中¼個、にんにく…1かけ、ねぎ…1本、タイム（生葉）…小さじ1、パセリ・コリアンダーの葉…各大さじ1

B 唐辛子粉…少々、小麦粉…150g、ベーキングパウダー…小さじ1、黒こしょう…小さじ½

### 作り方

**1.** 塩抜きした干タラの骨を取り除いてほぐす。　**2.** ボウルに1、A、Bを入れて混ぜる。水を少しずつ加え、スプーンですくって生地がゆっくり落ちるくらいの固さによく練る。生地を10分休ませる。　**3.** フライパンに植物油を多めに入れて熱し、2をスプーンに取って落とし、両面をきつね色になるまで揚げ焼きする。キッチンペーパーで油分を吸い取る。

Recipe Saltfish Fritters

## ソルトフィッシュ・フリッター

干タラのフリッター

貝がら
飾り

とうもろこし

温暖な南海に生息するソトイワシ（ボーンフィッシュ）。フライ等にして食べる。（1957）

# ドミニカ国

DOMINICA

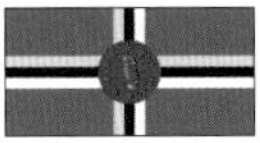

3色の十字はキリスト教への信仰と三位一体を示す。緑は豊かな森林と農業を表し、中央は国鳥シセロウオウムと10教区を示す星。

## 先住民の伝統から育まれた独特のお茶文化

山の多い地形に熱帯雨林が生い茂る英連邦国。食文化は近隣諸国と似通っていますが、先住民の伝統や英国の影響が混ざった独特のお茶文化が育まれました。熱帯雨林の恵みである薬用の「ブッシュ・ティー」から主食代わりの「カカオ・ティー」まで、お茶の範囲が多種多様な点が特徴です。● 国名の由来：日曜日。コロンブスが来航して命名。

Recipe Cacao Tea

### カカオ・ティー

**材料**

A ┌ カカオパウダー*…15g、水…400mℓ、月桂樹の葉…1枚、シナモンスティック…1本、ナツメグ 少々、バニラエッセンス…少々 ┘

牛乳（またはココナッツミルク）…100～150mℓ、くず粉または小麦粉…小さじ1(水で溶かす)、きび砂糖…適量(お好みで)

*カカオ豆を挽いたもの。カカオバターを取り除いたり砂糖等を加えたココア、チョコレートパウダーとは違うので注意。

**作り方**

**1.** 鍋にAを入れて一度沸騰させ、弱火で温める。 **2.** カカオパウダーが解けたら牛乳を加えて温め、溶かしたくず粉を加えてとろみをつける。お好みできび砂糖を加える。

# ドミニカ共和国

DOMINICAN REPUBLIC

中央に聖書と十字架の紋章。青は神、赤は祖国、白は自由を表す。上方のリボンには「神、祖国、自由」の標語。

## とうもろこしと米を使った「アロス・コン・マイス」

**イスパニョーラ島の半分以上を占める旧スペイン領の国。スペイン、アフリカ、先住民タイノ族の食文化が混ざった食文化を育んできました。アメリカ大陸原産のとうもろこしと、スペイン人が持ち込んだ米を使った「アロス・コン・マイス」は、それを象徴する料理でもあります。**

**● 国名の由来：スペイン人が入植した日が日曜日だったことから。**

Recipe　Arroz con Maiz

### アロス・コン・マイス

とうもろこしの炊き込みごはん

トストーネス
フライド・プランテン

ピカディーリョ
ひき肉トマト炒め

いんげん豆&ごはん

#### 材料

米…½カップ（あれば長粒米。30分以上水につけて、水気を切る）、とうもろこし粒…½カップ（缶詰または冷凍）、野菜スープの素…小さじ½、塩…小さじ¼、植物油…適量、水…1カップ

A ［パイナップル…½カップ（さいの目切り）、コリアンダーの葉・パセリ…各小さじ1（みじん切り）

#### 作り方

**1.** 厚手の鍋に植物油を入れ、とうもろこしと米を加えて混ぜる。 **2.** Aを加え、さらに混ぜる。 **3.** 水と野菜スープの素、塩を加えてよく混ぜ、ふたをして弱火で15分炊く。 **4.** 途中様子を見て水が足りないようなら足して、さらに5分炊いて蒸らす。

重要な食材のひとつであるとうもろこし栽培の様子を描く。(1980)

# トリニダード・トバゴ共和国

TRINIDAD AND TOBAGO

赤は国と国民の活力である太陽等、黒は団結と富、白は大西洋とカリブ海、2つの島、純粋さ等を表す。

## 柑橘類栽培と加工業が近年拡大

**リオ、ベネチアと並ぶ世界三大カーニバルのひとつが行われる国。かつてのさとうきびから、柑橘類の栽培・加工へと産業が移行し、近年拡大しています。英国植民地時代に移住したインド系住民が多く、薄焼きパンにカレーを乗せた「ダブルス」のような独特のインド料理が誕生しました。● 国名の由来：トリニダードは三位一体、トバゴはタバコから。**

Recipe Trini Fish Fry

### トリニ・フィッシュ・フライ

エビ & アボカド

カラルー

青菜&オクラ・シチュー

#### 材料

白身魚（切り身）…2枚、ライム果汁…1個分、植物油…適量

<マリネ液>

A 玉ねぎ…¼個、にんにく…1かけ、青唐辛子・ケイジャン・シーズニング・塩…各少々

B 小麦粉…50g、カレー粉…小さじ½、カイエンペッパー…小さじ¼、塩・黒こしょう…各少々

#### 作り方

**1.** 白身魚の上にライム果汁を絞り、20分間置く。冷水ですすぎ、水気をふき取る。 **2.** マリネ液を作る。Aをフードプロセッサーに入れてピューレ状にする。ボウルに移す。 **3.** 1に2を10～15分間程漬け込む。 **4.** Bを別のボウルに入れて混ぜる。 **5.** 3を4にまぶす。フライパンに植物油を熱し、両面をこんがりと揚げ焼きする。キッチンペーパーで油分を吸い取る。

柑橘類はトリニダード・トバゴの主要農作物。(1969)

# ニカラグア共和国

NICARAGUA

青は太平洋とカリブ海、白は正義の象徴。紋章の5火山は中米の連邦を構成する5か国、正三角形は平等を表す。

## 主食はとうもろこし

東はカリブ海、南西は太平洋に面した中米の国。コーヒー産業が歴史的にも経済的にも重要な役割を果たしてきました。他の中米諸国と同様、主食はとうもろこし。とうもろこしにカカオやシナモンを加えた甘い飲み物「ピノリージョ」が国民的に愛されています。

● 国名の由来：インディオの抵抗運動の指導者ニカラオから。

タコス

貝乗せ
トルティーヤ

Recipe Quesillo

### ケシーリョ

トルティーヤのチーズ
&酢漬け玉ねぎ巻き

**材料**

トルティーヤ（できればとうもろこし粉のもの）…4枚、モッツァレラチーズ…100g（4つに輪切り）、玉ねぎ…中¼個（みじん切り）、りんご酢…50㎖、水…適量、塩…少々、サワークリーム…大さじ2（水少々を加えてクリーム状に）

**作り方**

**1.** 玉ねぎの酢漬けを作る。鍋に水と玉ねぎを入れて沸騰するまで煮る。玉ねぎの水気を切ってりんご酢に漬ける。30分以上置く。 **2.** 別の鍋にお湯をわかし、輪切りにしたモッツァレラチーズを入れてやわらかくする。 **3.** お皿にトルティーヤ1枚ずつを乗せる。2を乗せて広げ、1の玉ねぎ、塩、サワークリームをかける。半分に折りたたんで食べる。

# ハイチ共和国

HAITI

中央ヤシの木の上に「自由の帽子」、大砲、ライフル、太鼓、トランペット、軍旗。

## フランスやアフリカの伝統が混ざった「クレオール」の食文化

イスパニョーラ島の西半分を占める旧仏領国。フランス革命の影響から中南米で最初の1804年に独立宣言しました。コーヒー豆やさとうきび栽培が主要産業でしたが、たび重なる政治的混乱や自然災害で縮小。フランスやアフリカ、先住民の伝統が混ざった「クレオール」の食文化を伝承しています。● 国名の由来：山地。

Recipe Griot

### グリオ

豚肉&オレンジジュース・マリネのグリル

**材料**

豚肉 …300g(大きめに角切り)、植物油 …大さじ1

A［玉ねぎ…¼個(薄切り)、オレンジジュース…100mℓ、ライム果汁…½個分、にんにく…1かけ（すりおろす)、タイム(生) …1枝、塩・黒こしょう…各少々］

**作り方**

**1.** ボウルにAを入れて混ぜ、豚肉を加えて漬け込む。冷蔵庫にひと晩置く。 **2.** 1を耐熱皿に入れアルミホイルをかける。190℃に予熱したオーブンで45分焼く。 **3.** 2から汁のみ取り出し、植物油を入れた鍋に移して弱火で10分煮る。 **4.** 2をお皿に盛り、3をかける。

プーレ・オ・バーベキュー

BBQの語源はハイチ説あり

いんげん豆

# パナマ共和国

PANAMA

独立に関わったアメリカの星条旗と同じ青・白・赤を使用。青は保守党、赤は自由党を象徴。星は両党の協調、国民の団結を表す。

## 一人当たりの鶏肉消費量が多い国

**北米と南米大陸の接続点で、太平洋と大西洋を結ぶパナマ運河で知られます。国土の大半を占める山岳の高地では酪農や農業が盛ん。特に一人当たりの鶏肉消費量が中南米諸国の中で群を抜いて多く、鶏肉を使った「アロス・コン・ポヨ」は同国全域で祝祭の時等によく食べられています。**

**● 国名の由来：魚の豊富な場所。**

**Recipe** Arroz con Pollo

### アロス・コン・ポヨ

鶏肉の炊き込みごはん

チョリソ

ピリ辛ソーセージ

ベビーコーン

**材料**

水…1カップ、塩…少々、植物油…適量

（すべてみじん切り）

A　玉ねぎ・トマト…各中½個、にんにく…1かけ、ピーマン…¼個、コリアンダーの葉…大さじ1

B　米（あれば長粒米）…½カップ（30分以上水にひたし、水気を切る）、鶏肉…100g（細切り）、グリンピース…大さじ2、トマトピューレ…大さじ2

**作り方**

**1.** 鍋に植物油をひき、Aを入れてよく炒める。

**2.** Bを加え、肉の色が変わるまで混ぜながら炒める。

**3.** 水を加えて沸騰させ、ふたをして弱火で30分程炊き込む。途中、水が減ったら足し、2、3度混ぜる。蒸らして、再度混ぜる。

# バハマ国

BAHAMAS

黒は国民、2本の青い帯は海に囲まれた島国であること、黄は太陽と国土を表す。

## アメリカ南部と共通した食文化

**コロンブスが最初に上陸したとされるサンサルバドル（ワトリング）島のある国。コンク貝をはじめ新鮮な魚介類が豊富です。フロリダ州に近く、米南部と共通した食文化も。「ジョニー・ケーキ」はコーンブレッドから派生し、現在、同国ではとうもろこしではなく小麦粉や砂糖を使います。**

**● 国名の由来：浅い環礁、引き潮**

Recipe Johnny Cake

## ジョニー・ケーキ

小麦粉＆バターのケーキ

### 材料

A［小麦粉…150g（ふるう）、ベーキングパウダー…小さじ½、塩…小さじ½、砂糖…大さじ3

バター…40g（冷やしてさいの目切り）、牛乳…80㎖、植物油…少々

### 作り方

**1.** ボウルにAを入れて混ぜる。バターを加えて指で押すように練る。 **2.** 牛乳を加えてこねる。10分休ませる。 **3.** ケーキ型の内側に植物油を塗り、2を流し入れる。 **4.** 180℃に予熱したオーブンで3を20分前後、時々様子を見ながらきつね色になるまで焼く。冷ましてから切り分ける。

同国の名物でもある、大きく美しいピンク入りのコンク貝。(1965)

# バミューダ諸島 (英国)

BERMUDA

英国を示すユニオンジャック、ライオンと嵐の中の難破船と盾でこの地に英国人が漂着して植民が始まった歴史を描く。

## ガイ・フォークスの日に食べる「さつまいものプディング」

**北大西洋にある英国の海外領土。豊富な魚介類に恵まれ、漁業は衰退傾向にあるものの、ワフー（カマスサワラ）やメバルが、地元料理の食材やフィッシングの対象として人気です。英国の祭日ガイ・フォークスの日（11月5日）に「さつまいものプディング」を食べる習慣があります。**

**● 地名の由来：この諸島を「発見」したスペイン人航海士ファン・ベルムデスにちなんで。**

### 材料

さつまいも…300g、きび砂糖…60g、たまご…1個（溶く）、バター…大さじ1と½（室温で溶かす）＋適量

A ［ベーキングパウダー・シナモン粉…各小さじ½、塩…少々

B ［牛乳…60㎖、レーズン…大さじ1、バニラエッセンス…2〜3滴

### 作り方

**1.** さつまいもをやわらかくなるまでゆで、皮をむき、つぶす。 **2.** ボウルにバター、きび砂糖を入れて練り、溶きたまごを少しずつ加えてよく混ぜる。 **3.** A、B、1を加えてさらに混ぜる。 **4.** 耐熱皿の内側にバターを薄く塗り、3を流し込んで表面を平らにならす。180℃に予熱したオーブンで30分前後、時々様子を見ながら表面がこんがりするまで焼く。

**Recipe** Sweet Potato Pudding

## スウィートポテト・プディング

さつまいものプディング

バミューダ諸島の沖合に生息するワフー（カマスサワラ）。最大170㎝にもなり、淡泊な白身魚で、日本ではさつま揚げの原料にも。(1972)

# バルバドス

BARBADOS

青は海と空、黄（金）は海岸の砂、中央はローマ神話の海神ネプチューンの矛を表す。

## 「トビウオ」を国の象徴とするグレープフルーツの原産地

**英国統治時代のコロニアル建築の街並が残る、カリブ海地域で最も裕福な国。グレープフルーツの原産地です。「トビウオ」を国の象徴とし、硬貨のデザインや代表的な郷土料理「クークー」の添え物になっています。またソルトフィッシュ（干タラ）が料理によく使われます。**

**● 国名の由来：島のバルブドス（和名ヒゲイチジク）の木から。**

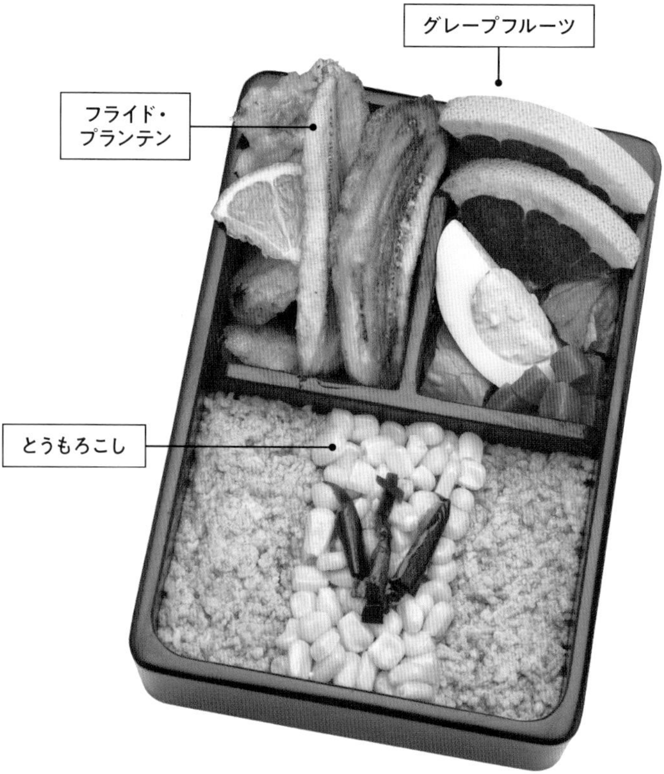


Recipe Buljol

### ブルジョル

ソルトフィッシュのサラダ

**材料**

ソルトフィッシュ（干タラ、すきみたら）…100g（沸騰したお湯に20分入れて塩抜き）、黒こしょう…各少々、パセリ…少々（みじん切り。トッピング）

A ［トマト…中½個（粗みじん切り）、きゅうり・ピーマン・青唐辛子…各½個（粗みじん切り）、植物油…大さじ1、ライム果汁…1個分

**作り方**

**1.** 塩抜きした干タラの骨を取り除いてほぐす。 **2.** ボウルに1、Aを入れてよく混ぜる。塩、黒こしょうで調味し、冷蔵庫で冷やす。パセリを飾る。

「トビウオの国」バルバドスでは、この魚を料理にもよく使う。(1965)

# プエルトリコ
# (アメリカ合衆国)

PUERTO RICO

歴史的なつながりからキューバと似たデザインだが、米国の自治連邦区になったことから星条旗と似た色になった。

## スペイン、アフリカ、先住民、アメリカが混ざった食文化

カリブ海に浮かぶ米国自治連邦区の島。19世紀末までの400年近いスペイン統治時代の影響で今もスペイン語が話され、アフリカや先住民タイノ族、アメリカと混ざった食文化を特徴とします。プランテンやパンノキの実、豚肉、にんにく等の食材がよく使われます。

● 地名の由来：豊かな(美しい)港

Recipe Pernil

## ペルニル

豚肉のロースト

### 材料

豚肩ロース肉（塊）…400～500g（表面に数カ所、包丁で切り込みを入れる）

＜マリネ液＞

A　にんにく…1かけ、玉ねぎ…小½個、乾燥オレガノ・黒こしょう・唐辛子粉…各小さじ½、塩…小さじ1、りんご酢…小さじ½、EVオリーブオイル…50mℓ

### 作り方

**1.** マリネ液を作る。Aをすりばちでするかフードプロセッサーでペースト状にする。　**2.** 豚肩肉の切り込みの中、全体に1をすり込む。耐熱容器に入れてラップをして2時間以上置く（夏場等暑いときは冷蔵庫に入れ、焼く前に室温に戻す）。　**3.** 2のラップを外してアルミホイルをかぶせ、180℃に予熱したオーブンで45分以上焼く。アルミホイルを外して肉の表面に汁をかけ、さらに15分、表面をカリカリに焼く。

※現地では、大きな塊の肉をほろほろになるまで数時間かけて焼きます。

# ベリーズ

BELIZE

青は近隣諸国との協調、赤は国土と独立を守る決意を表す。紋章の中央には、国民を象徴して染料の原料を持つ黒人と、斧を持つ混血人が立っている姿を描く。

## マヤ時代から伝わる「燻製唐辛子」を商品に活用

ユカタン半島のつけ根にあり、国土の半分以上が熱帯雨林の英連邦国。マヤ文明の栄えた地で、古代マヤ人の時代からあった「燻製唐辛子」を加えたハバネロ・ソースが日本にも輸出されています。魚介類とアメリカ大陸原産のさつまいもやキャッサバ等をゆでた「ボイルアップ」という料理があります。● 国名の由来：語源不明。一説にはマヤ語の「泥水」より。

Recipe

### ベリージアン・ボイルアップ

Belizean Boil Up

ゆでたいも類、魚等のトマトソースがけ

**材料**

魚の切り身（サーモン、白身魚）…200g、キャッサバ…1本（じゃがいもで代用）、タロいも（さといも）…2個、さつまいも…½個（輪切り）、プランテン…2本（輪切り）、ゆでたまご…1個（輪切り）、ライム果汁…1個分、塩…適量、トマトソース…適量、ホットソース…適量（お好みで）

**作り方**

**1.** 魚の切り身にライム果汁をかけ、15分以上マリネする。鍋に水（分量外）を入れてゆでる。 **2.** 別の鍋に水（分量外）と塩を入れて沸かし、たまご、プランテン、いも類をゆでる。 **3.** 1と2をお皿に盛り、トマトソース、お好みでホットソースをかける。

英領ホンジュラス時代の切手。シイラ（マヒマヒ）はカリブ海沿岸では「ドルフィン」とも呼ばれ、よく食べられている。(1965)

# ホンジュラス共和国

HONDURAS

青は太平洋と大西洋、白は平和、5つ星は中米連邦の5つの国を表す。

## 紀元前からカカオが栽培されてきた地

**メキシコ等と同じく紀元前からカカオが栽培されてきた地。コロンブスはホンジュラス付近でカカオの種子を入手してスペインに持ち帰り、チョコレートの原型が誕生したといわれます。スペインの影響を受けた食文化。米国資本のバナナ産業への経済依存を解決する課題があります。**

**● 国名の由来：深み＝深海。**

### 材料

牛ヒレ肉…100g（または他のやわらかい部位。角切り）、豚ロース肉…100g（角切り）、トマト…中½個（いちょう切り）、ピーマン…1個（角切り）、赤玉ねぎ…½個（角切り）、植物油…適量

＜マリネ液＞

A［にんにく…1かけ（みじん切り）、玉ねぎ…¼（薄切り）、ブイヨンの素…小さじ½、オレンジジュース…200㎖、塩…少々

チモール＊ 適量（付け合わせ）、金串または竹串（燃えないように水につけておく）

＊肉料理等に添える中米のレリッシュ。トマト、玉ねぎ、ピーマンをさいの目に切り、コリアンダーの葉、ライム果汁、塩を混ぜて作る。

Recipe

## ピンチョス・ホンジュレノス

Pinchos Hondureños

ホンジュラスの肉＆野菜の串焼き

中米原産のカカオの実。この地を訪れたヨーロッパ人は初期の頃から目をつけていた。（2016）

### 作り方

**1.** Aを半分ずつ容器に入れ、牛ヒレ肉と豚ロース肉をそれぞれ一晩マリネする。 **2.** 赤玉ねぎ、1の肉2種、ピーマン、トマトを串に交互に刺す。 **3.** グリルまたはフライパンで2をこんがりと焼く。途中で植物油をはけで塗る。 **4.** お皿に盛り、チモール、お好みで切ったアボカドやバナナ等を添える。

# メキシコ合衆国

MEXICO

白はカトリック教会、緑は独立、赤は統一を表す。サボテンにとまったワシがヘビをくわえている紋章はアステカの伝説に由来。

## 「メキシコの伝統料理」がユネスコ無形文化遺産に

マヤ・アステカに代表される高度な文明が築かれ、今もその伝統を受け継ぎます。2010年には「メキシコの伝統料理」がユネスコ無形文化遺産に登録されました。とうもろこしや唐辛子、いんげん豆、カカオ、アボカド、ドラゴンフルーツ等、多くの食材の原産地でもあります。

● 国名の由来：アステカ帝国の軍神メシトリより。自国での名称は「メヒコ」。

Character

くずまんじゅう皮のウーパールーパー

作り方：P256

メキシコサンショウウオ

ドラゴンフルーツ

トルティーヤチップス

モレ・ポブラノ

肉のチョコレートソースがけ

Recipe

**フリホーレス・ラ・オヤ**

Frijolesde la Olla

豆の煮込み

Recipe

**ワカモレ**

Guacamole

アボカド・ディップ

メキシコのフードシステム。とうもろこし、豆、トマト、魚等を描く。(1982)

## フリホーレス・ラ・オヤ

**材料**

うずら豆…100g（洗って前日から400mℓの水につける）、エパソテ（アリタソウ）*… ひとつまみ、青唐辛子…1本（切り込みを入れる）、水・塩…各少々、サワークリーム…適量（トッピング。お好みで）

A［ にんにく…1かけ（みじん切り）、玉ねぎ…中½個（くし切り）

*メキシコ原産のハーブ。日本では佐賀県有田町で栽培されたことから名がついた。月桂樹の葉で代用。

**作り方**

**1.** 鍋にうずら豆、取り換えた水400mℓ、Aを加えて沸騰させ、弱火にして45分以上、豆が好みのやわらかさになるまでゆでる（圧力鍋で時短可。木べらで少しつぶしてもよい）。　**2.** エパソテ、青唐辛子を加えてさらに10分煮る。塩で調味する。お皿に盛り、お好みでサワークリームを乗せる。

memo

豆は、とうもころしとともに何千年もの間、中米先住民の栄養の源でした。当地には200~400もの豆の種類があるといわれ、中でもいんげん豆やうずら豆がよく食べられています。

## ワカモレ

**材料**

アボカド（やわらかいもの）…1個、塩…少々、ライム果汁…½個、コリアンダーの葉…大さじ1（茎を取り除く）

A［ トマト…中½個（固いもの。みじん切り）、玉ねぎ…中¼個（みじん切り）、青唐辛子…½本（みじん切り。お好みで）

**作り方**

**1.** ボウルにアボカドの果肉を取り出して入れる。　**2.** 1にAを入れ、変色を防ぐためにすぐ塩とライムをかけ、フォークでつぶす（アボカドの形が少し残っていた方がおいしい）。　**3.** Aを加えて混ぜる。コリアンダーの葉を加えてさっくり混ぜる。ナチョス等につけて食べる。

※保存する場合は、アボカドの種を一緒に入れておくと変色しにくくなります。

memo

和名を「ワニナシ（表皮がワニの肌に似ていることから）」というアボカドは、紀元前からメキシコで栽培されてきた植物。今も世界最大の生産量・消費量を誇り、日本にも輸出しています。

# モントセラト（英国）

MONTSERRAT

英国領であることを示すユニオンジャックと、アイルランド移民が多いことから、アイリッシュハープを持ち緑の服を着た同国を象徴した女性が紋章。

## アイルランド移民が起源の郷土料理「ゴート・ウォーター」

**英国の海外領土でもあるカリブ海の火山島。島に繁茂する植物群の色と、緑をナショナルカラーとする初期のアイルランド移民にちなんで別名「エメラルド島」ともいいます。代表的な郷土料理「ゴート・ウォーター」は、アイリッシュ・シチューをもとに牛肉を山羊に置き換えた料理といわれます。**

**● 地名の由来：スペインのモンセラト修道院にちなんで。**

バナナ

パン

Recipe Goat Water

### ゴート・ウォーター

山羊シチュー

カリブや中米、南米には様々な品種の唐辛子がある。(1965)

### 材料

山羊肉（ラム肉で代用）…200g（角切り）、ブラウンシュガー…小さじ1、月桂樹の葉…1枚、コーンスターチ…小さじ½、グレイビーブラウニング…小さじ½（ウスターソースまたはしょうゆで代用）、ラム酒…小さじ1、植物油…大さじ1、塩…少々、水…500㎖

A［クローブ・ナツメグ…各小さじ½、タイム（生葉）…1枝＋1枝（2回入れる）

B［玉ねぎ…中¼個（みじん切り）、にんにく…1かけ（つぶす）、ピーマン…½個（みじん切り）、セロリの茎…¼本（みじん切り）、青唐辛子…½本（みじん切り）

### 作り方

**1.** 厚手の鍋に植物油を入れて熱し、ブラウンシュガーを入れ混ぜる。山羊肉を加えて和え、肉の表面に火を通す。 **2.** 水、Aを加えて沸騰させ、おたまでアクをすくう。 **3.** Bをフードプロセッサーにかけてペースト状にし、月桂樹の葉とともに2に加える。弱火にしてふたをし、肉がやわらかくなるまで1時間煮込む。 **4.** 鍋のふたを開けて塩で調味する。コーンスターチを水で溶いて加え、とろみをつける。ラム酒を加え、タイムをもう一度加える。

# CHARACTER の作り方

P220

## U.S.A.

アメリカのキャラクター

## たまごのラッコ

**材料**

| | |
|---|---|
| 胴体：ゆでたまご（めんつゆに一晩つけて染めたものを縦切り） |
| 口の周り、しっぽ：スライスチーズ |
| 手足：ゆでたまごの白身 |
| 目・ひげ：海苔 |
| ハート：赤パプリカ（または赤ピーマン） |

# CHARACTER の作り方

## MEXICO P252

メキシコのキャラクター

### くずまんじゅう皮のウーパールーパー

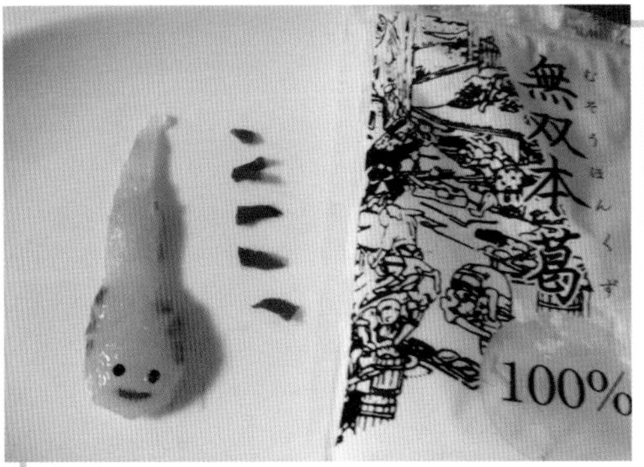


**材料**

胴体：本くず粉（15g。ないときは片栗粉で代用）、水（A 25mℓ＋B. 50mℓ）、砂糖（20g）

**1.** ボウルに本くず粉（15g）と水（A）を入れて溶き、（B）を足して混ぜる。
**2.** 鍋に入れて砂糖を加えて混ぜて中～弱火にし、ゴムベラでよく混ぜながらぷるぷるになるまで練る。
**3.** 固くならないうちに火からおろしてよく混ぜる。ラップに好きな量を乗せて、上からおたまじゃくしのような形に成型して包み、蒸し器で10分蒸す。
**4.** くずまんじゅうが透明になったら冷水につける。冷水から出しラップを外す。

目：海苔

口・ひれ：ドラゴンフルーツの皮

※あんこ等の具は入れません。

CHAPTER 6　南米

# South America

# アルゼンチン共和国

ARGENTINE

太陽は、独立戦争中は雨が降り続いたが、勝利の日には照り輝いたという「五月の太陽」を表し、同国の独立の象徴。青と白は植民地人の軍服色。

## 世界有数の生産量を誇る牛肉大国

**日本の国土の1.6倍の広さを持つ肥沃な草原地帯パンパで牛を放牧する牛肉大国。世界有数の生産量を誇り、国民1人当たりの牛肉消費量は日本の約9倍。赤身の多いアルゼンチン産牛肉は最近、日本にも輸出されるようになりました。肉料理に合うワインの生産も盛んです。**

**● 国名の由来：銀の国。**

Recipe Empanadas

## エンパナーダ

ひき肉入りパイ

### 材料

A
- 牛ひき肉…120g、にんじん…¼個（みじん切り）、トマト…中½個（固いもの。みじん切り）、パプリカ粉…小さじ½、クミン粉…小さじ¼、塩・唐辛子粉…各少々

冷凍パイシート…2枚（直径約10㎝の円に型抜き）、オリーブオイル（バターでもよい）…大さじ1、玉ねぎ…中½個（みじん切り）、レーズン…大さじ½、ゆでたまご…1個（みじん切り）、グリーンオリーブの実…12個、たまご…1個（つや出し用。溶く）

### 作り方

**1.** フライパンにオリーブオイルをひき、玉ねぎをきつね色になるまで中火で炒める。 **2.** 1にAを加えてよく混ぜながら炒める。 **3.** 2を火からおろし、レーズンを加えて混ぜ、冷ましておく。 **4.** 3の具をパイシートの上に乗せる。トップにゆでたまごとオリーブの実を乗せて包む。生地のふちに水を少しつけて閉じ、フォークの先を押し付けて模様をつける。 **5.** 4の表面にはけで溶きたまごを塗る。 **6.** 予熱した180℃のオーブンで、5を15～20分程きつね色になるまで、様子を見ながら焼く。

平原パンパでの牛の飼育の様子を描く。(1958)

# ウルグアイ東方共和国

URUGUAY

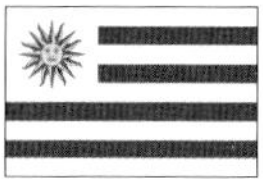

青は自由、白は平和、白と青の9本の帯は独立当時の州の数を表し、太陽はかつて戦いの同志だったアルゼンチンの国旗に由来。

## 乳製品の生産量が多い国

**アルゼンチンと同様、牧畜が盛んな世界有数の牛肉消費国で、2019年より日本にも輸出されるようになりました。またヨーロッパからの移民によるチーズ等乳製品の消費量も世界有数。「ドゥルセ・デ・レチェ」(ミルクジャム)をはじめ、牛乳を使った郷土のお菓子も豊富です。**

**●国名の由来：ウルグアイ（鳥の飛来する）川より。**

Recipe Choripán

## チョリパン

チョリソのサンドウィッチ

### 材料

チョリソ（スペインのピリ辛ソーセージ）…4本、バゲット（またはロールパン）…1本、マヨネーズ…適量（お好みで）

<ドレッシング（チミチュリ）>

A［コリアンダーの葉・パセリ…各30g（みじん切り）、乾燥オレガノ…小さじ1、赤または白ワインビネガー…20mℓ、ガーリックパウダー…小さじ½、植物油…120mℓ、唐辛子粉・塩・黒こしょう…各少々

### 作り方

**1.** ボウルにAを入れて混ぜ、ドレッシングを作る。 **2.** チョリソをフライパンまたはグリルでひっくり返しながらこんがり焼く。 **3.** バゲットをチョリソの長さに合わせてカットし、横から切り込みを入れる（切り離さない）。チョリソを焼いたフライパンの余熱でバゲットを温める。 **4.** バゲットの切り込みを開き、下面に1を乗せ、チョリソを乗せてさらに1をかける。お好みでマヨネーズをかけてはさむ。

Character

たまごの牛

作り方：P272

チーズ

ウルグアイには1862年からスイス人が移住。彼らはチーズ製造技術等を伝え、同国は現在「南米のスイス」とも呼ばれる。(2012)

# エクアドル共和国

ECUADOR

黄は富と太陽、青は空と海、赤は独立運動の殉死者の血を表す。中央の紋章にはコンドル、チンボラソ火山、商船、太陽と黄道等が描かれる。

## バナナの輸出量が世界一

赤道直下にありながら標高が高いため、涼しく過ごしやすい気候。世界一の輸出量を誇るバナナをはじめ、コーヒーやカカオ等を栽培しています。アンデス地方ではじゃがいもや「クイ」（テンジクネズミ）が食材とされ、ガラパゴス諸島や沿岸地方ではエビ等の魚介も食べます。

● 国名の由来：赤道。

Recipe

**アロス・コン・カマロン**

Arroz con Camarón

エビ入りごはん

エクアドルの特産品バナナ。（1954）

### 材料

むきエビ…200g、玉ねぎ…¼個（みじん切り）、にんにく…1かけ（みじん切り）、ピーマン…½個（粗みじん切り）、コリアンダーの葉…大さじ2（みじん切り）、植物油…適量、ごはん（炊いたもの。あれば長粒米）…200g、水…¼カップ

A［トマトピューレ…大さじ2、しょうゆ…大さじ1、アチョーテ*・塩・こしょう…各少々

* ベニノキの色素。パプリカ粉で代用。

### 作り方

**1.** フライパンに植物油をひき、玉ねぎ、にんにくを炒める。 **2.** ピーマンを加えてさらに炒める。 **3.** A、水を加えて混ぜ、コリアンダーの葉、むきエビを加え、エビの色が変わるまで炒める。 **4.** ごはんを加えて混ぜる。お皿に盛り、お好みでバナナやアボカドを添える。

# ガイアナ共和国

GUYANA

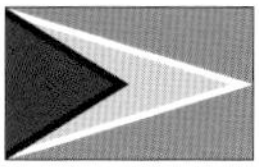

緑は農業と森林資源、白は豊かな水資源、黄は鉱物資源、黒は忍耐力、赤は国民の力を表す。

## アフリカやインド、イギリスに影響された食文化

**ギアナ高地や、アマゾンの支流をはじめ多くの川が流れる熱帯雨林が広がる、南米唯一の旧英領国。さとうきびと米が主要な農産物で、国章にも描かれ、前者からはラム酒や砂糖を生産しています。食文化にはアフリカやインド、イギリスの影響がうかがえます。**

● **国名の由来：水の多い土地。**

### 材料

<ソース>

A ［ 玉ねぎ…¼個、セロリの茎…½本、タイムの葉…大さじ1、青唐辛子…1本、にんにく…1かけ、オリーブオイル…大さじ1、塩…小さじ1

B ［ オリーブオイル…大さじ1、レモン果汁…½個分、塩…適量

鶏肉（手羽先や手羽元、骨付きもも肉）…300g、白ワインまたは水…½カップ

### 作り方

**1.** ソースを作る。Aをフードプロセッサーに入れ、ペースト状にする。　**2.** 鶏肉にBをまぶす。**3.** 耐熱皿に1と鶏肉を入れてマリネし、ラップをかけて冷蔵庫に一晩置く。　**4.** 3を冷蔵庫から出して室温に戻す。白ワインまたは水をふりかけて190℃に予熱したオーブンに入れて15分焼き、いったん取り出す。耐熱皿にたまったソースを鶏肉の表面にかけて、さらに15分こんがり焼く。

Recipe

## ガイアナのロースト・チキン

Guyanese Roasted Chicken

ココナッツフレーク

とうもろこし

いんげん豆

ガイアナを流れるアマゾン川支流に生息するピラニア。食用にすることもある。
(1968)

# コロンビア共和国

COLOMBIA

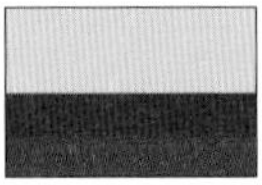

黄は国土、青はカリブ海と太平洋、赤は独立戦争で流された血と勇気・名誉・勝利を表す。

## 「コーヒー産地の文化的景観」がユネスコ無形文化遺産に

**ブラジル等に並ぶ世界有数のコーヒー豆生産国で、2011年にコロンビアの「コーヒー産地の文化的景観」がユネスコ無形文化遺産に登録されました。食文化はアンデス地方をはじめ6地域に大きく分かれ、それぞれに特色があり、特にとうもろこしやいんげん豆等が重要な食材です。**

**● 国名の由来：アメリカ大陸に到達したコロンブスの名より。**

Recipe Almojábanas

### アルモハバナ

とうもろこしとチーズのパン

#### 材料

A［とうもろこし粉…80g、小麦粉…20g、ベーキングパウダー…小さじ1、塩…小さじ¼］

モッツァレラチーズ…200g（すりおろす）、たまご…1個（溶く）、牛乳…小さじ4～6

#### 作り方

**1.** ボウルにAを入れて混ぜる。　**2.** 1にモッツァレラチーズ、たまごを入れる。耳たぶくらいの固さになるまで牛乳を少しずつ加えてこねる。　**3.** 2の生地を直径4cm位に丸めていく。　**4.** 天板にクッキングシートを敷き、3を乗せて天板に少し押しつけおまんじゅう型にする。　**5.** 200℃に予熱したオーブンで、2を15～20分程きつね色になるまで焼く。

※現地ではとうもろこし粉だけでまとまる「マサレパ」を使います。

# スリナム共和国

SURINAME

緑は農業と国の発展、白は平和・正義・自由、赤は独立・愛国心・協同を表す。星は国民の団結の象徴。

## 世界中の様々な移民による食文化

国土の大部分が南部のギアナ高地。人口は北部に集中し、旧宗主国オランダや、ポルトガルをはじめ、インド、インドネシア、中国等世界中からの移民による食文化が根づいています。さとうきびや米、バナナ等を生産し、バナナはベルギーやフランス等に輸出されています。

● 国名の由来：スリナム（岩の多い）川。

Recipe

### スリナムの干タラ・サンドウィッチ

Surinaams Broodje Bakkeljauw

干タラ（バカリャウ）は三角貿易で重要な役割を果たした食材

スリナムのトマト・チャツネ

トマト、唐辛子、にんにく等から作るインド由来のソース。ドレッシングにも

スリナムのバナナ。ヨーロッパにも輸出されている。
(1987)

#### 材料

干タラ（すきみたら）…100g（20分位温水につけて塩抜きする。冷水ですすぐ）、赤玉ねぎ…¼個（みじん切り）＋¼個（薄切り。トッピング）、にんにく…1かけ（みじん切り）、ひまわり油（または他の植物油）、レモン果汁…½個分、水…¼カップ

A［ トマトピューレ…大さじ2、ブイヨンの素…小さじ½、黒こしょう…少々

パン（コッペパンやロールパン）…2本、きゅうり…½本（薄切り。トッピング）

#### 作り方

**1.** フライパンにひまわり油をひき、赤玉ねぎとにんにくをしんなりするまで炒める。 **2.** Aを加えて混ぜながら炒める。 **3.** ほぐした干タラ、水、レモン果汁を加えて混ぜ、ふたをして10分煮る。 **4.** パンを縦に切り、切った面を魚焼き器等で軽くトーストする。3をパンの下側に乗せ、きゅうり、赤玉ねぎをトッピングしてもう一方のパンではさむ。

# チリ共和国

CHILE

赤は独立戦争の時の血、白はアンデスの雪の荘厳さ、青は空の清らかさ、星は国家統一の象徴を表す。

## ぶどうの生育に適した土地でワインを生産

**南米大陸南西部のアンデス山脈に沿った細長い国土。食文化はアンデスの土着文化に加えて、スペイン等ヨーロッパの影響を受け、ぶどうの生育に適した土地で高品質なワインを生産。また、南極に近いパタゴニア地方ではサーモントラウトが養殖され、日本にも輸出されています。**

**● 国名の由来：語源不明。「地の果て」等諸説あり。**

パステル・デ・チョクロ

とうもろこしペーストやひき肉で作るオーブン料理

ベビーコーン

**Recipe** Ceviche Chileno

### セビーチェ・チレーノ

チリ・スタイルのセビーチェ。サーモン入り

**材料**

A［レモン果汁…1個分、粗塩・黒こしょう…各少々

B［赤玉ねぎ…¼個（薄切り）、赤ピーマン…¼個（パプリカでもよい。みじん切り）、青唐辛子…½本（輪切り）、パセリ…大さじ2（みじん切り）、マスタード…大さじ½、オリーブオイル…大さじ2

サーモン（刺身用）…200g（角切りまたは薄切り）、レタス…3枚、コリアンダーの葉…少々（トッピング）、レモンの皮…½個分（すりおろす）

**作り方**

**1.** ボウルにサーモン、Aを入れて軽く混ぜる。 **2.** Bを加えて混ぜる。冷蔵庫に入れて10分冷やす。 **3.** 皿にレタスを敷き、2を乗せる。コリアンダーの葉とレモンの皮をトッピングする。

1964～73年に実施された農地改革。それまでの大農園主と雇われる農業労働者という構造が変化した歴史的事業だった。(1968)

# パラグアイ共和国

PARAGUAY

赤は独立戦争、白は平和、青は秩序を表す。紋章は表は星、裏はライオンと「自由の帽子」と異なっている。

## グアラニー族の食文化が息づく「マテ茶」の原産地

**乾燥した平原と湿地帯が広がる内陸国。先住民グアラニー族の食文化が色濃く受け継がれ、とうもろこしや豆を使った「ボリボリ」「ロクロ」「ソパ・パラグアージャ」「ジョパラ」等の郷土料理が国家の無形文化遺産に指定されています。またブラジル等とともに「マテ茶」の原産地でもあります。● 国名の由来：パラグアイ(パヤグア族の、または「王冠」の) 川。**

### 材料

とうもろこし (クリームコーン缶詰) …400g、玉ねぎ…小1個 (みじん切り)、モッツァレラチーズ…100g (すりおろす)、植物油…適量

A ［たまご…2個(溶く)、牛乳…120mℓ、塩・唐辛子…各少々

### 作り方

**1.** フライパンに植物油をひき、玉ねぎをしんなりするまで炒める。 **2.** ボウルに1とクリームコーン、モッツァレラチーズを入れて混ぜ、Aを加えてさらに混ぜる。 **3.** 2を耐熱皿に入れ、180℃に予熱したオーブンで25～35分程、様子を見ながらこんがり焼く。取り出して冷ます。

Recipe Chipa Guasu

**チパ・グアス**

とうもろこしとチーズのケーキ

ベビーコーン

チョリソ

ピリ辛ソーセージ

memo

イェルバ・マテの葉等から作るマテ茶は、ビタミンやミネラルが豊富で「飲むサラダ」とも。

# ブラジル連邦共和国

BRAZIL

緑は農業、黄は鉱物資源、中央の国章は南十字星を中心に首都ブラジリアと州の数を27個の星で表す。

## コーヒー豆、さとうきびの生産量が世界最大

世界最大の熱帯雨林が広がりコーヒー豆やさとうきびが最大生産量を誇る国。ポルトガル最大の植民地としてこれらの農園が発達し、奴隷制度が廃止された後は日本を含む世界各地から富を求めて移民が集まりました。これが現在のブラジルの多様な民族性と食文化の起因です。

● 国名の由来：「赤い」（赤色染料の原料「パウ＝ブラジル」の木を多く産出したことから）。

マニオク（キャッサバ）とオレンジ

フェイジョアーダの付け合わせ

シュハスコ

ブラジルのバーベキュー

Recipe Pastel

**パステウ**

中東～ヨーロッパ由来のペイストリー

オリーブの実

フェイジョアーダ

豆や肉、ソーセージ煮込み。ブラジルの国民食

1761年にコーヒー栽培が始まり、19世紀半ばから現在まで世界一の生産・輸出高を誇る。(1938)

## 材料

冷凍パイシート…2枚、鶏むね肉…100g（ゆでて細かく裂く）、玉ねぎ…½個（みじん切り）、にんにく…1かけ（みじん切り）、クリームチーズ…適量、小麦粉…少々（生地をとめるのり用。水少々で溶いておく）、植物油…適量

A　トマトピューレ…大さじ2、塩…大さじ½、鷹の爪…少々（みじん切り。お好みで）

## 作り方

**1.** フライパンに植物油をひき、玉ねぎとにんにくを炒める。Aを加えて混ぜる。火を止め、鶏むね肉を加えてさらに混ぜる。　**2.** 冷凍パイシートを3つ（もしくは6つ）に切る。それぞれに1と、クリームチーズを小さじ½ずつ乗せる。　**3.** 四角く折りたたみ、ふちに小麦粉ののりをつけて留め、フォークの先を押しつけて模様をつける。　**4.** 鍋に植物油を入れて熱し、きつね色になるまで揚げる。

※つや出しのたまごを表面に塗ってオーブンで焼く方法もあります。他にも様々な具あり。

memo

**ブラジルの多様な食文化**

先住民に始まり、ポルトガル人入植者とアフリカからの奴隷、ヨーロッパや中東、アジア等からの移民の子孫が暮らす多民族国家ブラジル。その食文化も多様性に満ちています。

まずアマゾン川流域の熱帯雨林に生育し、今ではスーパー・フルーツとして輸出もされているアサイーやアセロラ、ガラナ等は、もともとは先住民の貴重な栄養源であり薬用植物でした。

北東部バイーアに入植したポルトガル人はサルバドールに総督府を置きました。ここはアフリカからの奴隷の上陸地でもあり、デンデ油（パームオイル）やオクラ等を使った料理、音楽等に今もアフリカ文化が息づいています。ポルトガルの調理法をもとに奴隷たちが作った「フェイジョアーダ」等も誕生しました。

南米最大の都市でもあるサンパウロは移民が築いた街です。1888年に奴隷制度が廃止されたブラジルでは、労働力不足を補うため移民を受け入れ始めます。オスマン帝国の崩壊で政治経済的に不安定になったレバノンやシリア、日露戦争後に景気の悪くなった日本等からの移民が伝えた挽き割り小麦の揚げ物「キッベ」、パパイヤやバナナの漬物等がこの地で独自発展して根づきました。

# ベネズエラ・ボリバル共和国

VENEZUELA

黄は富、青はカリブ海、赤は独立運動の犠牲者・勇気を表す。8つの星は独立時7州とボリバル革命(2006)を表す。

## コロンビアと似た食文化

1830年にコロンビアから分離・独立。そのため食文化は似たところがあり、とうもろこしで作るパン「アレパ」や「カチャパ」、スープ「サンコーチョ」等が両国で食べられています。コーヒー豆の生産もコロンビアに次ぐほどでしたが、現在は生産高が落ちています。

● 国名の由来：小ベネチア。

Recipe Cachapas

### カチャパ

とうもろこしのパンケーキ

いんげん豆

とうもろこし

**材料**

A
- とうもろこしの粒…400g（冷凍または缶詰。水切りする）、牛乳…100mℓ、小麦粉…大さじ2、とうもろこし粉…大さじ2（なければ小麦粉同量）、たまご…1個、砂糖…大さじ1、塩…小さじ1

バター…適量、モッツァレラチーズ…100g（薄切り。お好みの量）

**作り方**

**1.** フードプロセッサーにAを入れて、とうもろこしの粒が少し残るペースト状になるまで混ぜる。ゆるすぎる場合は小麦粉を追加する。
**2.** 1を容器に移してラップをし、冷蔵庫で1時間休ませる。 **3.** フライパンにバターをひき、2をおたま1杯分流し込み、両面をこんがり焼く。 **4.** 3をお皿に乗せ、モッツァレラチーズを乗せて折りたたむ。

コーヒー栽培の様子。かつてはコロンビアに次ぐコーヒー生産国だった。(1938)

# ペルー共和国

PERU

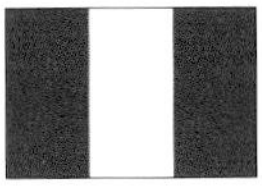

1820年の解放戦争の時、赤い翼で白い胸の鳥が飛び立った故事から。

## じゃがいもやトマト、唐辛子等の原産地

**かつてインカ帝国が繁栄し、今もその伝統を受け継ぐ国。じゃがいもやトマト、唐辛子等の原産地であり、近年はアンデスの高地で数千年前から食用に栽培されてきた雑穀「キヌア」や「アマランサス」等の栄養価が注目される等、世界の食文化の中でも重要な地域です。**

**●国名の由来：スペイン人が最初に上陸した時のインディオの首長国名ビルーから。**

### 材料

じゃがいも（あれば「インカのめざめ」等黄色っぽい色のもの）…中2個、ツナ缶…140g（水分または油分を切る）、アボカド…1個（5㎜位に薄切り）、塩・こしょう…各少々

A［ マスタード…小さじ1、ライム果汁…1個分

B［ 玉ねぎ…½個（みじん切り）、マヨネーズ…大さじ1＋トッピング

<トッピング>

黒オリーブの実…2個、ゆでたまご…½個（くし切り）、レタス…少々

### 作り方

**1.** じゃがいもをゆで、ボウルに入れてつぶす。A、塩、こしょうを加えて混ぜる。4等分する。 **2.** 別のボウルにツナ、B、塩を入れて混ぜる。2等分する。 **3.** お皿にセルクル（直径6～10㎝位の円形の抜き型）を乗せて組み立てていく。まず1を底に敷き、アボカドを乗せて塩、こしょうする。2の具をはさんで、再び1を乗せてサンドする。上から少し押す。 **4.** セルクルを外してお好みでマヨネーズをかける。黒オリーブの実、ゆでたまごをトッピングし、レタスを飾る。

# ボリビア多民族国

BOLIVIA

赤は動物資源、黄は鉱物資源、緑は植物資源の多いことを表す。

## じゃがいもやとうもろこし、ピーナッツ等の原産地

アンデス山脈が国土の3割を占める内陸国。高地のアンデス地方、乾燥した平地地方、アマゾンの熱帯雨林地方等大きく3つの地域に分かれており、それぞれ食文化に違いがあります。ペルーと同様、じゃがいもやとうもろこし、ピーナッツ等の原産地です。

- 国名の由来：ラテンアメリカ独立運動の指導者シモン・ボリバルの名より。

Recipe

**アンティクーチョ**

Anticuchos

牛ハツ肉の串焼き

## 材料

牛ハツ（心臓）肉（牛もも肉で代用。薄切り）…300g、じゃがいも…2個（付け合わせ。ゆでて皮をむき角切り）

A　にんにく…1かけ（すりおろす）、こしょう…小さじ1、塩・クミン粉…各少々

B　ワインビネガー・オリーブオイル・しょうゆ…各大さじ1、クミン粉・唐辛子粉・こしょう・塩…各少々、水…¼カップ

## 作り方

**1.** 牛ハツ肉を容器に入れ、Aに漬け込む。30分以上置く。 **2.** 別のボウルにBを入れて混ぜ、ソースを作る。 **3.** 1を串に刺し、2のソースをはけで塗りながらグリルでこんがり焼く。じゃがいもも焼いて一緒に串に刺す。

※現地ではピーナッツと黄唐辛子のソース「リャジワ・デ・マニ」をつけて食べることもあります。

社会奉仕団体ライオンズクラブ国際協会の記念切手。大地に種をまく先住民を描く。
(1967)

memo

**アンデスの伝統的な食用植物**

ボリビア、ペルー、エクアドル、コロンビアにまたがり、インカ文明が栄えたアンデス山脈地域では、古代より様々な植物が食用とされてきました。

その代表格は、じゃがいもととうもろこし。両者ともたくさんの種類があり、じゃがいもは、「チューニョ」という乾燥させた保存食に加工することもあります。やせた寒冷地でも育ちやすいことから、スペイン人がヨーロッパに持ち帰った後、食糧難にあえいでいた各地の貧しい農民の命を救いました。

栄養価、経済性、環境および文化的価値についての認識を高めることを目的に、2013年を国連とアンデス共同体の国々が国際キヌア年に指定したことで注目され始めた雑穀「キヌア」も、アンデスを代表する伝統食材です。不毛な農地に育ちやすく、世界の飢餓人口を減らすと期待される一方で、先進国では豊富な栄養を含む健康食として知られるようになりました。

# CHARACTERの作り方

## URUGUAY

P259

ウルグアイのキャラクター

### たまごの牛

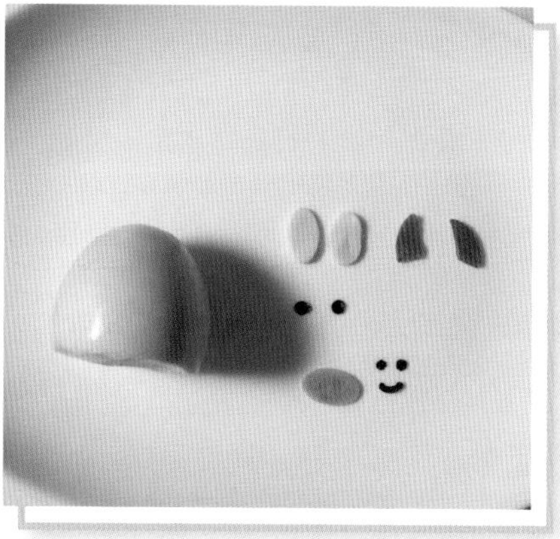

**材料**

| | |
|---|---|
| 顔 | たまご（横半分に切る） |
| 目 | 海苔 |
| 耳 | たまごの白身 |
| 鼻 | ハムと海苔 |
| つの | にんじん |

CHAPTER 7　オセアニア

# Oceania

# オーストラリア連邦

AUSTRALIA

英連邦の一員であることを示すユニオンジャック、5つの星は南十字星、大きな七稜星は6つの州と特別地域を表す。

## 「オージービーフ」を日本にも輸出

オーストラリアは農業用地に占める放牧地の割合が9割を占め、牧草を利用して肉牛や羊の放牧を行い、日本にも「オージービーフ」の名で牛肉が輸出されています。ブッシュ・タッカーと呼ばれる野生のカンガルーやワニの肉も食用にされます。また南東部・南西部にはぶどう畑が広がり、ワインの生産も盛んです。●国名の由来：南の大陸。

オージー・ミートパイ

小ぶりなパイ

Character

ソーセージのエリマキトカゲ

作り方：P296

ぶどう

Recipe Lamington

**ラミントン**

オーストラリアの伝統菓子

オージービーフのバーベキュー

Recipe

**バービーソース**

Barbie Sauce

オーストラリアのBBQソース

国際草地会議の記念切手。同国では「オージービーフ」をブランド化。(1970)

## バービーソース（BBQソース）

**材料**

ケチャップ……¼カップ
ウスターソース……大さじ1（しょうゆで代用可）
りんご酢……大さじ½
にんにく……½かけ（すりおろす）
ベジマイト*……小さじ½（お好みで）
ホットソース・マスタード・粗塩……少々
* オーストラリアの野菜の発酵食品。調味料として使うことも。

**作り方**

**1.** 小さな鍋にすべての材料を入れて混ぜ合わせ、塩で調味する。とろ火で10分程煮て、冷ます。バーベキューの肉にはけで塗ったり、つけて食べる。

memo

**ブッシュ・タッカーとは**
ブッシュ・タッカーは、オーストラリアの先住民アボリジナル（アボリジニ）の人々が栄養源や薬用にしていた伝統食材。カンガルーやエミュー、ワニ、昆虫、ヤムいも等オーストラリア大陸原産の様々な動植物が該当します。

18世紀にオーストラリアが英国植民地になった際、先住民はヨーロッパ人に居留地を追われ、伝統食材も減少していきました。しかし1970年代以降、その栄養価やおいしさが見直され、特に赤身のカンガルー肉は近年輸出も増えています。

## ラミントン

**材料**

スポンジケーキ（カステラやバウムクーヘンで代用）……10×10㎝、厚さ2～3㎝
ココナッツフレーク・チョコレートソース（チョコレートシロップの固まるタイプや、板チョコを溶かしてもよい）……各適量

**作り方**

**1.** スポンジケーキを食べやすい大きさにカットする。 **2.** チョコレートソース、ココナッツフレークをそれぞれ皿に入れる。 **3.** 1をチョコレートソース、ココナッツフレークの順にまぶす。チョコレートを固めるために冷蔵庫に入れる。
※本来はスポンジケーキ、チョコレートソースを手作りします。

# アメリカ領サモア

AMERICAN SAMOA

サモアの首長の儀式用払子と槌矛（つちほこ）をつかむ、米国の象徴である国鳥ハクトウワシを描く。

## ツナの缶詰製造が主要輸出産業のひとつ

**サモア諸島の東側にある米国領。隣接したサモア独立国と同じ文化を持ち、伝統的には自給自足の漁業を行ってきました。現在はツナの缶詰製造が主要な輸出産業のひとつです。アメリカの影響でコンビーフ等の缶詰を使った料理や、西洋的なファストフードも普及しています。**

**● 地名の由来：モア神のいる場所。**

**Recipe** Banana Panikeke

### バナナ・パニケケ

バナナ入りドーナツ

**材料**

A［小麦粉…100g、砂糖…30g、ベーキングパウダー…小さじ½

バナナ…1本（粗くつぶす）、バニラエッセンス…2〜3滴、水・植物油…適量

**作り方**

**1.** ボウルにAを入れて泡立て器で混ぜ、バナナ、バニラエッセンスを加える。水少々を加えて生地を滑らかにする。 **2.** 鍋またはフライヤーに植物油を入れて熱する。1をスプーンですくって入れ、きつね色になるまで揚げる。キッチンペーパーで油分を吸い取る。

フルーツバット（食用こうもり）を描く、米領サモアの25USセント硬貨。(2020)

# キリバス共和国

KIRIBATI

青は太平洋、軍艦鳥は希望の象徴。海から昇る太陽は、この国が日付変更線に近く、世界で最も早く1日が始まる国であることを表す。

## 自給自足の漁業が伝統

赤道直下に位置するポリネシアの英連邦国。伝統的に自給自足の漁業を行ってきましたが、近年はカツオやマグロ漁をキリバス人が支える等、日本とも深い関係が。同国のクリスマス島では、塩田に汲み上げて海水を太陽の光と風の力で乾燥させて作る天日塩を生産。日本にも輸出しています。

● 国名の由来：18世紀後半の探検家ギルバートより。

Recipe Te Inai

### テ・イナイ

ブダイのグリル

#### 材料

ブダイ（白身魚で代用可）……1尾または切り身
レモン果汁……1個分
にんにく……1かけ（すりおろす）
塩……少々
植物油……適量

#### 作り方

**1.** ボウルにレモン果汁、にんにく、塩を入れて混ぜ、ブダイをマリネする。冷蔵庫に2時間置く。
**2.** フライパンに植物油を入れ、1の両面をこんがり焼く。
※魚焼き器で焼いても可。

キリバスでの自給自足的な漁業の様子。(1992)

# グアム
# (アメリカ合衆国)

GUAM

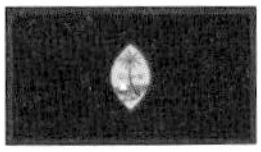

青は海と空、グアムの融和を表す。中央の楕円形は武器の投石器、ココナッツは自給と力、陸地はチャモロ人の環境に対する深い愛情と責任を表す。

## 受け継がれるミクロネシア・チャモロ人の伝統

**古来よりミクロネシアのチャモロ人の土地。スペイン、米国の領土となった歴史の中で、17世紀以降はカトリック教会が島の各地区の活動の中心になってきました。観光業が主流ですが、お祭りの日に食べる伝統料理「ケラグエン」等、失われつつあるチャモロ文化の継承も行われています。● 地名の由来:我々のもの。**

Recipe Guyuria

### グジュリア

" チャモロのあご砕き "
といわれる固いクッキー

#### 材料

<生地>
小麦粉…120g、塩…ひとつまみ、砂糖…小さじ¼、無塩バター…大さじ1(溶かす)、ココナッツミルク…150mℓ、植物油…適量
<シロップ>
砂糖・水…各½カップずつ

#### 作り方

**1.** 生地を作る。ボウルに小麦粉、塩、砂糖を入れて混ぜ、バターを練り込む。ココナッツミルクを加えて固めに練る。冷蔵庫で2時間休ませる。 **2.** 生地を8〜10gずつ取り、やや楕円に手で丸める。フォークの裏側を押しつけて転がし、生地に模様をつける。 **3.** 鍋に植物油を入れ、2をきつね色になるまで揚げる。クッキングペーパーで油分を吸い取る。 **4.** シロップを作る。鍋に砂糖と水を入れて沸騰させ、約5分間煮詰め、冷ます。 **5.** 3をボウルに入れ、4を加えて和える。クッキングシートの上に取り出し約10分間置く。

# クック諸島

## COOK ISLANDS

英国とのつながりを示すユニオンジャックと、クック諸島を構成する15の島を表す。

### 日本にマグロやカツオ、ノニジュースを輸出

ニュージーランドと自由連合関係を持ち、高級リゾート地もある観光業が盛んなポリネシアの国。日本にはマグロやカツオ、ノニ（ヤエヤマアオキ、モリンダ等とも呼ばれる）の果実のジュースを輸出。日本は国家承認していますが、していない国もあります。

● 国名の由来：探検家ジェームズ・クックが「発見」したことより。

**材料**

きゅうり…1本（輪切り）、トマト…中1個（薄切り）、玉ねぎ…中¼個（薄切り。水にさらす）、ピーマン…1個（輪切り）、ラディッシュ…4個（薄切り）、レタス…3枚（ちぎる）
コンビーフ（缶詰。ツナ缶、カニ肉等でも）…½缶（ほぐしておく）、ココナッツクリーム

**作り方**

**1.** ボウルに野菜類を入れて軽く混ぜる。　**2.** 1をお皿に盛り、コンビーフをちらし、ココナッツクリームをかける。

**Recipe** Raro Tarati Salad

### ラロ・タラティ・サラダ

ココナッツクリームがけサラダ

カツオは、マグロとともにクック諸島の主要な輸出品。(1963)

# サモア独立国

SAMOA

青地に白の南十字星は、この国が南半球にありオセアニア諸国と協力することを示し、青は自由を、赤は勇気を表す。

## 豊富なフルーツ。パン食も浸透

**ポリネシアのサモア諸島内にある、珊瑚礁や、熱帯雨林に覆われた内陸を持つ国。何千年にもわたって漁業が生活の中心で、バナナ、マンゴー、パパイヤ、スターフルーツ等豊富な果物を栽培してきました。キリスト教徒の多い国であり、パン食も浸透しています。**

**● 国名の由来：モア神のいる場所。**

Recipe Pani Popo

## パニ・ポポ

ココナッツ・パン

### 材料

A［強力粉…180g、ドライイースト…3g、グラニュー糖…大さじ1、塩…小さじ½

B［バター…大さじ2（やわらかくする）、たまご…1個（溶く）、バニラエッセンス…小さじ½、牛乳…大さじ1

ぬるま湯…150～180㎖、植物油…少々

<ココナッツソース>

ココナッツミルク…250㎖、グラニュー糖…80g（好みで加減）、コーンスターチ…小さじ2、塩…少々

### 作り方

**1.** 生地を作る。ボウルにAを入れて混ぜ、Bを入れてこねる。ゆるくなりすぎないよう注意しながらぬるま湯を少しずつ足してさらにこねる。ボウルに植物油を薄く塗り、ラップをかけて1時間程度、生地が2倍くらいにふくらむまで発酵させる。 **2.** ココナッツソースを作る。鍋にすべての材料を入れてよく混ぜ、中火にかけて6分程熱する。 **3.** 2がふくらんだら、空気を抜いてもう一度こねる。50～60gずつ取り丸める。再びラップをかけて45～60分置いて二次発酵させる。 **4.** 3を、小麦粉をまぶしたまな板の上に乗せ、麺棒で薄く楕円形にのばす。それぞれをくるくる丸めて、真ん中でカットする。 **5.** 耐熱容器にクッキングシートを敷き、4の生地の切り口部分を下にして、少し間隔を空けてバランスよく並べる。2のココナッツソースの¾を全体にかける。 **6.** 180℃に予熱したオーブンで5を15～20分、様子を見ながら表面がきつね色になるまで焼く。 **7.** 6のパンをオーブンから取り出し、残りのココナッツソースをかける。

※アツアツがおいしいので、冷めたら電子レンジで温めてください。

スターフルーツ。サモアでも栽培されている。（1983）

# ソロモン諸島

SOLOMON ISLANDS

青は太平洋と水資源、緑は国土・森林・収穫、黄は太陽を表す。5つの星は国を構成する5州を表す。

## 肥満防止に伝統食材の摂取を推奨するキャンペーンも

**メラネシアの旧英領国。古来より農業と漁業が営まれてきましたが、近年は塩分や脂肪の多い缶詰やお菓子等、輸入品の加工食品が流入。過剰摂取による肥満や成人病が問題視され、伝統食材の魚やココナッツ、キャッサバ、果物、野菜等の摂取を推奨するキャンペーンも行われてきました。**

**● 国名の由来：ソロモン王より。**

Recipe Kara

### カラ

キャッサバとコンビーフ、ココナッツミルクの蒸し焼き

#### 材料

キャッサバ（じゃがいもで代用）…200g（皮をむきすりおろして水気を切る）、コンビーフ缶詰…1缶（80g。ほぐしておく）、ココナッツクリーム…200mℓ　バナナの葉…適量（よく洗い水気をふく。なければアルミホイルで）

#### 作り方

**1.** バナナの葉の上の中央にココナッツクリームをかけ、その上にすりおろしたキャッサバの半分の分量を広げる。　**2.** 1の上に再びココナッツクリームをかけ、その上にコンビーフを重ね、さらにココナッツクリーム、残りのキャッサバを重ねる。　**3.** 2を包んで、麻ひもまたは楊枝で止め、20～30分蒸し器にかける。　**4.** 3を取り出し、お皿に盛る。

さつまいも、キャッサバ、かぼちゃ

肥満や成人病の原因となる輸入加工品を控え、魚やココナッツ、パンノキの実等の伝統食材を摂るよう啓蒙する切手。(1991)

# タヒチ
# (フランス領ポリネシア)

TAHITI

赤白の帯はタヒチ島の古い旗から。中央は仏領ポリネシアの紋章。青い海と黄色い陽光、伝統的なアウトリガー・カヌーが描かれる。

## ウル(パンノキの実)が重要な食材

仏領ポリネシアの中心地。フランスの洗練された食文化の影響とともに、タロいもやココナッツ、魚介等の地元の食材が活用されています。特にウル(パンノキの実)は重要な食品で、18世紀末にウルをカリブ海に運ぶ任務を担ったイギリス戦艦「バウンティ号」の出発地でもありました。

● 地名の由来：語源不明。ポリネシアの先住民が「オタヒチ」と呼んでいたことから。

**Recipe** Rēti'a

### レティア

ココナッツのでんぷんのお菓子

**ティアレの型抜き**

スライスチーズで作ったタヒチの花

**ポワソン・クリュ**

生魚と野菜のココナッツ・サラダ

**マグロ**

南太平洋が原産地のパンノキ。その実は植民地時代の奴隷用の安価な主食として、カリブやアフリカにも伝えられた。(1959)

#### 材料

くずうこん粉(くず粉、コーンスターチ等でもよい)…200g、ココナッツミルク…200㎖ 砂糖…200g、水…200㎖、バニラエッセンス…3～4滴、植物油…少々

#### 作り方

**1.** 鍋にココナッツミルクと水を入れて混ぜる。 **2.** くずうこん粉、砂糖、バニラエッセンスを小さなボウルに入れ、1の液を少し取ってよく混ぜる。 **3.** 1の鍋を中火にかけ、木べらで混ぜながら沸騰させる。2のくずうこん粉の液体を少しずつ混ぜ入れ弱火にし、とろみがつくまで、また固まりすぎないように混ぜながら加熱する。 **4.** 耐熱皿に薄く植物油を塗り、3を流し込む。均一になるように表面をならす。 **5.** 180℃に予熱したオーブンで4を10分程度、少し焼き色がつくまで時々様子を見ながら焼く。 **6.** 5をオーブンから取り出して粗熱を取り、冷蔵庫に2時間程置いて冷やす。食べやすい大きさにカットする。

# ツバル

TUVALU

英国との関係を示すユニオンジャック。星は同国の9つの島々を表す。

## タロいもと魚を中心とした自給自足の生活

環礁島からなるポリネシアの国。土壌は農業に適さず、伝統的にはタロいも、プラカいも（湿地で育つタロいもの一種）等を主食とし、漁業に従事する自給自足の生活を送ってきました。近年はマグロが主要輸出品のひとつで、日本にも輸出されています。

● 国名の意味：（昔からの居住者のいる）８つの島々。※９つ目の島に人の居住は1949年から。

### 材料

タロいも（さといも200gで代用）…1個

A
- 玉ねぎ…中¼個（みじん切り）、にんにく…1かけ（みじん切り）、しょうが…小さじ1（みじん切り）、ツナ（水煮缶詰）…80g、レモン果汁…小さじ1、青ねぎ…1本（輪切り）、塩・こしょう…少々

水・植物油・小麦粉…適量、コリアンダーの葉…少々（トッピング）

### 作り方

**1.** タロいもの皮をむき、やわらかくなるまでわかした湯でゆでて、つぶす。 **2.** ボウルに1とAを入れて混ぜる。固いようなら水を少々を加える。 **3.** 2を50gずつ取り、手で作業しやすいように小麦粉をつけながら平たく円形に成型する。 **4.** フライパンに植物油をひき、3の両面をこんがり焼く。 **5.** お皿に盛り、コリアンダーの葉を飾る。

Recipe Taro and Tuna Patties

## タロいもとツナのパティ

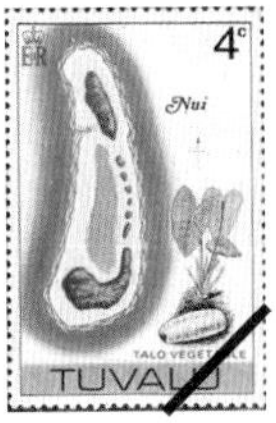


タロいもはツバルの伝統的な主食。気候変動による海面上昇がタロいも畑の塩害を生み、懸命な対策が行われている。
(1976)

# トンガ王国

TONGA

十字架はキリスト教を示し、白は純潔、赤はキリストの聖なる血を表す。

## ふくよかさが富の象徴

トンガは南太平洋で唯一、一度も植民地化されたことのないポリネシアの王国。漁業のほか、かぼちゃやバナナ、コプラ（ココナッツの果実の胚乳を乾燥したもの）が主要な農作物です。ふくよかさが富の象徴とされ、国王も大柄。一方で肥満による平均寿命の低下が問題になっています。

● 国名の由来：南。

Recipe Kale Moa

### カレ・モア

辛くないトンガやサモアのカレー

#### 材料

A
- 玉ねぎ…½個（粗みじん切り）、にんにく…1かけ（すりおろす）、しょうが…小さじ1（すりおろす）

B
- じゃがいも…中2個（皮をむいて角切り）、にんじん…1本（皮をむいて角切り）、コリアンダーの葉…大さじ2（みじん切り）、ココナッツミルク…50mℓ

鶏もも肉…200g（角切り）、カレー粉…大さじ1、小麦粉…大さじ1、塩…少々、植物油・水…適量

#### 作り方

**1.** 鍋に植物油をひき、Aを透きとおるまで炒める。カレー粉を加える。 **2.** 鶏もも肉を色づくまで炒め、ひたひたの水を加えて混ぜ、ふたをして弱火で15分煮込む。アクをすくう。 **3.** Bを加えてふたをし、野菜がやわらかくなるまでさらに15～20分煮込む。 **4.** 3のスープを少し取って小麦粉を溶き、鍋に戻してとろみをつける。塩で調味し、ひと煮たちさせる。ごはんと一緒に食べる。

バナナ型の変わり種切手。「フレンドリーな島々」は、英国の探検家ジェームズ・クック船長が命名した呼称。(1972)

# ナウル共和国

NAURU

上の青は北太平洋、下の青は南太平洋、黄の線は赤道、星は国土の位置、星の光は国家を構成する12部族を表す。

## 漁業と農業、狩猟が伝統

世界で三番目に小さいミクロネシアの国。太っていることが富の象徴とされ、また農地が少ないことと、カロリーの高い輸入食品に頼っていることから、世界で最も肥満率が高いともいわれます。伝統的には漁業と農業、またヒメグロアジサシ等、野鳥の狩猟を行ってきました。

● 国名の由来：国民の大半を占めるナウル人より。

Recipe

### ココナッツムース

Coconut Mousse

**材料**

A ┌ ココナッツミルク…200mℓ、水…20mℓ、ココナッツフレーク…50g、グラニュー糖…大さじ2

生クリーム…100mℓ、ゼラチン…6g（水に振り入れておく）、氷水…適量

マンゴーソース等（トッピング。お好みで）

**作り方**

**1.** 生クリームをつのが立つまで泡立てる。 **2.** 鍋にAを入れて沸かし、ゼラチンを入れて溶かす。氷水にあてて粗熱を取る。 **3.** 2に1を混ぜ入れる。 **4.** ラップを敷いた容器に入れ、冷蔵庫で冷やす。 **5.** ラップをつまんで4を容器から取り出し、お皿に盛ってお好みでマンゴーソース等をかける。

ヒメグロアジサシ（ノディ・バード）はナウルの伝統的な食料のひとつ。近年は乱獲が危惧されている。(1973)

# ニウエ

NIUE

英国のユニオンジャックに、ニュージーランドとの連携を示す4つ星の南十字星とニウエの自治を意味する中央の星。黄は陽光と温かい気持ちを表す。

## タロいもやバナナ、パッションフルーツ等を栽培

世界最大の珊瑚礁からなるポリネシアの島国。ニュージーランドと自由連合関係にあり、人の往来が自由に行われています。主産業は自給自足の農業、漁業で、タロいもやバナナ、パッションフルーツ等を栽培。近年は農地不足、水不足とサイクロンの被害により農業、漁業に頼らない観光業にも力を入れています。●国名の由来：ココナッツ（ニウ）より。

カメの型抜き

スライスチーズ

Recipe Nanē Pia

### ナネ・ピア

ココナッツのでんぷんのおかゆ

**材料**

くずうこん粉（くず粉、コーンスターチで代用）……大さじ2
ココナッツクリーム……大さじ1
冷水……100mℓ＋100mℓ

**作り方**

**1.** ボウルにくずうこん粉と水100mℓを入れ、よく混ぜる。 **2.** 鍋に水100mℓを入れて沸騰させ、火を弱めて1とココナッツクリームを加える。木べらでとろみがつくまで混ぜる。お皿に盛る。

※主食としておかずと一緒に食べるため砂糖を入れませんが、入れると単独でもおいしくいただけます。

ニウエのバナナ農園。(1950)

# ニューカレドニア（フランス）

NEW CALEDONIA

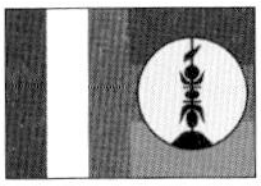

FIFAの試合等では、フランス国旗と、先住民カナック族の家屋に飾る矢をシンボルとする独立支持派FLNKSの旗がしばしば併用される。

## 香り高いバニラが特産品

**世界最大規模の美しい珊瑚礁がユネスコの世界自然遺産に登録されている、フランスの海外領土。タヒチとともに香り高いバニラが特産品で、高級食材の養殖「天使のエビ」が日本にも輸出されています。食文化はフランスやインドネシア等の影響を受けています。**

**● 地名の由来：グレートブリテン島北部の古名カレドニアより。**

ブーゲンビリア（ニューカレドニアの花）の型抜き

大根、ビーツ、スライスチーズ

**Recipe** Bami

### バミ

インドネシア発祥の春雨＆野菜炒め

バニラは、「天国に一番近い島」ともいわれるニューカレドニアの名産品のひとつ。（2007）

### 材料

A ［ いんげん…6本（半分か⅓にカット）、キャベツ…3枚（ざく切り）、にんじん…中½本（千切り）

B ［ 砂糖…小さじ½、しょうゆ…大さじ1、こしょう…少々

鶏むね肉…100g（細切り）、玉ねぎ…中½個（みじん切り）、にんにく…1かけ（みじん切り）、干しエビ…大さじ1（ぬるま湯につけて戻す）、春雨…50g（戻して、パッケージのとおりにゆでる）、植物油…適量

### 作り方

**1.** フライパンに植物油をひき、玉ねぎを色づくまで炒める。 **2.** Aを加えて5分炒める。 **3.** 鶏むね肉を加えて5分炒める。 **4.** にんにく、干しエビを加えて5分炒める。 **5.** ゆでた春雨の水気を切り、5〜10㎝の長さにカットして4に加える。 **6.** 5にBを加えて調味する。全体をよく混ぜる。

# ニュージーランド

NEW ZEALAND

イギリスとの関わりを示すユニオンジャック。4つの星は南十字星を象徴。

## 人口の10倍以上もの羊・牛等を飼育

国鳥キウイがフルーツ名や国民の愛称にもなっている英連邦の国。人口の10倍以上ともいわれる羊や牛等の酪農、畜産が盛んな一方で、家畜が一因ともされる地球温暖化対策を積極的に行っています。また先住民マオリ人との融和のため、その歴史と伝統を守る努力も行われています。● 国名の由来：新しい、オランダのゼーラント州（「海の土地」の意味）。マオリ語の国名は「アオテアロア（白く長い雲のたなびく地）」。

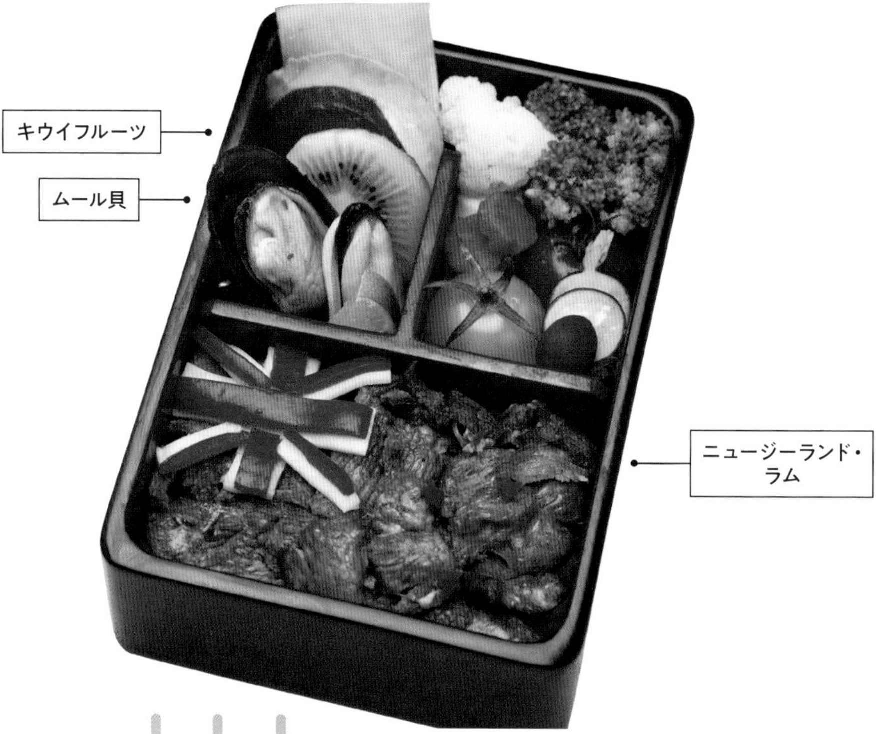


memo

ニュージーランドの先住民マオリ人は、クマラ（さつまいも）やグリーンシェルのムール貝等の魚介類、マヌカハニー等を食用としてきました。土を掘って食材を蒸し焼きにする「ハンギ」や、いも類のサワードゥから作るパン「レウェナ・パラオア（マオリ・ブレッド）」といった伝統料理があります。

**Recipe** Pavlova

# パブロワ

ニュージーランド発祥
のメレンゲのお菓子

## 材料

卵白……たまご4個分
砂糖……大さじ3
コーンスターチ……小さじ1
酢……小さじ1
バニラエッセンス……少々
<トッピング>
生クリーム……200mℓ
砂糖……大さじ2（お好みの量）
キウイ……1個（皮をむいて輪切り）
いちご……6個
ブルーベリー……6粒

## 作り方

**1.** ボウルに卵白を入れ、泡立て器で泡立てる。砂糖を少しずつ加えて、固めのメレンゲを作る。 **2.** 1に酢とコーンスターチ、バニラエッセンスを加えて、ヘラでざっくりと混ぜる。 **3.** クッキングシートに皿等を使って20㎝くらいの円を鉛筆で描き、裏側にして天板に乗せる（小さなケーキを複数作ってもよい）。2のメレンゲをその上に乗せてケーキを作る。表面を円心に向かってくぼませる。 **4.** 3を150℃のオーブンで10分焼き、さらに120℃の低温に落として、1時間20分程焼き、そのままオーブンの中で冷ます。
**5.** 生クリームに砂糖を入れて少し固めに泡立て、4の表面に乗せる。その上に、キウイ、いちご、ブルーベリーをトッピングする。

memo

酪農国ニュージーランドは、畜産に伴う水質汚濁、温室効果ガス等の問題を抱えてきました。現在は、健全な生産性の高い土壌、炭素排出量の削減、よりきれいな水等4つの優先分野に基づき、2030年までに達成することを目標に進められている国連SDGs（持続可能な開発目標）にも関連して、環境改善への取り組みを行っています。

# バヌアツ共和国

VANUATU

赤は太陽、緑は島々の豊かな森林、黒は国民、黄は豊かさを表す。紋章は国富の象徴であるブタの牙、国民の団結を表す2枚の木の葉を描く。

## コーヒー豆を日本にも輸出

**ダイビング・スポットとしても有名。自給自足による農業が代々行われてきましたが、1860年から栽培されているコーヒー豆が、2002年にようやく生産者組合を立ち上げて産業として確立。日本にも輸出されています。伝統的な食品は魚介、タロいもやヤムいも、ココナッツ等です。**

**● 国名の由来：われらの祖国。**

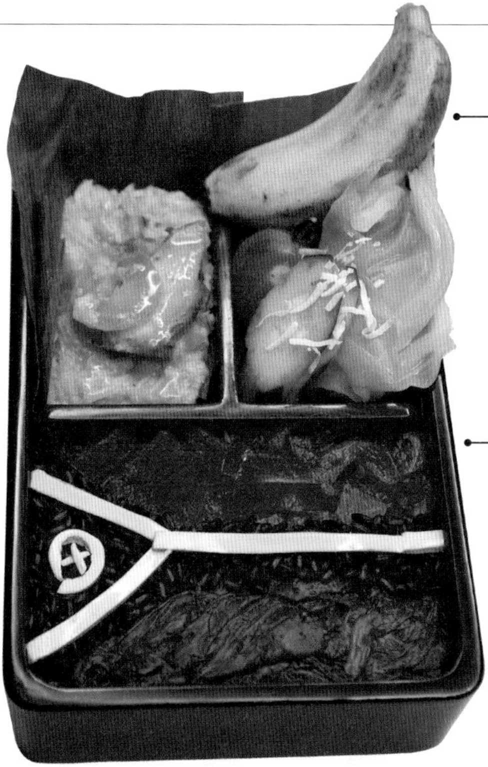


Recipe Lap-lap

### ラップラップ

タロいもとココナッツの蒸し焼き

#### 材料

タロいも（さといもで代用）…200g（皮をむいてすりおろす）、ココナッツクリーム…100mℓ
塩・植物油…少々、バナナの葉…2枚（なければアルミホイル）

#### 作り方

**1.** ダッチオーブンまたは厚いホーロー鍋にバナナの葉を敷き、植物油を薄く塗る。　**2.** すりおろしたタロいもを1の上に載せて薄く広げる。**3.** 2の全面にココナッツクリームを乗せ、塩をふりかける。バナナの葉を折りたたんで包む。　**4.** 180℃に予熱したオーブンで3を45分焼く。

※現地では地面に穴を掘って石の上で蒸し焼きします。タロいもの代わりにプランテンを使ったり、青菜や玉ねぎ、肉等を加えることもあります。

バヌアツは近年、無農薬によるコーヒー豆の輸出に力を入れている。(2001)

# パプアニューギニア独立国

PAPUA NEW GUINEA

赤は太陽、黒はメラネシア。5つの星は南十字星、幸福と親善の象徴とされる極楽鳥を描く。

## サゴヤシやいも類が不可欠な伝統食材

**世界最多といわれる800以上もの異なる言語を話す少数民族が暮らしています。でんぷんを食用とするサゴヤシやいも類が不可欠な伝統食材であり、住民の健康を支えてきました。パームオイルの材料アブラヤシは世界有数の生産量を誇り、コーヒー豆やカカオ豆等も栽培されています。● 国名の由来：旧パプア（縮れ毛）地方＋旧ニューギニア（アフリカのギニア沿岸で見た人に似ていたところから）地方。**

### 材料

タピオカ（粒）…100g（一晩水につけて戻す。水気を切る）、バナナ…1本（みじん切り）、砂糖…大さじ1、ココナッツミルク…200mℓ、バナナの葉…2枚（なければアルミホイル）

### 作り方

**1.** 戻したタピオカと戻し汁少々、バナナ、砂糖をボウルに入れて練る。 **2.** バナナの葉をよく洗って水気を取り、軽く火であぶってやわらかくする。1を半分に分けてバナナの葉の上に乗せ、四角（または三角）に包む。 **3.** 蒸し器を用意してお湯を沸騰させ、2を20〜25分蒸す。粗熱を取って冷蔵庫で冷やす。 **4.** 鍋にココナッツミルクを入れて温め、食べる直前に3にかける。

Recipe Saksak

## サクサク

タピオカとココナッツミルクの蒸し焼き

子どもたちに健康的な伝統食品を食べさせるよう母親に啓蒙。(1982)

# パラオ共和国

PALAU

青は太平洋、黄の満月は愛と平和・静穏を象徴。

## 日本やフィリピン、インドネシア等に影響された食文化

**第二次世界大戦以前に日本が委任統治していたミクロネシアの国。日本やフィリピン、インドネシア、アメリカ等の食文化の影響を受けました。伝統産業は漁業とココナッツ等の農業。フルーツバット（食用こうもり）等も食べます。マグロ漁船が領海内で漁を行う等、今も日本と深い関係があります。●国名の由来：島々。**

Recipe Ulkoy

### ウルコイ

フィリピン由来のエビともやしのかき揚げ

**材料**

むきエビ…100g、もやし…100g、植物油、水…適量

A
- コーンスターチ（片栗粉で代用可）…50g、小麦粉…大さじ1、たまご…小1個（溶いておく）、塩・黒こしょう…各小さじ¼

**作り方**

**1.** ボウルにAを入れてよく混ぜ、必要に応じて水を加えて天ぷらの衣程度のゆるさに調整する。 **2.** 1にむきエビともやしを加えて混ぜる。 **3.** 天ぷら鍋またはフライヤーに植物油を入れて熱し、2を大きめのスプーンですくい入れ、きつね色になるまで揚げる。キッチンペーパーで油分を吸い取る。

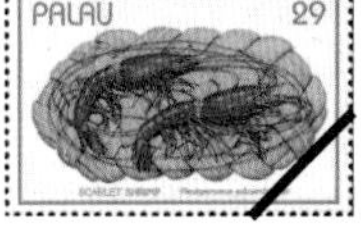


パラオの海に生息するアカシマシラヒゲエビ。(1993)

# フィジー共和国

Fiji

英連邦を示すユニオンジャック、青は南太平洋、紋章はカカオの殻を持つライオン、オリーブの枝をくわえたハト、バナナ等を描く。

## ココナッツ等を取り入れた健康的な食事

約300の島々からなり、全農地の約50%がさとうきび畑。伝統的にはキャッサバやタロいも等を主食とし、ココナッツ等を取り入れた健康的な食事が好まれてきました。また同国にはインド人移民が多く、彼らの食文化に基づいた豆・野菜を取り入れたカレーや米が食べられています。

● 国名の由来：フィジーの本島ビティレブ島をトンガ人が「フィジー」と呼んだことから。

Recipe Kokoda

### ココダ

生魚と野菜のココナッツ・サラダ

**材料**

A ［白身魚（刺身）…200g（食べやすい大きさに切る）、ライム果汁…1個分、塩…少々

B ［ココナッツミルク…150～180mℓ、玉ねぎ…½個（みじん切り）、青唐辛子…少々（みじん切り）

レタス…2～3枚、トマト・ピーマン…各½個（みじん切り。トッピング）

**作り方**

**1.** ボウルにAを入れ、冷蔵庫で一晩マリネする。 **2.** 翌日、1にBを加えて和える。 **3.** 深皿にレタスを敷いて2を入れ、トマト、ピーマンを飾る。

健康的なフィジー産食品を推進する国際食料デーの記念切手。
(1981)

# マーシャル諸島共和国

MARSHALL ISLANDS

星の光芒は国内の24の自治体、4本の長い光はキリスト教の十字架、オレンジ色は勇気、白は平和を表す。

## 伝統的な主食はパンノキの実

オーストラリアとハワイの中間にある、1200以上の島々からなる「太平洋に浮かぶ真珠の首飾り」。伝統的な主食はパンノキの実等で、バナナ、パイナップル等も栽培しています。また米国の信託統治領時代の影響から、ハワイと同様、マカダミアナッツのお菓子もあります。

● 国名の由来：19世紀末のイギリス人船長マーシャルの名から。

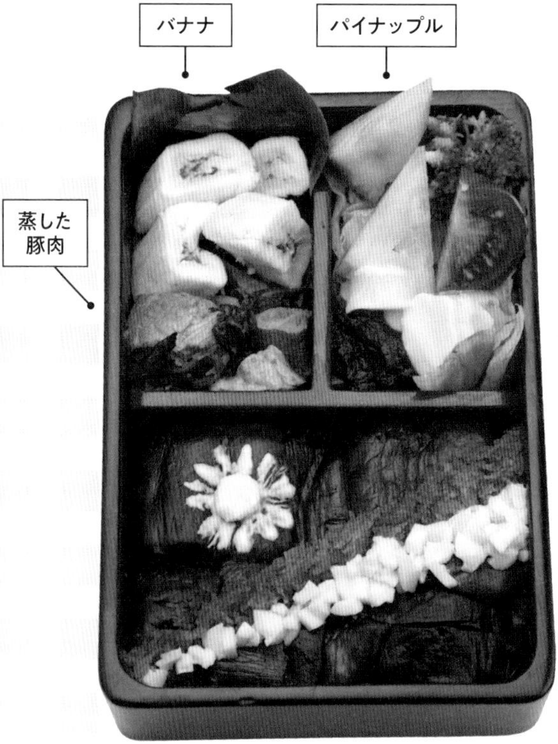

主食であるパンノキの実の加工の様子。(1990)

Recipe

### マカダミアナッツ・パイ

Macadamia Nut Pie

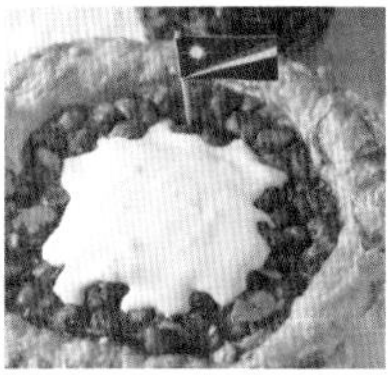

#### 材料

冷凍パイシート…1枚（解凍しておく）、マカダミアナッツ…80～100g、ココナッツフレーク…大さじ2、たまご…2個

A［ガムシロップ（グラニュー糖と水）…50mℓ、塩・バニラエッセンス…少々

#### 作り方

**1.** 直径18㎝程の耐熱皿の底と側面に合わせて、冷凍パイシートを切る。 **2.** 耐熱皿にパイシートを敷き、底全面にフォークで穴をあける。 **3.** パイシート全体にココナッツフレークをまぶす。 **4.** ボウルにたまごを割り入れて溶き、Aを加えて混ぜる。 **5.** 3に4を流し込み、マカダミアナッツをまんべんなく乗せる。 **6.** 180℃に予熱したオーブンに5を入れて焼く。15分後、火力を160℃に落として20～25分、表面がこんがりするまで様子を見ながら焼く。

# ミクロネシア連邦

FEDERATED STATES OF MICRONESIA

青は太平洋、星はコスラエ等4州を示す。十字形の配置はキリスト教と南十字星を表す。

## キリスト教徒が安息日に食べる特別料理も

**独自の言語・文化を持つ4州が自治を行っています。漁業や農業が生活の基盤。ココナッツやキャッサバ等が主な食材で、フルーツバット（食用こうもり）を食べることも。敬虔なキリスト教徒が多く、安息日の日曜日に食べる「コスラエアン・スープ」等の特別料理もあります。**

● **国名の由来：小さな島々。**

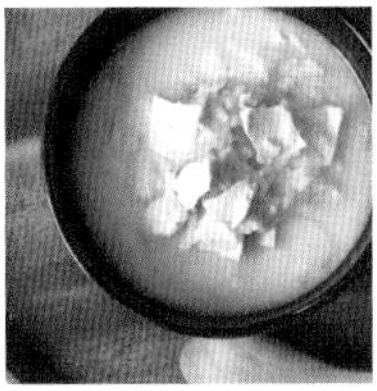

**Recipe** Kosraean Soup

### コスラエアン・スープ

マグロとココナッツ、米入りスープ

**材料**

マグロ……200g
玉ねぎ……中¼個（薄切り）
ココナッツミルク……60mℓ
塩……少々
水……600mℓ
ごはん……140g

**作り方**

**1.** 鍋に水とマグロを入れて火が通るまでゆでる。アクをすくい、かたまりのマグロは取り出して食べやすい大きさに手でほぐす。　**2.** 1の鍋にカットしたマグロを戻し、ごはんを加えて弱火で10分煮る。　**3.** ココナッツミルクと玉ねぎを加えてふたをし、さらに15分弱火で煮る。塩で調味する。

※ごはんの代わりに、生米やすりおろしたプランテンを使うこともあります。

食用コウモリのフルーツバット。同国では身近な食材で、スープの具等にして食べる。
(1991)

# CHARACTERの作り方

## AUSTRALIA

P274

オーストラリアのキャラクター

### ソーセージのエリマキトカゲ

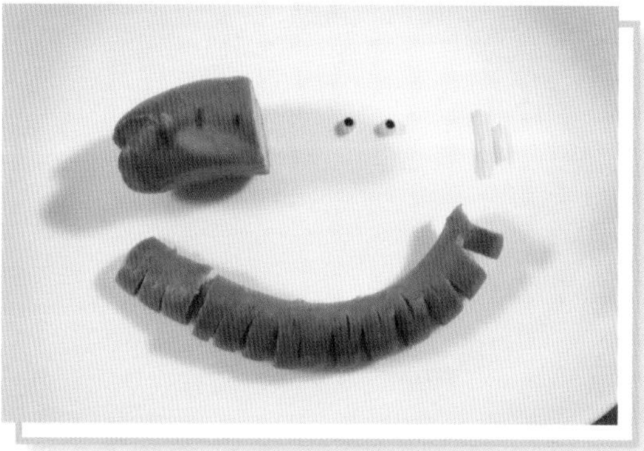

**材料**

| |
|---|
| 顔：ソーセージに切り込みを入れて口を作る。 |
| 目：スライスチーズと海苔 |
| エリマキ：切り込みを入れたソーセージ |
| 顔にエリマキをつけるための小さな棒（パスタ） |

**索引**（原則として料理名だが解説を付した材料等も記載。太い数字はレシピ掲載ページ）


| 料理名 | | | ページ |
|---|---|---|---|
| **ア行** | | | |
| アイドビィ・ジガンツィ | | | 127 |
| アイリッシュ・シチュー | | | 97 |
| アカラ | | | 170・181 |
| アクワドゥ | ○ | ◆ | **186** |
| アサード | | | 258 |
| アタキルト・ワット | ○ | | **164・165** |
| アチョーテ | | | 230・260 |
| アドボ（スペインの影響を受けた豚肉の煮込み） | | | 55 |
| アトランティック・サーモン | | | 133 |
| アフェリア | | | 115 |
| アホ・モラード | | | 125 |
| アホス・ジ・アトゥム | ○ | | **168** |
| アルー・マサラ（じゃがいものスパイス炒め） | ○ | | 38・39 |
| アルモハバナ | ○ | ◆ | 262 |
| アロコ | | | 198 |
| アロス・コン・カマロン | ○ | | **260** |
| アロス・コン・ポヨ | ● | | **245** |
| アロス・コン・マイス | ○ | | **241** |
| アロス・デ・マリスコ | ○ | | **144** |
| アンチョビ | | | 108 |
| アンティクーチョ | ● | | **270** |
| アンティリヤーンス・ビターバレン | ● | | **229** |
| イェベッセ・フィオンフィオン | ○ | | **194** |
| イカン・サボコ（切り身魚の蒸し焼き） | ○ | | **54** |
| イビハラーゲ | ○ | | **199** |
| イフィサシ | ○ | | **180** |
| イメルリ・ハチャプリ | | | 120 |
| イリオ | ○ | | **174** |
| イングリッシュ・マフィン | | | 104 |
| インサラータ・カプレーゼ | | | 108 |
| ウェルシュ・ラビット | ○ | | **105** |
| ウガンダのロースト・チキン | ● | | **161** |
| ウズベク・サムサ（ラム肉入りサモサ） | ● | | **68** |
| ウダン・バラド（エビのサンバル和え） | | | 40 |
| ウベ（紫いも） | | | 55 |
| ウルコイ | ○ | | **292** |
| エッグ・タルト | | | 61 |
| エパソテ（アリタソウ） | | | 253 |
| エビチリ：乾焼明蝦 | | | 47・60 |
| エビのモルディブ・スタイル | ○ | | **64** |
| エンクラル・ファーファー | ○ | | **166** |
| エンパナーダ | ● | | **258**・260 |
| オアチェン：蚵仔煎（牡蠣のオムレツ） | ○ | | 47 |
| オイスター・シチュー | ○ | | **171** |
| オカ・イア | | | 280 |
| オクロ・スープ | | | 194 |
| **カ行** | | | |
| ガーナのホット・チョコレート | ○ | ◆ | **167** |
| ガーペー（ミャンマーのさつま揚げ） | | | 63 |
| カー・リー・ガー（チキン・カレー） | | | 59 |
| ガイ・ヤーン | ● | | **43** |
| ガイアナのローストチキン | ● | | **261** |
| カイマック | ○ | | 128・**143** |
| カウサ・レジェーナ | ○ | | **269** |
| カオニャオ（ラオスのもち米） | | | 67 |
| カカオ・ティー | ○ | ◆ | **240** |
| カカオパウダー | | | 240 |
| カシューナッツ | | | 173 |
| カチャパ | ○ | ◆ | **268** |
| カチュンバリ | ○ | | **215** |
| カバルマ | | | 139 |
| カマロイズ・ア・ギネージ | ○ | | **173** |
| カマンベール・チーズ | | | 138 |


料理の種類：○ ビーガン　○ 菜食（乳製品・たまご、はちみつ含む）　● 肉　○ 魚介　◆ デザート・パン・ドリンク

| 料理名 | | ページ |
|---|---|---|
| カヤ・トースト | | 42 |
| カラ | ● | **281** |
| カラルー | | 242 |
| カリ・ココ | ● | **187** |
| カルトッフェルザラート | ● | **132** |
| カルネ・ジ・ポルコ・ア・アレンテジャーナ | | 144 |
| カルビ | | 49 |
| カレ・モア | ● | **284** |
| カレリアン・ピーラッカ | | 136 |
| カンクン・ブラチャン（マレー式空心菜炒め） | | **62** |
| キウイフルーツ | | 288 |
| キニラウ・ナ・ツナ（フィリピンのマグロ刺身マリネ） | | 55 |
| キベバ | ● | **160** |
| キムチ | | 46・49 |
| キャッサバ | | 293 |
| キャバロ・オ・カリー | ● | **202・203** |
| きゅうりとミントのティー・サンドウィッチ | ● ◆ | **102・103** |
| きゅうりのピクルス | ● | **126** |
| キルバサ | | 142 |
| クイルダク（中央アジアの肉とじゃがいもの煮込み） | ● | 69・**70** |
| クク・サブジ | | 82 |
| クク・ワ・クチョマ | | 174 |
| クゲリス | ● | **150** |
| グジュリア | ● ◆ | **278** |
| クスクス | | 158・210・213 |
| クタッブ | ● | **98** |
| グリーク・サラダ | | 116 |
| グリーク・ヨーグルト | | 116 |
| グリーントマト | | 220 |
| グリーン・フィグ＆ソルトフィッシュ | ● | **238** |
| グリオ | ● | **244** |

| 料理名 | | ページ |
|---|---|---|
| グリッティベンツ | ● ◆ | **134** |
| クリビアン・シュリンプ | ● | **170** |
| グリュイエール・チーズ | | 122 |
| クルティード | ● | **226** |
| グレナダ・スタイルのグリル・チキン | ● | **231** |
| ゲーン・ペッ（レッドカレー） | | 43 |
| ケケ・デ・バナノ | ● ◆ | **233** |
| ケシーリョ | ● | **243** |
| ケラグエン＆レッドライス | | 278 |
| ケリ・ケリ | ● | **222** |
| ケレウェレ | | 167 |
| ケワ・ダツィ（じゃがいもとチーズの唐辛子和え） | ● | **56・57** |
| ゴイ・クォン（生春巻き） | ●● | **59** |
| ゴエン・ホゲー（きゅうりとチーズのサラダ） | | 56 |
| ゴーダ・チーズ | | 112・222・229 |
| ゴート・ウォーター | ● | **254** |
| ゴーフル・ド・リエージュ（リエージュ・ワッフル） | | 141 |
| コクロ・メメ | | 194 |
| ココダ | ● | **293** |
| ココナッツムース | ● ◆ | **285** |
| コシャリ | | 162 |
| コスラエアン・スープ | ● | **295** |
| コトレータ・ポ・キエフスキー | ● | 109 |
| 仔羊のグリル | | 96 |
| コフタ・ケバブ | ● | **76** |
| ゴメン・ワット | ● | **164・165** |
| コルカノン | ● | 97 |
| コレ・マサラ（ひよこ豆カレー） | ● | **52** |
| コンキリエ | | 286 |
| コンク・パテ | ● | **225** |


料理の種類：● ビーガン　● 菜食（乳製品・たまご、はちみつ含む）　● 肉　● 魚介　◆ デザート・パン・ドリンク

| 料理名 | | | ページ |
|---|---|---|---|
| **サ行** | | | |
| ザアタル | | | 91 |
| サカマデス | ○ | | **178** |
| サクサク | ○ | | **291** |
| サマック・マハマル | ○ | | **185** |
| サムサ | ○ | ◆ | **118** |
| サモサ | | | 187・202 |
| サラダ・チュニジエンヌ | ○ | | **193** |
| サラダ・ニソワーズ | ○ | | **138** |
| サラダ・リエジョワーズ（リエージュ・サラダ） | ● | | **141** |
| サルテーニャ | | | 270 |
| サルマ | | | 117 |
| ザワークラウト | | | 153 |
| サンクチャ・ラパウ | ○ | ◆ | **41** |
| サンバル | | | 62 |
| サンブーサ | | | 176 |
| サンボス | | | 202 |
| シーク・ケバブ（ひき肉の串焼き） | | | 52 |
| シウマイ：焼売 | ● | | **48** |
| シェケルブラ | | | 98 |
| ジェノベーゼ | | | 108 |
| シェルペク（中央アジアの揚げパン） | ○ | ◆ | **69** |
| シガー | ● | | **212** |
| シビド・ポロウ | | | 82 |
| シマ | | | 204 |
| ジャーク・ポーク | ● | | **234・235** |
| シャクシューカ | ○ | | **158・159** |
| シャシリク（ケバブ） | ● | | **71**・72 |
| ジャポネサ | | | 103 |
| シャムロック | | | 97 |
| シャワルマ・サンドウィッチ | ● | | **81** |
| ジャンサン | | | 170・198 |
| ジュジェ・キャバーブ | ● | | **82** |

| 料理名 | | | ページ |
|---|---|---|---|
| シュハスコ | | | 266 |
| シュペッツレ | | | 132 |
| ショットブラール | | | 123 |
| ジョニー・ケーキ | ○ | ◆ | **246** |
| シンカ | | | 142 |
| シンガポール・メイ・フン（スパイス風味の米麺の焼きそば） | ○ | | 42 |
| シンケン | | | 111・122・132・151 |
| ジンジャー・クッキー | | | 123 |
| ジンジャー・ビア | ○ | ◆ | **181** |
| スウィーティー | | | 78 |
| スウィートポテト・プディング | ○ | ◆ | **247** |
| スーゴ | ● | | **190** |
| スープ・ニュカッサ | ○ | | **183** |
| スクマ・ウィキ | ● | | **208** |
| スクランドラウシス | ○ | | **149** |
| ステファニー・ペセンカ | ● | | **127** |
| ストービーズ | ● | | **106** |
| スナック・ドゥ・ミエ | ○ | ◆ | **192** |
| スネジャンカ | ○ | | **139** |
| スホ・メソ | ● | | 143・**148** |
| スモーブロー | ○ | | **131** |
| スヤ | ● | | **195** |
| スラーイ | ○ | | **163** |
| スリナムの干タラ・サンドウィッチ | ○ | | **263** |
| スリランカ・フィッシュ・カレー | ○ | | **44・45** |
| スルプスカ・サラダ | | | 128 |
| セネップソース | ○ | | 133 |
| セビーチェ・チレーノ | ○ | | **264** |
| セリョートカ・ポド・シューボイ | ○ | | **140** |
| セル・ロティ | ○ | ◆ | **51** |
| ソサティー | ● | | **206・207** |
| ソムタム（青パパイヤのサラダ） | | | 43 |
| ソルトフィッシュ・フリッター | ○ | | **239** |

| 料理名 | | ページ |
|---|---|---|
| **タ行** | | |
| ターメイヤ | ● | **162** |
| ターメリックライス | | 44 |
| タコス | | 243 |
| タビーク | ● | **80** |
| タブーレ | | 93 |
| タマーレス | ● | **230** |
| ダル・バート | | 51 |
| タルタ・デ・ケソ | | 124 |
| タレタレ・オ・ベニエ・バナーヌ | ● ◆ | **175** |
| タロいもとツナのパティ | ● | **283** |
| ダワダワ | | 189 |
| ダンプ | ● | **197** |
| チェバピ（チェバプチチ） | | 99・118・128・143 |
| チパ・グアス | ● ◆ | **265** |
| チフテレ | ● | **147** |
| チモール | | 251 |
| チャナ・マサラ | | 38 |
| チャプチェ | ● | **46** |
| チャンスン・マハ（羊肉の塩ゆで） | ● | **65** |
| チョクロ | | 269 |
| チョバン・サラタシ | ● | **89** |
| チョリソ | | 124・228・245・265 |
| チョリパン | ● | **259** |
| テ・イナイ | ● | **277** |
| ティアレ | | 282 |
| ティー・サンドウィッチ | | **102・103** |
| ティンパナ | ● | **145** |
| テフ | | 165 |
| テンプラ：天ぷら | ● | **50** |
| ドードー | ● ◆ | 195・**200** |
| トートマンプラー（タイのさつま揚げ） | | 43 |
| トストーネス | | 228・241・262 |

| 料理名 | | ページ |
|---|---|---|
| トマト・アチャール | | 51 |
| トマト・チャツネ | | 263 |
| ドライ・ライス | ●● | **214** |
| ドラゴンフルーツ | | 60・252 |
| ドラニキ | | 140 |
| トリニ・フィッシュ・フライ | ● | **242** |
| トルクメン・パロウ | ● | 72 |
| トルティージャ・エスパニョーラ | | 124 |
| トルティーヤ | | 230・240 |
| トルティーヤ・チップス | | 252 |
| トルマ（ドルマ） | | 100 |
| トレイ・チエン・チュオン | ● | **41** |
| **ナ行** | | |
| ナシ・ウドゥク（ココナッツ・ライス） | | 40 |
| ナシ・カトック（ブルネイのピリ辛ソース） | ● | **58** |
| ナシ・ゴレン（マレー式チャーハン） | | 54 |
| ナタ・デ・ココ | | 55 |
| ナッキレイパ | ● ◆ | **136** |
| ナネ・ピア | ● | **286** |
| ニグブジアニ・バドリジャニ | ● | **120・121** |
| ニャマ | | 184 |
| ニャマ・チョマ | | 208 |
| ニュージーランド・ラム | | 288 |
| ニョッキ | | 126 |
| ネテトゥ | | 189 |
| **ハ行** | | |
| ハーガオ：蝦餃 | | 60 |
| バービーソース | ● | **274・275** |
| バーミーズ・サモサ | | 63 |
| ハイナン・ジーファン：海南鶏飯 | | 42 |
| バイン・セオ（ベトナム南部の米粉のお好み焼き風） | | 59 |


料理の種類：● ビーガン　● 菜食（乳製品・たまご、はちみつ含む）　● 肉　● 魚介　◆ デザート・パン・ドリンク

| 料理名 | | | ページ |
|---|---|---|---|
| パエージャ・デ・マリスコ | | | 124 |
| パオズ：包子（中華まんじゅう） | | | 47・61 |
| バギヤ | ○ | | 182 |
| パクシャ・パー（豚肉と野菜の煮込み） | | | 56 |
| パコラ（インドの天ぷら） | ○ | | 38・**39** |
| パジョン | ○ | | **49** |
| パステウ | ● | | **266・267** |
| パステラオ・ジ・アトゥム | ○ | | 179 |
| パステル・デ・チョクロ | | | 264 |
| パタタス・エイシュータス・ダンドラ | ● | | **101** |
| バダプ・マル（スパイス風味の魚フライ） | | | 44 |
| バックヘンデル | ● | | **111** |
| パデラータ・ディ・マーレ | ○ | | **108** |
| バナナ・パニケケ | ○ | ◆ | **276** |
| パニ・ポポ | ○ | ◆ | **280** |
| パネクック | | | 112 |
| パパイヤ・パイ | ○ | ◆ | **224** |
| バハラット | | | 88・213 |
| パプリカーシュ・チルケ | ● | | **135** |
| パブロワ | ○ | ◆ | **289** |
| ハマンタッシェン | ○ | ◆ | **78・79** |
| バミ | ● | | **287** |
| バミア | | | 185 |
| バミエ | ● | | **88** |
| ハモン・セラーノ | | | 101 |
| パラク・マサラ | | | 52・53 |
| バラリート | ○ | | **85** |
| バルチック・ヘリング | | | 110 |
| バルバジュアン | | | 146 |
| 春巻 | | | 60 |
| ハワイジ | | | 80・190 |
| パンシット・ビホン（中国の影響を受けたフィリピン式ビーフン） | ○ | | **55** |
| パンプキン・フリッター | ○ | ◆ | **223** |
| ビーツ | | | 150 |
| ビーフ・パテ | ● | | **221** |
| ピエロギ | ○ | | **142** |
| ピエン・ガイ（鶏肉のグリル） | | | 66 |
| ピカディーリョ | | | 241 |
| ピカデーリョ・クバーノ | ● | | **228** |
| ビゴス | | | 142 |
| ビネグレット・サラダ | ○ | | **154・155** |
| ヒュッツポット | ○ | | **112・113** |
| ひよこ豆 | | | 79 |
| ピラキ | ○ | | **100** |
| ピラフィ・プルグリ | ○ | | **115** |
| ピリピリ・チキン | | | 211 |
| ビリヤニ | | | 53 |
| ピロギース | | | 109 |
| ピロシキ | ● | | **154・155** |
| ピンチョス・ホンジュレノス | ● | | **251** |
| ヒンディ・マサラ（オクラのスパイス炒め） | | | 38 |
| ファイアステングズザロット | ● | | **153** |
| ファットーシュ | ○ | | **77** |
| ファラフェル | | | 78・91・93 |
| ファルファーレ・パスタ | | | 134 |
| ブイエ | ○ | | **172** |
| フィスキボール | ○ | | **96** |
| フィッシュ＆チップス | | | 102 |
| フーガス・モネガスク | ○ | ◆ | **146** |
| プーティン | | | 227 |
| プーレ・オ・バーベキュー | | | 244 |
| プーレ・グリエ | | | 169・200 |
| プーレ・ビシクレット・ロティ | ● | | **198** |
| プーレ・ヤッサ | | | 172・175 |
| フェイジョアーダ | | | 266 |
| フェロー諸島のホタテ・ソテー | ○ | | **137** |

| 料理名 | | | ページ |
|---|---|---|---|
| ブザラ | ● | | **117** |
| ブストレンゴ | ● | ◆ | **119** |
| ブッシュ・タッカー | | | 275 |
| プハリ | ● | | **120・121** |
| フフ | | | 198・200 |
| ププーサ | | | 226 |
| フムス | ● | | 91・**93**・115・162 |
| フライド・アンド・カリード・チャンボ | ● | | **204** |
| フライド・プランテン | | | 172・179・181・191・194・195・198・214・224・232・248 |
| プラリネ | | | 141 |
| フランゴ・ピリピリ | | | 211 |
| ブランボラーク | | | 130 |
| ブリーク | | | 193 |
| フリガルイ | ● | | **152** |
| フリホーレス・ラ・オヤ | | | **252・253** |
| フル・イングリッシュ・ブレックファスト | ● | | **104** |
| ブルグル | | | 115・116 |
| ブルジョル | ● | | **248** |
| プルポ・ア・ラ・ガジェガ | ● | | **124・125** |
| ブルボス | | | 196 |
| ブレク | | | 148 |
| ブレク・サ・シロム | ● | ◆ | **114** |
| フレスケスタイ | | | 131 |
| プレッツェル | | | 132 |
| ブレディー | | | 216 |
| プロシュート | | | 119・134 |
| フンジ | | | 160 |
| ベグン・バジ（なすのフライ） | | | 53 |
| ベジマイト | | | 275 |
| ベシャメルソース | | | 116 |
| ペシュク・ネ・フーレ | ● | | **99** |

| 料理名 | | | ページ |
|---|---|---|---|
| ヘハクトバレン | ● | | **112・113** |
| ペラウ | ● | | **237** |
| ベリージアン・ボイルアップ | ● | | **250** |
| ペルニル | ● | | **249** |
| ベンガリ・フライド・フィッシュ（スパイス風味の魚フライ） | ● | | **53** |
| ポイキーコース | ● | | **196** |
| ボコ・ボコ・ハリース | | | 199 |
| ポティカ | | | 127 |
| ポテト・アップル・ブレッド | ● | ◆ | **107** |
| ボナバ | ● | | **210** |
| ホベジグーラッシュ | ● | | **130** |
| ポリョ・ア・ラ・プランチャ | | | 262 |
| ポワソン・クリュ | | | 282 |
| 香港のマンゴー・プディング：香港芒果布甸 | | | 60 |

## マ行

| 料理名 | | | ページ |
|---|---|---|---|
| 麻婆豆腐 | | | 48 |
| マカダミアナッツ・パイ | ● | ◆ | **294** |
| マグウィーニャ | ● | ◆ | **201** |
| マシュアイ | ● | | **84** |
| マチャンカ | | | 140 |
| マッケンチーズ | ● | | **220** |
| マデス | ● | | **177** |
| マナイーシ | ● | ◆ | **91** |
| マニオク | | | 266 |
| マニョック・バテケ | ● | | 169 |
| マフェ | ● | | 205 |
| ママリーガ | | | 152 |
| マンゴー・チャツネ | ● | | **236** |
| マンティ | | | 71 |
| ミーゴレン（マレー式焼きそば） | ● | | **40** |
| ミクロネシアン・チキン | | | 295 |
| ミシュカキ | ● | | **191** |


料理の種類：● ビーガン　● 菜食（乳製品・たまご、はちみつ含む）　● 肉　● 魚介　◆ デザート・パン・ドリンク

| 料理名 | | ページ |
|---|---|---|
| ミディエ・ドルマ | | 89 |
| ミティティ | | 152 |
| ミンチー（マカオ式ひき肉＆じゃがいも） | | **61** |
| ムームー | | 291 |
| ムール貝 | | 236・246・292・295 |
| ムール貝のココナッツミルク蒸し | ◍ | **232** |
| ムサカ | ● | **116** |
| ムジャッダラ | ◍ | 92 |
| ムタッバル | | 80・91 |
| ムタバク・サマク | ◍ | **86** |
| ムチュカリッツァ | ● | **128・129** |
| ムマワシュ | ◍ | **90** |
| ムルタバ | ● | **87** |
| メープル・グレーズド・ポーク | | 227 |
| メープル・シュリンプ | ◍ | 227 |
| メスフーフ | ◍ | **158・159** |
| メルゲーズ | | 158・193 |
| モフォンゴ | | 249 |
| モモ | | 51・57 |

## ヤ行

| | | |
|---|---|---|
| ヤウチョイ：油菜 | ◍ | **60** |
| ヤッサ・オ・ポワソン | ◍ | **188・189** |
| ヤンソン・フレステルセ | ◍ | **123** |

## ラ行

| | | |
|---|---|---|
| ラオ・チキン・カレー | | 66 |

| 料理名 | | | ページ |
|---|---|---|---|
| ラクレット・チーズ | | | 122 |
| ラップラップ | ◍ | | **290** |
| ラペソー（お茶の葉のサラダ） | ◍ | | **63** |
| ラミントン | ◍ | ◆ | **274・275** |
| ラム肉と野菜のクスクス | ● | | **213** |
| ラロ・タラティ・サラダ | ● | | **279** |
| ランゴスチニ・ア・ラ・バニール | ◍ | | **176** |
| リエージュ・ワッフル | | | 141 |
| リコベ | ◍ | | **216** |
| リゾイス | ◍ | | **211** |
| リベル | ◍ | | **151** |
| ルアン・パバーン・サラダ | ◍ | | **66・67** |
| ルーローファン：滷肉飯（豚バラ肉の煮込み丼） | | | 47 |
| ルガイユ | ◍ | | **209** |
| レシュティ | ◍ | | **122** |
| レティア | ◍ | ◆ | **282** |
| ロイコ | | | 161 |
| ロイヤル・ブルー・シュリンプ | | | 58 |
| ロソリエ | ◍ | | **110** |
| ロックフォール・チーズ | | | 138 |
| ロモ・サルタード | | | 269 |

## ワ行

| | | |
|---|---|---|
| ワカモレ | ◍ | **252・253** |
| ワンタン | | 60 |
| ンドレ | | 170 |
| ンホピ | ◍ | **184** |



【参考文献】

『世界の国旗図鑑』吹浦忠正著(主婦の友社)、『世界の国旗の「えっ！」』吹浦忠正著(主婦の友社)、『そんなわけで国旗つくっちゃいました！図鑑』吹浦忠正著(主婦の友社)、『オリンピックでよく見るよく聞く国旗と国歌』吹浦忠正・新藤昌子著（三修社)、『ドア　208の国と地域がわかる国際理解図鑑 全5巻』（帝国書院)、『世界の料理　全20巻』（タイムライフブックス)、『家庭で楽しむモロッコ料理』小川歩美著（河出書房新社)、『ゲムリエリア　日本でも出来るジョージア伝統料理のレシピ』（みんな来るジョージア）『Culinaria France/ Hungary/ Germany/ Greece/ United States/ Spain/Italy/ Russia』(h.f.ullmann)、『Cuisine of Portuguese Encounters』by Cherie Y. Hamilton (Hippocrene Books)、『La cocina en la vita del Quijote』(Susaeta)、『Traditional Maltese Cooking』(Miller)、『Cookbook for Festivals of India』by Nita Mehta (SNAB)、『Kitchen of Kerala』by Salim Pushpanath, Nimmy Paul、『Kerala Kitchen』(Roli & Janssen BV)、『Gujarati Recipes』(Star)、『Authentic Bhutanese Cookbook』by Punap Ugyen Wangchuk(JOMO Publications)、『The Vatican Christmas Cookbook』(Sophia)、『Mauritian Cuisine』(Madeleine Philippe Cancer Foundation Inc.)、『La Cuisine Kabyle』(Bachari)、『Brunei Langkah Demi Langhah』(Hidangan Terbaik Dunia)、他

**青木ゆり子**

e-food.jp 代表、各国・郷土料理研究家。調理師のためのハラール研修有識者会議委員（厚生労働省国庫補助事業）、内閣官房 東京オリンピック・パラリンピック推進本部ホストタウン事業「世界のおもてなし料理プロジェクト」「世界のおもてなし料理レガシープロジェクト」講師、NHK文化センター講師、NHKラジオ第1「ちきゅうラジオ」料理ナビゲーター。

雑誌記者等を経て、2000年に世界の料理総合情報サイト「e-food.jp」を設立。国内外の伝統的な郷土料理を守り、未来につなげるスタンスでサイトを運営。自ら世界や日本各地を取材し、背景にある歴史や文化とともに郷土料理を紹介している。

著書：『しらべよう! 世界の料理 全7巻』（ポプラ社。監修・執筆）、『日本の洋食』（ミネルヴァ書房）、『世界の郷土料理事典』（誠文堂新光社）、図鑑NEO『せかいのりょうり』（小学館。監修）。 https://e-food.jp



料理制作・撮影／青木ゆり子

デザイン／渡辺 稔

イラスト／柏木リエ

編集協力／上曽健一郎

協力

角 潤一（在イラン日本国大使館）

栗原恵津子（外務省欧州局政策課）

先崎将弘（中央アジア／中央ユーラシア食文化研究家）

難波ひとみ

（敬称略）


世界《せかい》220カ国《かこく》・地域料理《ちいきりょうり》の作《つく》り方《かた》や食材《しょくざい》を通《とお》してお国柄《くにがら》を知《し》る

# 食文化《しょくぶんか》・郷土料理《きょうどりょうり》がわかる 世界《せかい》の国旗弁当《こっきべんとう》


2021 年 7 月 11 日　発　行　　　　NDC596

著　者　青木《あおき》ゆり子《こ》

発行者　小川雄一

発行所　株式会社 誠文堂新光社

〒113-0033 東京都文京区本郷 3-3-11

［編集］電話 03-5800-3621

［販売］電話 03-5800-5780

https://www.seibundo-shinkosha.net/

印刷所　株式会社 大熊整美堂

製本所　和光堂 株式会社





ISBN978-4-416-52191-5